**CD-ROM**

 MIETVERTRÄGE

Nutzen Sie die rechtssicheren
Vorlagen für:

- Wohnraummietvertrag
- Geschäftsraummietvertrag
- Garagenmietvertrag

 MUSTERBRIEFE

Mit juristisch geprüften Muster-
briefen auf der sicheren Seite:

- Aufforderung Mietzahlung
- Vorsorgliche Kündigung
- Beanstandungen

 MUSTERFORMULARE

Nutzen Sie die praxiserprobten
Musterformulare und konzentrie-
ren Sie sich auf das Wichtige:

- Selbstauskunft
- Betriebskosten

 GESETZE

Damit Sie in Zweifelsfällen auf
Nummer sicher gehen können:

- Betriebskosten- und Wohnflä-
  chenverordnung
- Heizkostenverordnung

Bibliografische Information der Deutschen Nationalbibliothek

Die Deutsche Nationalbibliothek verzeichnet diese Publikation in der Deutschen Nationalbibliografie; detaillierte bibliografische Daten sind im Internet über http://dnb.d-nb.de abrufbar.

ISBN: 978-3-648-00340-4   Bestell-Nr. 06330-0003

3., aktualisierte Auflage 2010

© 2010, Haufe-Lexware GmbH & Co. KG, Munzinger Straße 9, 79111 Freiburg
Redaktionsanschrift: Fraunhoferstraße 5, 82152 Planegg/München
Telefon: (089) 895 17-0,
Telefax: (089) 895 17-290
www.haufe.de
online@haufe.de
Lektorat: Jasmin Jallad

Redaktion und Desktop-Publishing: Ulrich Leinz, 10829 Berlin
Umschlag: Barbara Loy, 80689 München
Druck: Schätzl Druck, 86609 Donauwörth

Zur Herstellung dieses Buches wurde alterungsbeständiges Papier verwendet.

Matthias Nöllke

Die 101 häufigsten Fallen für Vermieter

Inhalt

Fallen bei der Abrechnung der Nebenkosten 73

Einführung

Sie vermieten ein Haus oder eine Wohnung und über die grundlegenden Dinge wissen Sie Bescheid. Aber was tun Sie, wenn morgen Ihr Mieter anruft und Ihnen mitteilt, dass er die Miete um 10 % kürzt, weil ihn der Baulärm in der Nachbarschaft stört? Und wie reagieren Sie, wenn die Miete nicht pünktlich bei Ihnen eingeht? Wenn Ihr Mieter gegen die Hausordnung verstößt, den Ablesedienst nicht in die Wohnung lässt oder einen Untermieter aufnimmt? Oder nehmen Sie das Stichwort „Nebenkostenabrechnung": Immer mehr Mieter lassen sich fachkundig beraten, denn sie lesen in den Zeitungen, dass jede zweite Abrechnung falsch sein soll. Wissen Sie, nach welchen typischen Schwachstellen Ihre Nebenkostenabrechnung überprüft wird?

Es gibt zahlreiche weitere Fälle dieser Art, die leicht zu Fallen für Vermieter werden können, wenn sie nicht wissen, wie sie sich verhalten sollen. Hat der Mieter Recht? Oder lassen Sie sich zu schnell verunsichern und um Ihr gutes Recht bringen? Von der Mietersuche, der Gestaltung des Mietvertrags über die Nebenkostenabrechnung, die Mieterhöhung bis hin zum Auszug des Mieters und der Abrechnung über die Kaution gibt es so viele Dinge zu beachten, die man als Vermieter gar nicht mehr überblicken kann.

Damit Sie keine böse Überraschung erleben, haben wir die „101 häufigsten Fallen für Vermieter" zusammengestellt. Sie sollen auf diese Fallen aufmerksam werden, damit Sie in Zukunft gar nicht erst hineingeraten. Außerdem erfahren Sie, wie Sie sich verhalten können, wenn Sie schon in die Falle „hineingetappt" sind.

Auf der CD-ROM finden Sie darüber hinaus Musterbriefe, einen Mietvertrag und Formulare. So soll Ihnen dieses Buch helfen, sicher und rentabel zu vermieten.

Matthias Nöllke

Abkürzungen

Abs.	Absatz
AG	Amtsgericht
AGB	Allgemeine Geschäftsbedingungen
AufzV	Aufzugsverordnung
Az.	Aktenzeichen
BayOLG	Bayerisches Oberlandesgericht
BetrKV	Betriebskostenverordnung
BGB	Bürgerliches Gesetzbuch
BGH	Bundesgerichtshof
BVerfG	Bundesverfassungsgericht
DWW	Deutsche Wohnungswirtschaft (Zeitschrift)
EichG	Gesetz über Mess- und Eichwesen
GE	Grundeigentum (Zeitschrift)
GG	Grundgesetz
HausWG	Gesetz über den Widerruf von Haustürgeschäften
HeizKV	Heizkostenverordnung
KG	Kammergericht
LG	Landgericht
MDR	Monatsschrift für Deutsches Recht
MM	Mieter-Magazin (Zeitschrift)
NJW	Neue Juristische Wochenschrift (Zeitschrift)
NJWE-MietR	NJW-Entscheidungsdienst Miet- und Wohungsrecht (Zeitschrift)
NJW-RR	NJW Rechtsprechungs-Report
NZM	Neue Zeitschrift für Miet- und Wohnungsrecht
OLG	Oberlandesgericht
RE-Miet	Rechtsentscheid für Mietsachen
StGB	Strafgesetzbuch
WM	Wohnungswirtschaft und Mietrecht (Zeitschrift)
WoFlV	Wohnflächenverordnung
ZMR	Zeitschrift für Miet- und Raumrecht
ZPO	Zivilprozessordnung

Fallen bei der Auswahl der Mieter

Nach acht Jahren zieht Familie Brandt aus. Die Vermieterin Frau Klemm muss einen neuen Mieter suchen. Doch weiß sie nicht recht, wie sie vorgehen soll. Eine Anzeige schalten? Oder sich im Bekanntenkreis umhören? Zufällig erfährt Frau Klemm, dass einer ihrer Arbeitskollegen gerade auf Wohnungssuche ist. Soll sie an ihn vermieten? Oder sich an einen Makler wenden? Sie ist verunsichert und spricht mit einer Freundin. Die bekommt leuchtende Augen und fragt: „Was hältst du davon, wenn ich dort einziehe?"

Falle 1: Sie vermieten an Ihre Freunde

Grundregel Nummer 1 für alle Vermieter: Ein guter Mieter ist mehr wert als eine möglichst hohe Miete. Wenn Ihr Mieter pünktlich zahlt, pfleglich mit Ihrem Wohneigentum umgeht und Sie sich mit ihm verständigen können, wenn es mal Probleme gibt, dann dürfen Sie sich glücklich schätzen. Doch ist es nicht ganz leicht, einen solchen Mieter zu finden, denn Sie haben bei Vertragsabschluss in aller Regel jemanden vor sich, den Sie noch nicht kennen und einschätzen können.

Da liegt es nahe, an Menschen zu vermieten, die Ihnen schon vertraut sind und von denen Sie sicher sein können, dass sie Ihnen nichts Böses wollen. Im Idealfall Ihre Freunde. Doch wie die Erfahrung lehrt, ist das oft keine gute Idee. Viele Freundschaften sind genau daran zerbrochen: Dass man sich nun als Mieter und Vermieter gegenübersteht.

Die geschäftliche und die private Sphäre

Es gibt ein grundsätzliches Problem, wenn Sie an Freunde vermieten: Es werden zwei Bereiche vermischt, für die unterschiedliche Regeln gelten: Gegenüber Freunden verhalten wir uns anders als gegenüber Geschäftspartnern. Wir sind großzügig, nachsichtig, wir schätzen sie für ihre persönlichen Qualitäten und werden unsererseits von ihnen geschätzt. Wir sind gerade dann für sie da, wenn sie in Schwierigkeiten sind und unsere Hilfe brauchen.

Das sind noble Prinzipien, von denen man sich nicht leichtfertig verabschieden sollte. Aber – sie kollidieren mit Ihren Interessen als Vermieter. Sie wollen ja nicht nur etwas Gutes tun, sondern müssen auch an Ihre Mietrendite denken. Gerade wenn es Probleme gibt, belastet das nicht nur Ihr geschäftliches, sondern auch Ihr persönliches Verhältnis. Auch wenn Sie gar nicht den Eindruck haben, meint Ihr Mieter womöglich, dass er Ihnen weit entgegenkommt und Sie Ihre Position ausnutzen. „So" kennt er Sie gar nicht und wendet sich enttäuscht von Ihnen ab.

 WIE SIE DOCH AN FREUNDE VERMIETEN

Es ist zwar ein bewährter Grundsatz, Privates und Geschäftliches getrennt zu halten. Doch braucht man daraus auch kein Dogma machen. Wenn Sie an Freunde vermieten, dann sollten Sie von Anfang an deutlich machen, unter welchen Bedingungen das geschieht. Sie müssen noch viel stärker als bei Unbekannten darauf achten, klare Vereinbarungen zu treffen. Und es hat sich bewährt, wenn Sie alles „Freundschaftliche" aus Ihrem Mietverhältnis heraushalten und es von vornherein auf eine geschäftliche Grundlage stellen. Das ist der sicherste Weg, um Missverständnisse zu vermeiden.

Arbeitskollegen und Bekannte

Doch nicht nur die Vermietung an Freunde hat ihre Tücken. Ebenso ist es nicht unbedingt ratsam, an Arbeitskollegen oder Bekannte zu vermieten. Denn auch hier mischen sich zwei Bereiche, die Sie vielleicht besser getrennt halten sollten. Dies gilt vor allem für die Arbeitskollegen. Wenn Sie ein Problem mit Ihrem Mieter haben, kommt für Sie gleich noch ein Problem an Ihrer Arbeitsstelle dazu.

Aber auch wenn Sie an Leute aus Ihrem Bekanntenkreis vermieten, können sich daraus Unannehmlichkeiten ergeben. Jede Meinungsverschiedenheit mit Ihrem Mieter wird schnell persönlich und Sie müssen damit rechnen, dass sich manches in Ihrem Bekanntenkreis herumspricht, was Sie besser allein mit Ihrem Mieter klären. Häufig ist es wenig hilfreich, wenn sich gemeinsame Bekannte von außen einmischen.

Falle 2: Sie lassen sich überrumpeln

Einen neuen Mieter zu finden ist ja nicht einfach. Man kann so viel falsch machen. Viele Vermieter sind daher verunsichert. Sie brauchen Zeit, um sich zu informieren und zu orientieren. Genau das machen sich manche Mietinteressenten zunutze. Sie melden ihr Interesse an, wenn Sie als Vermieter noch gar nicht so genau wissen, wie Sie weiter vorgehen.

Das Problem: Sie lassen sich das Heft des Handelns aus der Hand nehmen. Sie wissen nicht, welche Bedingungen Sie stellen können. Sie haben nicht die Möglichkeit auszuwählen. Und das kann ein Nachteil sein. Denn erfahrungsgemäß sind Leute, die die „Überrumpelungstaktik" einsetzen, nicht immer die besten Mieter, die Sie finden können.

Im Übrigen müssen es nicht immer die Mietinteressenten sein, die Sie mit der Überrumpelungstaktik unter Druck setzen, um Vorteile für sich herauszuholen.

DER „NACHMIETER"

Frau Hermann hat fristgerecht gekündigt. Doch noch ehe ihr Vermieter überlegen kann, wie er einen neuen Mieter findet, präsentiert ihm Frau Hermann freudestrahlend einen „Nachmieter", der „mit allen Konditionen einverstanden" sei. Eigentlich wollte der Vermieter die Miete etwas anheben und den bestehenden Mietvertrag aktualisieren. Aber weil ihm der Nachmieter akzeptabel scheint, willigt er ein.

> Später stellt sich heraus, dass Frau Hermann ihrem Nachmieter etliche Einrichtungsgegenstände gegen Zahlung eines beträchtlichen „Abstands" überlassen hat. Eigentlich hätte sie diese Dinge mitnehmen müssen, und so sind der Vermieter und der neue Mieter die Geschädigten.

So wehren Sie sich gegen die Überrumpelungstaktik

Es gibt ein einfaches Mittel gegen die Überrumpelungstaktik: Sie machen selbst Ihren Zeitplan. Einen Nachmieter brauchen Sie sich nicht aufnötigen zu lassen, schon gar nicht wenn der Vormieter ordentlich gekündigt hat. Und Interessenten, die den Mietvertrag schon unterschreiben wollen, wenn Sie sich noch gar nicht über die Bedingungen klar geworden sind, müssen Sie einfach um Geduld bitten. Machen Sie sich klar:

- Als Vermieter sind Sie für die Gestaltung des Mitvertrags verantwortlich. Sie legen die Bedingungen fest.

- Als Vermieter können Sie Ihren Mieter auswählen. Sie können entscheiden, an wen Sie vermieten.

Rechtzeitige Vorbereitung

Nicht immer müssen Interessenten, die Sie überrumpeln, böse Absichten haben. Viele stehen einfach unter Zeitdruck, eine geeignete Wohnung zu finden. Auch liegt es manchmal am Vermieter selbst, der sich eben nicht rechtzeitig Gedanken gemacht hat, etwa über die Höhe der Miete oder die Konditionen im Mietvertrag. Es gibt Vermieter, die bereits eine Anzeige schalten und noch gar nicht wissen, was sie in ihren Mietvertrag schreiben. Da ist die Überrumpelung vorprogrammiert.

 BITTEN SIE WENIGSTENS UM „BEDENKZEIT"

Wenn der Überrumpelungseffekt greift, ist es für die Vorbereitung schon zu spät. Sie müssen sofort entscheiden: Akzeptiere ich den Mieter, gehe ich auf seine Bedingungen ein oder lehne ich das ab. Versuchen Sie in so einem Fall, wenigstens etwas Zeit zu gewinnen. Wenn Sie Ihren ungeduldigen Kandidaten schon nicht auf eine Liste der Interessenten setzen können, bitten Sie wenigstens um etwas Bedenkzeit.

Machen Sie keine festen Zusagen („Heute Abend sage ich Ihnen, ob Sie die Wohnung bekommen."), sondern lassen Sie sich möglichst viele Türen offen. Sagen Sie also lieber: „Heute Abend sage ich Ihnen, wie ich über Ihr Angebot denke." Dann haben Sie noch alle Möglichkeiten, ihm Gegenvorschläge zu machen (z. B.: „Am Wochenende erscheint eine Anzeige. Bis Dienstag werde ich entschieden haben, wer Mieter wird. Haben Sie unter diesen Bedingungen noch Interesse?").

Unterschätzen Sie nicht die positive Wirkung einer Bedenkzeit – und wenn sie nur eine Stunde dauert. Sie brauchen diesen Abstand, um sich in aller Ruhe klar zu werden, wie Sie weiter vorgehen.

Falle 3: Sie schalten einfach eine Anzeige

Wie sucht man einen Mieter? Standardantwort: Man inseriert in der örtlichen Zeitung. Dagegen ist nicht viel einzuwenden. Nachteile ergeben sich vielmehr dadurch, dass dabei manchmal recht unbedacht verfahren wird. Und dabei geht es nicht nur darum, die treffende Formulierung zu finden. Weit verbreitete Fehler sind etwa:

- Der Zeitpunkt für die Anzeige ist schlecht gewählt: Das Objekt wird erst in einigen Monaten frei. Oder es kann in den nächsten Tagen nicht besichtigt werden.

- Sie geben eine Telefonnummer an, unter der Sie nicht durchgängig zu erreichen sind bzw. unter der kein Anrufbeantworter im Falle Ihrer Abwesenheit die Anrufe aufzeichnet.

- Sie schalten eine Chiffreanzeige für ein Objekt, wie es zu Dutzenden angeboten wird. Ein Interessent wird erst einmal alle anderen Angebote abtelefonieren, bevor er Ihnen einen Brief schreibt.

- Sie versuchen ein mittelmäßiges Objekt dadurch attraktiver zu machen, dass Sie allzu vollmundige Formulierungen wählen. Eine Zwei-Zimmer-Wohnung aus den 50er Jahren zum „Altbaustudio" zu erklären, zeugt zwar von Einfallsreichtum, verärgert aber die Interessenten, wenn sie das Objekt besichtigen. Und Sie verlieren auch nur Zeit, wenn Sie Leute zu Besichtigungsterminen locken, die mit falschen Erwartungen kommen.

- Sie vergessen Informationen, die für mögliche Mieter wichtig sind: Die Lage (Stadtteil), die Zahl der Zimmer, die Höhe der Miete, besondere Ausstattung oder Vorteile (wie ruhige/verkehrsgünstige Lage, Gartenanteil) und ab wann das Objekt bezogen werden kann.

Inserieren Sie mit Bedacht

Bevor Sie eine Anzeige aufgeben, sollten Sie einige wesentliche Fragen klären, sonst verpufft Ihre Anzeige. Oder aber Sie lösen einen Ansturm aus, den Sie gar nicht bewältigen können. In manchen Großstädten müssen Sie damit rechnen, dass sich zehn, zwanzig oder mehr Interessenten melden, von denen aber nur drei oder vier infrage kommen. Möglicherweise sollten Sie da den entgegengesetzten Weg einschlagen und sich selbst auf ein Inserat in der Spalte „Wohnungssuche" melden.

In jedem Fall aber gilt: Wenn Sie eine Anzeige schalten, dann sollte das abgestimmt sein auf Ihre anderen Aktivitäten bei der Mietersuche. Es wäre nicht sehr hilfreich, wenn Sie den Interessenten eröffnen, dass Sie noch abwarten wollen, wer sich auf Ihre Annonce im Internet meldet, die Sie morgen schalten, und welche Kandidaten Ihr Makler in der kommenden Woche präsentiert.

Der Zeitpunkt der Anzeige

Es hängt viel davon ab, wann Sie Ihre Anzeige schalten. Erreichen Sie möglichst viele Interessenten? Dann aber auch: Erscheint Ihre Anzeige nicht zu früh – oder zu spät? Wohnungen, die „ab sofort" frei sind, kommen für diejenigen, die erst noch ihre alte Wohnung kündigen müssen, nicht infrage. Auf der anderen Seite schließen Sie viele Interessenten aus, wenn das Objekt erst in drei, vier Monaten frei wird, zumal einige Wohnungssuchende durchaus bereit sind, für einen gewissen Zeitraum doppelte Miete zu zahlen – das erleichtert den Umzug und sie haben den Vorteil, nicht länger suchen zu müssen.

Welche eine geeignete Zeitspanne ist, hängt auch von den örtlichen Gepflogenheiten ab. Und die lernen Sie am besten kennen, indem Sie sich die Anzeigen im Wohnungsmarkt genauer ansehen.

Fünf Leitfragen für Ihre Anzeige

Ob alles Wesentliche in Ihrer Annonce enthalten ist, können Sie an den folgenden fünf Fragen überprüfen:

CHECKLISTE: INHALT DER ANNONCE ✓ CHECK

	ja	nein
Was wollen Sie vermieten? (Ruhige Doppelhaushälfte oder gut geschnittene Dreieinhalbzimmerwohnung?)	☐	☐
Wo befindet sich das Objekt? (In welchem Stadtteil, in der Nähe wovon? Zentrum, Stadtpark, See, Künstlerviertel?)	☐	☐
Wie hoch sind die Kosten? (Monatliche (Kalt-)Miete, Nebenkosten, eventuell Kaution)	☐	☐
Welche Besonderheiten gibt es? (Ausstattung/Extras: Parkettboden, Tiefgaragenstellplatz, Loggia; Beschränkungen: wie z. B. nur an Nichtraucher zu vermieten)	☐	☐
Wer bietet das Objekt an? (in der Regel genügt die Telefonnummer)	☐	☐

Falle 4: Sie kennen Ihren Markt nicht

Wenn Sie vermieten, dann gibt es für Ihr Objekt einen bestimmten Markt, der geregelt wird durch Angebot und Nachfrage. Je nachdem, ob die Nachfrage nach solchen Objekten hoch oder niedrig ist, ob viele Objekte ähnlicher Art angeboten werden, können Sie eine höhere Miete verlangen – oder eben auch nicht.

Das leuchtet unmittelbar ein und doch gehen viele Vermieter ganz anders vor: Sie orientieren sich nicht an der aktuellen Marktklage, sondern sie gehen von dem Mietverhältnis aus, das gerade zu Ende geht. Sie suchen einen ähnlichen Mieter, sie verlangen etwas mehr Miete – gewissermaßen als Inflationsausgleich – und machen sich im Übrigen wenig Gedanken.

Doch das kann sehr nachteilig sein. Der Mietmarkt ist heute stärker in Bewegung als früher. Und vor allem sind in manchen Bereichen nicht höhere Mieten durchsetzbar, sondern Sie müssen sich mit einer niedrigeren Miete zufrieden geben als zuvor. Wenn Sie das nicht wissen und Sie Ihre Wohnung überteuert anbieten, verlieren Sie Zeit und Geld: Womöglich bleibt die Wohnung eine Zeit lang unvermietet und Sie müssen mehrfach inserieren – mit sinkenden Angaben zur Miete, sodass jeder, der regelmäßig die Anzeigen studiert, erkennen kann: „Aha, ein Ladenhüter."

Der Markt bestimmt den Preis

Wie viel Sie verlangen können, welche Interessenten Sie ansprechen sollten, das erfahren Sie nur, wenn Sie ein wenig „Ihren Markt" unter die Lupe nehmen. Sie sollten wissen, welche vergleichbaren Objekte derzeit angeboten werden – und zu welchem Preis. Daran sollten Sie sich orientieren. Womöglich sind Ihre Vorstellungen über die Miethöhe ja auch zu niedrig, weil sich gerade in Ihrem Marktsegment eine rege Nachfrage entwickelt hat.

SO TREIBEN SIE MARKTSTUDIEN

Sie müssen keine aufwendige Marktanalyse treiben. Studieren Sie die Anzeigen, am besten über einen Zeitraum von mehreren Wochen. So erkennen Sie auch, welche Objekte mehrmals angeboten werden, also keinen Mieter gefunden haben. Hören Sie sich im Bekanntenkreis und bei Arbeitskollegen um. Wichtig dabei: Es kommt auf die Miete bei Neuvermietungen an. Wie viel jemand bezahlt, der schon 20 Jahre ein Objekt bewohnt, ist für Sie völlig irrelevant.

Falle 5: Sie kennen Ihre Zielgruppe nicht

Es genügt nicht, allein den Markt zu betrachten. Wenn Sie einen neuen Mieter suchen, dann sollten Sie sich auch Gedanken machen, wer denn überhaupt Ihre Zielgruppe ist. Sie müssen sich fragen: Für wen ist mein Objekt überhaupt attraktiv? Wer will es mieten? Und welche Gründe sind für ihn entscheidend?

Häufig geschieht jedoch etwas anderes: Vermieter orientieren sich an einem vermeintlichen Idealmieter, den sie ansprechen möchten. Sie machen sich wenig Gedanken, ob ihr Objekt für diese Gruppe überhaupt attraktiv ist. Und sie ignorieren die, die nach so einem Objekt suchen. Auf diese Weise entgehen ihnen mögliche Mieter.

Betrachten Sie Ihr Objekt mit den Augen Ihrer Zielgruppe

Der erste Schritt heißt: Identifizieren Sie Ihre Zielgruppe. Vermieten Sie ein Objekt, das für Singles, Studenten, Familien mit kleinen Kindern, gut verdienende Paare, Senioren oder als Zweitwohnsitz infrage kommt? Auch die wachsende Gruppe von Arbeitnehmern, die aus einer anderen Stadt kommen, dort noch verwurzelt sind und erst einmal auf Probe (oder befristet) angestellt werden, kann für Sie relevant sein.

Dann sollten Sie überlegen, womit Ihr Objekt bei dieser Zielgruppe punkten kann und was völlig irrelevant oder sogar störend ist. Ob die Wohnung verkehrsgünstig oder in ruhiger Lage liegt, wird von unterschiedlichen Personenkreisen ganz verschieden bewertet. Entscheidend aber ist: Diese Stärken, die Argumente, die für Ihre Wohnung sprechen (und zwar nicht aus Ihrer Sicht, sondern aus Sicht der Zielgruppe), die müssen Sie ausspielen. Darauf müssen Sie hinweisen, wenn Sie Ihre Zielgruppe ansprechen.

 DER RICHTIGE WEG, UM AN IHRE ZIELGRUPPE HERANZUKOMMEN

Ausgangspunkt Ihrer Überlegungen muss sein, wie Sie Ihre Zielgruppe erreichen. Wo informieren sich die Leute, die Sie ansprechen wollen? Wenn Sie ein Apartment an Studenten vermieten wollen, ist es sinnvoll, an den Schwarzen Brettern der Universität einen Aushang zu machen. Darüber hinaus können Sie das Studentenwerk informieren. Angestellte erreichen Sie über das Schwarze Brett oder das Intranet von Firmen. Am besten rufen Sie bei den Unternehmen an, die infrage kommen; größere Firmen haben oft eine eigene Stelle, die Wohnraum vermittelt. Haben Sie hingegen ein exklusives Objekt zu vermieten, kommt ein Inserat in einer überregionalen Zeitung infrage, eventuell auch in einer Zeitschrift.

Falle 6: Sie wissen nicht, wie Sie mit einem Makler umgehen sollen

Stellen Sie sich vor, Sie haben für Ihre Wohnung eine Anzeige aufgegeben und der Einzige, der sich darauf meldet, ist ein Makler. Wissen Sie, wie Sie sich ihm gegenüber verhalten sollten, damit er Ihnen nicht später eine Provision in Rechnung stellt – egal, wer bei Ihnen einzieht? Oder können Sie von ihm sogar profitieren, weil er Ihnen Interessenten vermittelt, ohne dass Sie etwas dafür zahlen müssen? Ist es nicht überhaupt sinnvoll, einen Makler einzuschalten, weil Sie sich dann den ganzen Ärger sparen können mit der Schaltung von Anzeigen, der Auswahl geeigneter Kandidaten und der Festsetzung einer angemessenen Miete?

Vorsicht, Makler?

Nun stehen Wohnungsmakler in keinem besonders guten Ruf. Eine Ursache ist gewiss, dass Makler keine geschützte Berufsbezeichnung ist, sondern sich jeder so nennen darf, der möchte. Es gibt keine Berufsausbildung und keine Prüfungen, der Beruf steht jedem offen. Daher tummeln sich in der Branche auch einige „schwarze Schafe". Die sorgen dafür, dass auch der Ruf der seriösen Vertreter dieses Berufs zu leiden hat. Und die seriösen Makler sind – man muss es deutlich sagen – dann doch in der Mehrheit.

Es gibt also keinen Grund, einen Makler grundsätzlich zu meiden. Nur sollten Sie sich vorher Gedanken machen, ob es sinnvoll ist, ihn einzuschalten, und wie Sie von ihm profitieren können. Darüber hinaus empfiehlt es sich, auf Seriosität und Professionalität zu achten. Ein seriöser Makler macht Ihnen keine unrealistischen Versprechungen, er tritt nicht marktschreierisch auf, sondern berät Sie kompetent. Außerdem spricht für ein Maklerbüro, wenn es schon lange Jahre im Geschäft ist.

Was leistet ein Makler für Sie?

Wenn Sie einen Makler beauftragen, dann sucht er für Sie einen Mieter. In aller Regel wird er Anzeigen schalten, den Interessenten die Wohnung zeigen und den Kontakt zu Ihnen herstellen. Kommt ein Mietvertrag zustande, steht dem Makler eine Provision zu – im Prinzip von Ihnen und vom Mieter. Allerdings verzichten viele Makler auf Ihre Provisionszahlung – nämlich wenn Sie eine attraktive Wohnung anzubieten haben oder das Angebot an Wohnraum knapp ist. Die Höhe der Provision richtet sich nach der Höhe der Miete und sie ist Verhandlungssache. Also, auch wenn der Makler von Ihnen eine Provision verlangt, sollten Sie auf jeden Fall versuchen, die herunterzuhandeln oder ganz zu kippen.

Die vier Voraussetzungen

Sie sollten wissen, dass ein Makler nur dann Anspruch auf seine Provision hat, wenn vier Voraussetzungen gegeben sind:

- Sie müssen mit dem Makler einen wirksamen Maklervertrag geschlossen haben.

- Der Makler muss die Leistung, die Sie im Vertrag festgelegt haben, tatsächlich erbringen.
- Es muss ein Mietvertrag zustande kommen.
- Der Makler muss dazu „ursächlich" beigetragen haben.

Achtung, stillschweigender Maklervertrag

Was viele nicht wissen: Ein wirksamer Vertrag muss nicht unbedingt schriftlich geschlossen werden. Daher kann er schneller zustande kommen, als Sie meinen. Unter Umständen genügt ein Telefonat, aus dem der Makler einen Auftrag ableiten kann. Nicht sehr seriöse Vertreter der Branche versuchen genau auf diese Weise an Aufträge zu kommen. Zwar können sie in der Regel nicht belegen, was sie telefonisch besprochen haben. Entscheidend ist daher etwas anderes, nämlich Ihr Verhalten nach der vermeintlichen Auftragsvergabe.

Benimmt sich ein Makler so, als hätte er von Ihnen einen Auftrag bekommen, und Sie widersprechen dem nicht, so liegt möglicherweise ein „konkludenter" Vertragsabschluss vor. Das heißt, der Vertrag ist gültig, weil sich beide Parteien so verhalten, als sei er gültig. Die Materie ist komplizierter, als wir sie hier darstellen können und Sie müssen ganz gewiss nicht gleich den Hörer auflegen, sobald sich ein Makler bei Ihnen meldet. Nur sollten Sie wissen, wie Sie auf jeden Fall auf der sicheren Seite sind: Entweder lehnen Sie die Vermittlung rundheraus ab oder Sie schließen eine schriftliche Vereinbarung. Eine solche Vereinbarung ist im Interesse beider Parteien, denn sie sorgt für Klarheit.

Alleinauftrag oder qualifizierter Alleinauftrag

Wichtig ist die Unterscheidung zwischen einem sogenannten „Alleinauftrag" und einem „qualifizierten Alleinauftrag". Während Sie beim Alleinauftrag dem Makler nur zusichern, dass Sie während der Laufzeit Ihres Vertrages keine anderen Makler einschalten, verzichten Sie bei einem qualifizierten Alleinauftrag ausdrücklich darauf, selbst zu suchen. Anders gesagt: Im Unterschied zum qualifizierten dürfen Sie sich bei einem simplen

Alleinauftrag selbst weiterhin aktiv um Mieter bemühen. Haben Sie Erfolg, wird keine Provision fällig.

Makler im Auftrag der Wohnungssuchenden

Es kann durchaus vorkommen, dass ein Makler mit Ihnen Kontakt aufnimmt und um einen Besichtigungstermin bittet, weil er seinen Kunden eine Wohnung vermitteln will. Darauf können Sie sich in aller Regel einlassen. Erst recht, wenn Sie noch einmal ausdrücklich darauf hinweisen, dass Sie natürlich keine Provision bezahlen. Das ist in diesem Fall auch nicht üblich, denn der Makler erbringt seine Leistung für die Wohnungssuchenden. Seine Kunden können Sie so betrachten wie alle anderen Interessenten auch. Entscheiden Sie sich für den, der Ihnen am besten geeignet erscheint.

Objekte ohne Makler bevorzugt

Der Makler nimmt Ihnen alles ab, schaltet Anzeigen und meist bezahlen Sie als Vermieter noch nicht einmal die Provision. Was spricht also dagegen, einen Makler einzuschalten? Ein gewichtiges Argument: Diejenigen, die eine Wohnung suchen, bevorzugen Objekte, bei denen sie nicht noch ein bis zwei Monatsmieten an Maklergebühr bezahlen müssen. Sie sollten außerdem überlegen, dass die Wohnungssuchenden, die noch eine Maklergebühr aufbringen müssen, weniger Geld zu Verfügung haben.

ANNONCIEREN SIE „VON PRIVAT"

Wenn Sie in eigener Regie nach einem Mieter suchen, können Sie Ihr Angebot dadurch schmackhaft machen, dass Sie in Ihrer Anzeige die beiden Worte einfügen „von privat". Damit signalisieren Sie: Hier ist keine Maklerprovision fällig. Doch hat dieses Vorgehen natürlich nur dann einen Sinn, wenn eine nennenswerte Anzahl von Mietwohnungen von Maklern vermittelt wird.

Falle 7: Der Vormieter

Manche Vermietung scheitert einfach daran, dass Ihnen der Vormieter einen dicken Strich durch die Rechnung macht. Das kann vorsätzlich geschehen oder auch weil ihm Ihr Anliegen herzlich egal ist.

 NIEMAND ZU HAUSE

Interessenten und Vermieter stehen erwartungsvoll vor der Wohnung. Doch der Mieter, der Ende nächsten Monats auszieht, macht nicht auf. Entgegen seiner Ankündigung ist er nicht da. Und sich eigenmächtig Zutritt in die Wohnung zu verschaffen, das wäre Hausfriedensbruch. Also gehen alle wieder nach Hause.

Manche Vormieter lassen es nicht einmal so weit kommen, sondern begeben sich in den letzten Wochen und Monaten auf ausgedehnte Reisen, hinterlegen den Schlüssel bei Freunden, die nicht zu erreichen sind. Oder sie haben beruflich so viel zu tun, dass sie nie zu Hause sind. Und wenn sie doch einmal zu Hause sind, dann sind sie krank, erschöpft, ausgebrannt und brauchen absolute Ruhe.

Ihr Besichtigungsrecht

Nun haben Sie als Vermieter einen Anspruch darauf, die Wohnung mit Mietinteressenten zu besichtigen. Dieses Recht steht Ihnen sogar dann zu, wenn Sie ein „Betretungsrecht" nicht im Mietvertrag vereinbart haben. Sie müssen nur auf drei Dinge achten:

- Sie müssen Ihren Besuch rechtzeitig vorher anmelden. Von einigen Gerichten wird eine 24-Stunden-Frist als ausreichend erachtet (z. B. AG Braunschweig, WM 1983, S. 112). Ist Ihr Mieter berufstätig und kein Familienangehöriger daheim, können Sie von ihm eine Terminvereinbarung verlangen, wenn zwischen Verabredung und Termin vier Tage liegen (AG Münster, WM 1982, S. 282).

- Die Besichtigung sollte zu den üblichen Besuchszeiten stattfinden. Das heißt: An Werktagen zwischen 10 und 13 Uhr sowie zwischen 15 und

18 Uhr. An Sonn- und Feiertagen zwischen 11 und 13 Uhr. Natürlich können Sie davon abweichen, wenn Ihr Mieter einverstanden ist. Haben Sie die erwähnten Besichtigungszeiten mietvertraglich vereinbart, dann muss Ihnen der Mieter in jedem Fall Zutritt gewähren, auch wenn er berufstätig ist oder in dieser Zeit irgend etwas anderes vorhat.

- Sie dürfen den Vormieter nicht ständig behelligen. Gerichtlich anerkannt ist aber, dass er Ihnen mindestens einmal wöchentlich für drei Stunden Zutritt gewähren muss (LG Kiel, WM 1993, S. 52).

Ihr Mieter ist schadenersatzpflichtig

Lässt Sie Ihr Mieter trotz rechtzeitiger Ankündigung nicht in die Wohnung, könnten Sie sich gerichtlich per einstweiliger Verfügung Zutritt verschaffen. Darüber hinaus ist Ihr Mieter schadenersatzpflichtig, wenn Sie die Wohnung nicht vermieten können, weil er Sie nicht hineinlässt. Darauf sollten Sie ihn im Übrigen auch hinweisen, wenn Sie mit ihm einen Termin absprechen und Sie den Eindruck haben, dass er die Sache nicht recht ernst nimmt.

ZERRÜTTETES VERHÄLTNIS SCHRECKT AB

Sie sollten nüchtern abwägen: Lohnt es sich überhaupt, einen Besichtigungstermin zu vereinbaren, wenn der Vormieter dies hintertreibt? Natürlich können Sie das Besichtigungsrecht einklagen. Nur wie viel ist das wert, wenn Sie in abgewohnte Räumlichkeiten kommen oder sich der Vormieter anderweitig revanchiert? Natürlich können Sie auf Schadenersatz klagen. Nur sollten Sie überlegen, ob Sie die Angelegenheit nicht günstiger und stressfreier aus der Welt schaffen, indem Sie abwarten, bis der Mieter ausgezogen ist. Das heißt nicht, dass Sie sich von Ihrem Mieter auf der Nase herumtanzen lassen müssen, sondern nur, dass Sie ganz pragmatisch überlegen sollten, was für Sie am sinnvollsten zu tun ist.

Falle 8: Sie holen sich einen „Mietnomaden" ins Haus

Der Albtraum jedes Vermieters ist es, an einen „Mietnomaden" zu geraten. Der kann Sie nämlich an den Rand des finanziellen Ruins bringen. Ein solcher „Mietnomade" bezahlt die erste Miete und die erste Rate der Kaution – und dann keinen Cent mehr. Seine wohl kalkulierte Absicht: Sie müssen ihn erst mahnen (→ Falle 68) und dann aus der Wohnung klagen. Das kann ein Jahr und länger dauern. In dieser Zeit wohnt der „Mietnomade" mietfrei in Ihrer Wohnung. Haben Sie dann endlich einen vollstreckbaren Titel, um die Wohnung zu räumen, macht sich der „Mietnomade" auf und davon, um ein neues Quartier zu beziehen. Manche gönnen sich obendrein noch das Vergnügen, zuvor die Räumlichkeiten zu verwüsten.

So schockierend das ist, so muss man jedoch auch nüchtern feststellen: Es handelt sich keineswegs um einen neuen Trend oder Volkssport. Die dreisten Abzocker sind eine winzige Minderheit unter den Mietern. Zur Hysterie besteht kein Anlass, aber natürlich auch nicht zur Sorglosigkeit. Denn „Mietnomaden" suchen sich bevorzugt unerfahrene Privatleute als Opfer.

Wie können Sie sich schützen?

Einem „Mietnomaden" sieht man seine unlauteren Absichten natürlich nicht an. Gerade gut gekleidete Kandidaten, die im teuren PKW vorfahren, können sich als abgebrühte Hochstapler erweisen. Sie sollten sich daher nicht ausschließlich auf den äußeren Anschein und Ihre Menschenkenntnis verlassen. Was Sie hingegen tun können:

- Verlangen Sie vor Vertragsabschluss eine Selbstauskunft.

- Nehmen Sie Kontakt zum bisherigen Vermieter auf.

Die Selbstauskunft

Die Wirkung einer solchen Auskunft wird oft überschätzt. Denn die Mieterselbstauskunft schützt Sie ja nicht davor, betrogen zu werden. Aber wenn Ihr Mieter falsche Angaben macht, etwa einen Offenbarungseid verschweigt, dann können Sie den Mietvertrag wegen „arglistiger Täuschung" anfechten und werden den „Nomaden" schneller los, als wenn Sie den üblichen Weg wählen müssen. Das Muster einer solchen Selbstauskunft finden Sie auf der CD und auf Seite 31.

VERLANGEN SIE EINE SCHUFA-AUSKUNFT

Sicherer als die bloße Selbstauskunft: Sie verlangen von Ihren Mietinteressenten eine sogenannte Schufa-Auskunft (Schutzgemeinschaft für allgemeine Kreditsicherung). Dadurch erfahren Sie, wie kreditwürdig Ihr potenzieller Mieter ist. Als Vermieter sind Sie zwar nicht berechtigt, selbst diese Auskunft einzuholen. Aber Sie können von Ihrem Mieter verlangen, dass er für Sie die Auskunft einholt. Das kostet ihn derzeit 18,50 Euro. Dabei kann er einmal jährlich seine Daten kostenlos abfragen. Das geht sogar über das Internet (www.meineschufa.de)

Solvenz des Mieters prüfen

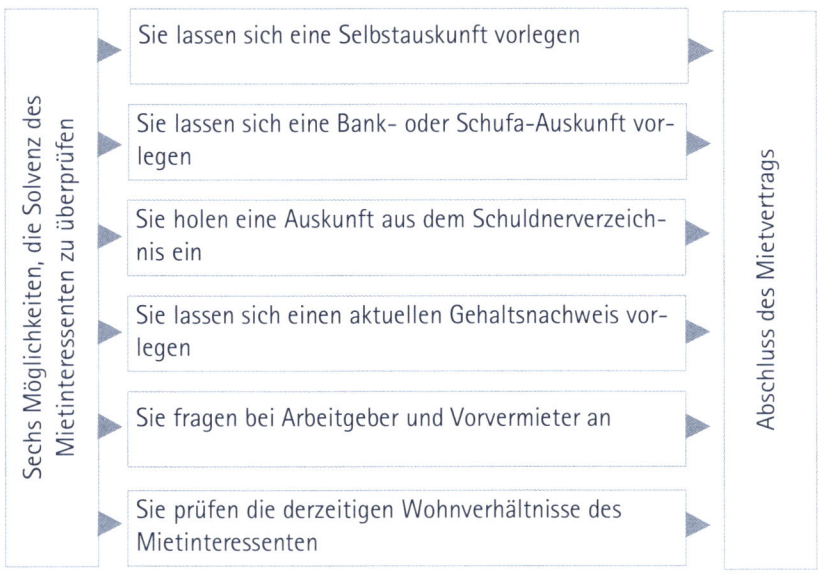

Nehmen Sie Kontakt zum vorhergehenden Vermieter auf

Sehr hilfreich kann es sein, wenn Sie von sich aus Kontakt zum bisherigen Vermieter aufnehmen. Lassen Sie den Kontakt nicht vom Mietinteressenten herstellen, denn der kann Ihnen präsentieren, wen er mag. Erfragen Sie die Adresse des Vermieters lieber beiläufig oder in der Selbstauskunft. Und rufen Sie dann dort an. Stellt sich heraus, dass die Adresse nicht stimmt, dann haben Sie Grund zu der Annahme, dass Ihr Kandidat Ihnen etwas verschweigt.

 VORSICHT VOR „DATENBANKEN" UND VERZEICHNISSEN

In jüngster Zeit werden im Internet Datenbanken angeboten, in denen angeblich die Namen von Mietnomaden erfasst sind. Einige dieser Datenbanken machen keinen guten Eindruck, denn es ist unklar, wie die Daten überhaupt in das Verzeichnis gelangt sind. Eine Ausnahme stellt die sogenannte „Vermieterschutzkartei" dar. Hier werden die Schuldnerdaten von 687 Amtsgerichten gebündelt, vernetzt und monatlich aktualisiert. Doch auch in dieser Kartei werden nur die „amtsbekannten Fälle" erfasst. Daher ist es immer besser, wenn Sie sich auch selbst ein Bild machen.

Falle 9: Die Absicherungsfalle

Im Bemühen, sich nach allen Seiten abzusichern, tun manche Vermieter zu viel des Guten. Sie unterziehen die Interessenten einer gründlichen Prüfung, lassen sich Bescheinigungen von Arbeitgebern, Vermietern, Eltern und Kreditinstituten vorlegen. Und sie erreichen womöglich nur das Gegenteil. Denn eine solche Prozedur wirkt abschreckend. Und abgeschreckt werden nicht nur „Mietnomaden" und andere zweifelhafte Kandidaten, sondern auch Interessenten, die Sie gerne als Mieter hätten, die es aber als entwürdigend empfinden, ihre finanziellen Verhältnisse lückenlos offen zu legen – mit der ungewissen Aussicht, bei der Vergabe der Mietwohnung eventuell berücksichtigt zu werden. Dann suchen sie sich lieber eine andere Wohnung und die finden sie oft auch.

Aber: Damit ist nicht gemeint, dass Sie mit einer gewissen Sorglosigkeit Ihre Mieter auswählen sollten. Das kann sich – wie Falle 8 zeigt – bitter rächen. Absicherung muss unbedingt sein. Nur gilt es, die Verhältnismäßigkeit zu wahren. Zumal Sie mit einem Übermaß an Absicherung gar nicht mehr Sicherheit gewinnen. Denn man sollte daran erinnern: In der überwiegenden Mehrzahl der Fälle geraten Mieter nicht in Zahlungsschwierigkeiten, weil es sich um Hochstapler oder Mietnomaden handelt, sondern weil etwas eingetreten ist, was sich häufig nicht vorausahnen ließ: Verlust des Arbeitsplatzes, Krankheit, Scheidung.

DIE KERNFRAGE: KANN IHR MIETER SICH DIE WOHNUNG LEISTEN?

Wie viel Aufwand Sie betreiben sollten, das richtet sich auch nach dem Objekt, das Sie vermieten. Im Kern geht es um die Frage, ob sich Ihr Mieter die Wohnung leisten kann. Ist das gewährleistet, brauchen Sie keine weiteren Informationen.

Worüber Sie Ihren Mieter informieren müssen

Die Informationspflicht erstreckt sich nicht nur auf Ihren Mieter. Auch Sie sind gehalten, alles Wesentliche über das Objekt, das Sie vermieten, mitzuteilen. Dabei geht es vor allem um die folgenden Punkte:

- Auf alle Mängel und Einschränkungen sollten Sie Ihren Mieter spätestens bei Vertragsabschluss hinweisen. Sonst kann er die Miete mindern (→ Falle 64).

- Besonderheiten beim Gebrauch der Mietsache müssen Sie ansprechen; beispielsweise dass der Mieter bestimmte Räume ausreichend lüften und/oder beheizen muss, um Feuchtigkeit oder Schimmelbildung zu verhindern.

- Sie brauchen einen Energiebedarfsausweis, kurz: Energiepass. Dieses Dokument gibt darüber Auskunft, wie es um die energetischen Qualitäten des betreffenden Gebäudes bestellt ist. Sie müssen den Pass auf Verlangen des Mietinteressenten vorlegen. Können Sie das nicht, riskieren Sie eine empfindliche Geldbuße.

Falle 10: Sie stellen unzulässige Fragen

Es geht nicht allein darum, dass Sie mögliche Mietinteressenten dadurch verprellen, dass Sie allzu genau deren Vermögensverhältnisse durchleuchten wollen. Nicht weniger nachteilig kann es sein, wenn Sie Fragen stellen, zu denen Sie als Vermieter gar nicht berechtigt sind, denn in diesem Fall ist Ihr Mieter nicht verpflichtet, die Wahrheit zu sagen. Er darf falsche Angaben machen, ohne irgendwelche Nachteile befürchten zu müssen.

Auf diese Fragen sollten Sie verzichten

Als Vermieter sollten Sie sich auf die Themen beschränken, die direkt mit dem Mietverhältnis zu tun haben. Alle anderen sind für Sie tabu. Unzulässig sind beispielsweise Fragen wie:

- Waren Sie schon einmal arbeitslos?

- Möchten Sie (weitere) Kinder haben?

- Sind Sie gesundheitlich beeinträchtigt?

- Sind Sie Mitglied im Mieterverein?

Solche Fragen sind nicht nur unzulässig, sondern sie beeinträchtigen auch die Atmosphäre, in der Ihr Gespräch stattfindet. Wenn Sie wirklich etwas über Ihren möglichen Mieter erfahren wollen, dann kommen Sie mit solchen Verhörmethoden ohnehin nicht weit. Wesentlich ratsamer ist es daher, ein lockeres Gespräch zu führen, einen zwanglosen Small Talk. Das sorgt nicht nur für ein angenehmes Gesprächsklima, häufig erfahren Sie auch viel eher, was für ein Mensch Ihr potenzieller Mieter ist. Horchen Sie ihn nicht aus, welche Hobbys er hat. Lassen Sie es sich von ihm erzählen, indem Sie beispielsweise von Ihrem eigenen Steckenpferd berichten oder von dem des letzten Mieters, wobei es sich von selbst versteht, dass Sie über ihn nichts Schlechtes erzählen. So etwas macht nämlich einen sehr schlechten Eindruck.

Fragen, die Sie stellen sollten

Nun wird es nicht immer möglich (und auch nötig) sein, mit den Interessenten zu plaudern. Was Sie jedoch festhalten sollten, das ist ihr Name und Geburtsdatum. Das Geburtsdatum, um nicht versehentlich einen Vertrag mit einem Minderjährigen abzuschließen. Aber auch wenn Ihr Gegenüber die Volljährigkeit ohne jeden Zweifel erreicht hat, sollten Sie das Geburtsdatum erfragen. Nicht zuletzt, weil es Ihnen hilft, Ihren Mieter besser zu identifizieren, beispielsweise wenn Sie seine Bonität feststellen wollen. Darüber hinaus sollten Sie die folgenden Fragen klären:

- Aus welchen Gründen wollen Sie Ihre alte Wohnung aufgeben und hier einziehen?

- Welchen Beruf üben Sie aus und seit wann?

- Möchten Sie Tiere halten?

- Wie viele Personen sollen einziehen? Welche?

Weiterhin sollten Sie die finanziellen Verhältnisse abklopfen: Wie hoch ist sein monatliches Nettoeinkommen? Wurden gegen ihn während der letzten fünf Jahre Pfändungen vorgenommen oder musste er einen Offenbarungseid leisten? Sie können auch die Mieter-Selbstauskunft nutzen.

CD-ROM   **MUSTERFORMULAR: SELBSTAUSKUNFT**   **MUSTER**

Ich bin an der Anmietung der __-Zimmer-Wohnung in _____ interessiert.

Und zwar ab: _____ oder auch bereits/erst ab _____.

Ich habe zur Kenntnis genommen, dass die Selbstauskunft von mir nicht verlangt werden kann, die vollständige und wahrheitsgemäße Erteilung aber vom Vermieter zur Vorbedingung für eine eventuelle Vermietung gemacht wird.

Angaben zu meiner Person

Name: _____   Vorname: _____

Geburtsname: _____   Geburtsdatum: _____

Derzeitige Anschrift:

Name und Anschrift des derzeitigen Vermieters:

Meine Anschriften in den letzten fünf Jahren:

Anzahl und Alter der Kinder:

Angaben zu Beruf und finanzieller Situation

Ausgeübter Beruf:

Monatliches Nettoeinkommen:

Arbeitgeber (seit wann?)

Weitere Arbeitgeber in den letzten fünf Jahren:

Bankverbindung (seit wann?)

Eidesstattliche Versicherung (Offenbarungseid) abgegeben:

O ja   O nein

Wenn ja, wann?

Beim Amtsgericht

Aktenzeichen:

Angaben zu Mitbewohnern und Tierhaltung

Sollen außer den oben genannten Kindern weitere Personen in die Wohnung aufgenommen werden?

O ja   O nein

Wenn ja, wer? (Name, Anschrift)

Beabsichtigen Sie, Tiere zu halten?

O ja   O nein

Wenn ja, welche?

Ich erkläre, dass ich in der Lage bin, alle mietvertraglich zu übernehmenden Verpflichtungen, insbesondere Zahlung von Kaution, Miete und Nebenkosten zu leisten.

_____, den _____   _____

(Unterschrift)

Falle 11: Sie wissen nicht, wer bei Ihnen einzieht

Böse Überraschung: Da haben Sie sich für diesen stillen Herrn mit fester Stelle bei einer Versicherung entschieden und dann zieht eine laute, lärmende Horrorfamilie bei Ihnen ein. Auch wenn das nicht immer so kommen muss, so ist es gewiss ein guter Grundsatz, wenn Sie vor Abschluss des Mietvertrages alle Personen kennen lernen, die in die Wohnung einziehen sollen. Und zwar durchaus in gegenseitigem Interesse, denn beide Seiten sollten sich ein Bild machen können.

DIE TRAUMWOHNUNG

Stefan Grieß möchte eine Altbauwohnung vermieten. Er selbst wohnt nicht am Ort, sondern 500 Kilometer entfernt. Auf eine Annonce melden sich viele Interessenten; er entscheidet sich für einen Ingenieur, der von der Wohnung regelrecht begeistert ist. Doch kurz nachdem der Mietvertrag unterzeichnet ist, stellt sich heraus, dass die Frau des Mieters gar nichts vom neuen Zuhause hält. Sie wollte unbedingt in ein Haus mit Garten ziehen. Nach zwei Monaten kündigt der Mieter fristgerecht. Aber Herr Grieß kann mit seiner Mietersuche von vorne beginnen.

Eine gute Entscheidungsgrundlage

Ausgerechnet diejenigen, die ihre Wohnung am intensivsten nutzen werden, lernen manche Vermieter erst nach Vertragsabschluss kennen: Den familiären Anhang. Für beide Seiten ist das nicht sehr günstig, wobei es für Sie nicht nur darum geht, mögliche „Horrorfamilien" frühzeitig zu identifizieren. Vielleicht hat der eine Interessent eine nette Familie, an die Sie sehr gern vermieten würden. Es geht einfach nur darum: Sie können sich ein besseres Gesamtbild von Ihren Mietern machen und so eine fundiertere Entscheidung treffen.

Falle 12: Die Sympathiefalle

Manche Vermieter haben eine sehr einfache Methode, den geeigneten Kandidaten auszuwählen: Sie vermieten an denjenigen, der ihnen am sympathischsten ist. Das kann jedoch ein Fehler sein. Und zwar nicht nur, weil uns unsere Menschenkenntnis gelegentlich im Stich lässt und sich der sympathische Wohnungssuchende in einen unsympathischen Mieter verwandeln kann. Sondern auch weil Sie dadurch Leute von vornherein ausschließen, die als Mieter vielleicht viel besser geeignet wären.

Worauf es wirklich ankommt

Um es klar zu sagen: Sympathie ist nicht das entscheidende Kriterium. Sie können an einem Mieter auch dann viel Freude haben, wenn er Ihnen nicht besonders sympathisch ist. Viel wichtiger ist es, dass er mit der Mietsache pfleglich umgeht, dass er die Miete aufbringen kann, dass er nicht den Hausfrieden stört. Das halten Sie vielleicht für selbstverständlich, aber alle Kandidaten, von denen Sie das annehmen, kommen im Prinzip als Mieter infrage.

Was darüber hinaus den Ausschlag geben sollte, hängt auch von Ihrer Mietsache ab: Es ist eine Überlegung wert, zu welchem Mieter Ihre Wohnung am besten passt: Ist es eine Singlewohnung, ist sie besonders für Familien geeignet oder für Senioren? Überlegen Sie auch, wie lange Ihr Mieter wohl in der Wohnung bleibt. Nicht nur der Mieter, auch Sie als Vermieter können davon profitieren, wenn die Sache passt.

Natürlich sollten Sie nicht unbedingt einen Mieter nehmen, wenn Sie ein ungutes Gefühl haben und meinen, dass die „Chemie nicht stimmt". Sympathisch muss Ihnen der Mieter wirklich nicht sein, aber ein geschäftsmäßiges Verhältnis sollten Sie sich unbedingt mit ihm vorstellen können. Nebenbei bemerkt sind solche „geschäftsmäßigen Verhältnisse" zwischen Mieter und Vermieter häufig wesentlich tragfähiger als die, die vor allem auf Sympathie beruhen.

Falle 13: Der Mieter springt ab

Häufig ist die Mietersuche ein gutes Stück Arbeit. Sie schalten Anzeigen, führen die Interessenten durch die Wohnung, versuchen sich von den Kandidaten, die infrage kommen, ein Bild zu machen, müssen dann noch auswählen, den anderen absagen, einen Termin ansetzen, um den Mietvertrag zu unterzeichnen – und dann kann es geschehen, dass Ihr Mieter, Wohnungsknappheit hin oder her, doch noch abspringt.

Mögliche Gründe dafür gibt es viele: Ihm ist etwas dazwischen gekommen, die Arbeitsstelle, die er antreten wollte, wird nun doch nicht besetzt, es gibt finanzielle oder familiäre Probleme – oder Ihr Wunschmieter hat kurzfristig eine Wohnung gefunden, die ihm besser gefällt. Es ist durchaus nicht selten, dass Wohnungssuchende mehrere Eisen im Feuer haben. Und wenn sich erst später entscheidet, dass eine attraktivere Wohnung ebenfalls zu haben ist, dann greifen sie zu. Und Sie können nichts dagegen tun.

Erst der Mietvertrag bindet den Mieter

Für beide Seiten gilt: Erst wenn der Mietvertrag unterzeichnet ist (oder auf andere Art zustande kommt, lesen Sie dazu unbedingt Falle 15), können Sie Anspruch darauf erheben, dass der Mieter diesen Vertrag auch erfüllt, sprich: die Miete bezahlt und ordentlich kündigt. Solange diese Bedingung nicht erfüllt ist, müssen Sie einkalkulieren, dass Ihr Mieter noch abspringt.

Manche Vermieter versuchen sich mit einem Vorvertrag abzusichern; aber solche Vereinbarungen stehen juristisch auf äußerst wackeligen Beinen. Der Grund ist einfach: Sie können den Mieter nicht dazu verpflichten, einen Vertrag mit Ihnen einzugehen – ohne dass er den genauen Inhalt dieses Vertrags kennt. Und das wäre ja der Fall. Denn woher sollte der Mieter den Inhalt des Vertrags kennen, den Sie noch nicht mit ihm abgeschlossen haben?

Vorsicht vor dem „Nachkarten"

Selbstverständlich kann der Mieter noch abspringen, wenn Sie ihm einen Mietvertrag vorlegen, den er für nicht akzeptabel hält. Dann können Sie entweder den Vertrag korrigieren, neue Bedingungen aushandeln oder aber Sie müssen mit der Mietersuche neu beginnen. Eine solche Situation sollten Sie unbedingt vermeiden, denn sie ist für Mieter und Vermieter äußerst unangenehm.

 SPRECHEN SIE VERTRAGLICHE BESONDERHEITEN FRÜHZEITIG AN

Wollen Sie in Ihrem Mietvertrag irgendetwas vereinbaren, das vom Üblichen abweicht (besondere Nebenkosten; spezielle Nutzungsbedingungen; Regelungen, die die Tierhaltung betreffen), dann sind Sie gut beraten, das frühzeitig anzusprechen. Ansonsten riskieren Sie nicht nur, dass der Mieter abspringt. Auch

wenn er den Vertrag unterzeichnet, wird er das als ungutes „Nachkarten" empfinden. Und das stärkt bestimmt nicht Ihr Vertrauensverhältnis.

Kommen Sie zügig zum Vertragsabschluss

Das beste Mittel, um sich gegen das Abspringen des Mieters zu wappnen:
Verlieren Sie keine Zeit. Haben Sie sich für einen Kandidaten entschieden,
dann sollten Sie umgehend den Mietvertrag mit ihm unter Dach und Fach
bringen. Das dürfte im Übrigen ganz im Sinne Ihres Mieters sein, dem
ebenfalls wohler sein wird, wenn er Sicherheit hat.

KÜMMERN SIE SICH VOR DER MIETERSUCHE UM DEN MIETVERTRAG!

Viele Vermieter suchen sich erst einen Mieter und denken dann über den Vertrag nach. Dadurch geht ihnen jedoch viel Zeit verloren und sie lassen sich
überrumpeln (→ Falle 2). Auch wenn Sie schon lange Jahre vermieten, sollten
Sie rechtzeitig prüfen, ob Sie den bisher bestehenden Vertrag nicht der geän-
derten Rechtsprechung anpassen müssen.

Haben Sie einen Ersatzmieter in der Hinterhand?

Durch einen zügigen Vertragsabschluss reduzieren Sie einerseits die Gefahr, dass der Mieter abspringt. Zugleich aber müssten Sie nicht unbedingt
mit der Mietersuche neu beginnen, wenn der Mieter Sie dennoch hängen
lässt. Oftmals sind ja mehrere Kandidaten in der engeren Wahl gewesen.
Sie könnten also im Fall des Falles auf einen Ersatzmieter zurückgreifen.
Das setzt allerdings voraus, dass Sie mit den Kandidaten, denen Sie absagen müssen, richtig umgegangen sind.

ABSAGEN – ABER RICHTIG

Eine Absage bedeutet für den Betreffenden immer eine Enttäuschung. Manche
Vermieter wollen sich diese Unannehmlichkeit ersparen und rufen lieber gar

nicht erst an. Das ist jedoch ein schwerer Fehler, denn die Betreffenden empfinden das nicht als Rücksichtnahme, sondern als Missachtung. Der Vermieter macht sich nicht einmal die Mühe, ihnen diese wichtige Auskunft zu erteilen. Daher sollten Sie, sobald Sie sich für einen Kandidaten entschieden haben, allen anderen absagen. Tun Sie das freundlich, aber geben Sie keine Gründe für Ihre Entscheidung an. Die verletzen nämlich nur. Denken Sie daran: Wenn Ihr Kandidat noch abspringt, sind Sie dankbar, wenn Sie auf einen geeigneten Nachrücker zurückgreifen können.

Fallen beim Mietvertrag

DIE QUAL DER WAHL BEIM MIETVERTRAG

Gerhard Englert steht ein wenig unter Druck: Für seine Wohnung hat er einen Mieter gefunden, aber was er mit dem Mietvertrag machen soll, das weiß er noch nicht. Gibt es da nicht neue Regelungen im Mietrecht? Oder aktuelle Gerichtsurteile, die er für die Gestaltung seines Mietvertrages kennen müsste? Kann er den Vertrag des vorherigen Mieters im Großen und Ganzen übernehmen oder muss er ihn abändern? Und an welchen Punkten müsste er das tun? Oder sollte Herr Englert der Einfachheit halber gleich einen neuen Formularmietvertrag im Schreibwarenladen kaufen? Oder sollte er sich lieber Zeit nehmen und den Mieter einziehen lassen, um dann in aller Ruhe den Mietvertrag vorzubereiten? Herr Englert ist ratlos. Doch in allen drei Fällen droht er in eine Falle zu geraten.

Falle 14: Mieter ohne Mietvertrag

Es kommt immer wieder vor, dass Mieter einziehen, ohne dass ein schriftlicher Mietvertrag geschlossen wurde. Zum Beispiel weil der Vermieter meint, das mit dem Mietvertrag könne man ja noch später erledigen. Oder weil gute Freunde (→ Falle 1) einziehen. Den Vermietern droht spätestens dann ein böses Erwachen, wenn sie meinen, nun sei die Zeit reif für einen schriftlichen Mietvertrag – und sie von ihrem gut informierten Mieter erfahren, dass ein Mietvertrag bereits besteht.

Wenn der Mieter einzieht

Anders als viele Vermieter meinen, muss der Mietvertrag nicht schriftlich abgeschlossen werden. Und schon gar nicht gibt es einen „vertragsfreien Zustand", in dem Ihr Mieter die Wohnung nutzt und darauf warten muss, dass Sie ihm den Mietvertrag vorlegen. Vielmehr kommt ein Mietvertrag bereits dadurch zustande, dass Sie dem Mieter die Wohnung überlassen haben und er Ihnen dafür Miete zahlt (LG Berlin, Urteil vom 4.8.2000, Az. 64 S 110/00).

Und welche Vertragsbedingungen sollen gelten, da Sie mit Ihrem Mieter doch gar nichts ausgemacht haben? Ganz einfach, dann greifen die „gesetzlichen Bedingungen", die immer zur Anwendung kommen, wenn es keine wirksame Vertragsklausel gibt. Und diese gesetzlichen Bedingungen sind nicht besonders vermieterfreundlich. Sie haben weder Anspruch auf die Zahlung von Nebenkosten (→ Falle 26), noch auf die Kaution (→ Falle 29) oder auf Schönheitsreparaturen (→ Falle 50). Und der Mietvertrag gilt auf „unbestimmte Zeit" geschlossen. Sie können dem Mieter frühestens zum Ende des ersten Jahres kündigen – unter Beachtung der gesetzlichen Bestimmungen, versteht sich.

Das schlüssige Verhalten der Vertragsparteien

Darüber hinaus ist das Verhalten der Vertragsparteien entscheidend. Wenn Ihr Mieter Ihnen, sagen wir: 600 Euro Miete überweist und Sie dem nicht widersprechen, gelten die 600 Euro Miete als vereinbart. Der Inhalt des Mietvertrags wird dabei aus dem „schlüssigen Verhalten" der Vertragsparteien abgeleitet. Schwieriger wird es, die Frage der Nebenkosten zu klären (Näheres im dritten Kapitel). Leistet der Mieter keinerlei Vorauszahlungen, dann haben Sie schlechte Chancen Nachforderungen zu stellen.

Möglicherweise kommen Sie mit einem blauen Auge davon: Wenn der Mieter bei Ihnen einzieht, Sie den schriftlichen Mietvertrag zügig nachreichen und der Mieter ihn unterschreibt, dann dürften die Vereinbarungen kaum zu kippen sein. Wenn Sie den Mieter jedoch Wochen auf den Vertrag warten lassen, dann können Sie sich nicht darauf berufen, Sie hätten ja angekündigt, dass da noch was nachkommt.

 MIETVERTRAG VOR EINZUG UNTERSCHREIBEN LASSEN

Man kann es gar nicht dick genug unterstreichen: Lassen Sie den Mieter erst einziehen, wenn Sie den Mietvertrag schriftlich geschlossen haben. Sonst drohen Ihnen schwere Nachteile. Im Ernstfall haben Sie wenig in der Hand, bestimmte Vertragsklauseln durchzusetzen. Weigert sich Ihr Mieter, den nachgereichten Vertrag zu unterschreiben, können Sie ihm nicht kündigen. Also halten Sie sich eisern (auch bei Freunden) an die „natürliche" Reihenfolge: Erst wenn der Mietvertrag unter Dach und Fach ist, wird die Wohnung an den Mieter übergeben.

Falle 15: Der unbemerkte Vertragsabschluss

Als Vermieter müssen Sie wissen: Auch mündliche Vereinbarungen sind wirksam. Wie schon beim Makler (→ Falle 6) heißt das, dass ein Mietvertrag schneller zustande kommen kann, als Sie vielleicht ahnen.

„SIE HABEN DIE WOHNUNG"

> Frau Thumann sucht einen Mieter. Herr Frank stellt sich vor. „Die Wohnung kostet 600 Euro", erklärt Frau Thumann. „Ab 1. Mai wäre sie frei." – „Das klingt gut", erwidert Herr Frank. „Ich bin damit einverstanden." – „Schön", sagt Frau Thumann. „Dann haben Sie die Wohnung."

So ein Wortwechsel genügt, um bereits einen Mietvertrag zu schließen. Denn die drei Mindestanforderungen sind erfüllt: Die Parteien haben sich über den Mietgegenstand, die Mietdauer (Beginn der Miete) und die Höhe der Miete geeinigt. Wenn Sie darüber hinaus nichts verabreden, haben Sie einen Vertrag abgeschlossen, der für Sie ähnlich nachteilig ist wie der bei Falle 14: Ohne Anspruch auf Kautionszahlung, Nebenkosten und Schönheitsreparaturen!

So leichtsinnig werden jedoch die wenigsten Vermieter sein. Viel wichtiger ist daher: Sogar wenn Sie übereinkommen, noch einen schriftlichen Mietvertrag zu schließen, so dient dieser schriftliche Vertrag dann nur noch der näheren Ausgestaltung dessen, was Sie bereits verabredet haben. Anders gesagt: Sie haben bereits einen Mietvertrag geschlossen – ohne es zu merken!

Sie stehen im Wort

Zwar sind solche mündlichen Absprachen häufig schwer zu beweisen, doch sollten Sie sich gar nicht erst in so eine zweifelhafte Situation begeben. Sie können es sich in so einem Fall nämlich nicht noch einmal „anders überlegen", die Miete heraufsetzen oder einem anderen Bewerber den Vorzug geben, weil der Ihnen besser gefällt. Das kann vor allem dann unangenehme Folgen haben, wenn Ihr Mieter sein bestehendes Mietverhältnis bereits gekündigt hat. Dann wären Sie nämlich schadenersatzpflichtig.

 KEINE VERBINDLICHE ZUSAGE VOR VERTRAGSABSCHLUSS

Um Missverständnisse zu vermeiden, sollten Sie dem Bewerber, für den Sie sich entschieden haben, keine verbindliche Zusage geben. Vereinbaren Sie stattdessen zügig einen Termin zur Vertragsunterzeichnung.

Falle 16: Sie haben das Vertragsformular unvollständig ausgefüllt

Das kann doch nun wirklich jedem mal passieren – vor allem bei einem Formularmietvertrag: Da ist ein Feld frei geblieben (zum Beispiel die „sonstigen Nebenkosten") oder im Vertragsformular sind verschiedene Möglichkeiten angegeben und Sie haben vergessen, das Unzutreffende zu streichen (z. B. Vorauszahlung/Pauschale bei den Nebenkosten). Was dann? Haben Sie dann noch die Möglichkeit, fehlende Angaben nachzutragen und die unterbliebenen Streichungen im Nachhinein einzufügen?

Die Antwort lautet klipp und klar: Nein. Als Vermieter sind Sie für den Vertrag verantwortlich. Unklarheiten gehen zu Ihren Lasten. Sie können sich nicht darauf berufen, dass der Mieter es ja ebenfalls hätte bemerken müssen, dass da noch was fehlt, und die betreffende Klausel also von beiden Vertragsparteien konkretisiert werden muss.

Freie Auswahl für den Mieter

Die Konsequenz Ihrer mangelnden Sorgfalt: Die Felder, die Sie vergessen haben auszufüllen, müssen auch künftig leer bleiben. Vor allem können Sie keine Kosten nachträglich noch in den Mietvertrag aufnehmen. Manche Vermieter versuchen sich zwar darauf herauszureden, dass das entsprechende Formularfeld leer geblieben sei und nicht gestrichen wurde. Aber mit diesem Argument werden Sie nicht durchdringen können. Es gilt das Prinzip: Im Zweifel für den Mieter. Das gilt auch, wenn Sie vergessen haben, die unzutreffende Alternative zu streichen. Dann hat Ihr Mieter die freie Auswahl, was denn nun gelten soll. Beispielsweise ob die Zahlung der Nebenkosten als Pauschale oder als Vorauszahlung gelten sollen. Allerdings hat er diese freie Wahl nur einmal – wenn überhaupt.

BESTEHT EINE KONKLUDENTE VERTRAGSÄNDERUNG?

Der Begriff der „konkludenten Vertragsänderung" wird Ihnen in diesem Ratgeber noch mehrfach begegnen. Gemeint ist: Wenn beide Vertragsparteien sich so verhalten, als ob eine bestimmte Vereinbarung getroffen wurde, dann ist es möglich, dass diese Vereinbarung gilt – egal was im Mietvertrag steht. Bezogen auf den vorliegenden Fall heißt das: Hat sich Ihr Mieter bislang immer an die eine Alternative gehalten, dann hat er möglicherweise diese Regelung als bindend anerkannt und kann jetzt nicht ohne Weiteres von der anderen Regelung Gebrauch machen (die Sie vergessen hatten zu streichen). Aber der Fall liegt kompliziert. Bevor Sie die „konkludente Vertragsänderung" ins Spiel bringen, sollten Sie sich von einem Anwalt beraten lassen.

Falle 17: Sie unterschreiben zu spät

Hin und wieder kommt es vor, dass der Mieter den Vertrag unterschreibt und Ihnen die beiden Exemplare zum Gegenzeichnen zugeleitet werden. Beispielsweise von einem Makler. Dann sollten Sie keine Zeit verlieren, denn der Vertrag kommt erst dann zustande, wenn ein unterschriebenes

Exemplar beim Mieter eingeht – und zwar innerhalb einer „angemessenen Frist" (LG Köln, WM 1988, S. 50), wobei das Kammergericht Berlin bereits eine Frist von mehr als fünf Tagen für nicht mehr angemessen hält (WM 1999, S. 323)!

In einem solchen Fall kann Ihr Mieter den Vertrag noch platzen lassen. Natürlich muss er Ihnen das mitteilen und darf nicht in die Wohnung ziehen. Akzeptiert Ihr Mieter die verspätete Zusendung, so dürfte der Vertrag wirksam sein. Aber Achtung: Lassen Sie sich mit der Rücksendung sehr viel Zeit, bezieht der Mieter unterdessen sogar die Wohnung, so riskieren Sie, dass der schriftliche Mietvertrag gar nicht erst gültig wird, sondern eine hypothetische „mündliche" Abmachung, die Ihnen weit weniger Rechte einräumt (→ Falle 14), denn Ihr Mieter konnte nicht mehr damit rechnen, dass Sie den Vertrag noch unterschreiben.

 UNTERZEICHNEN SIE MIT DEM MIETER DEN VERTRAG

Wenn es sich für Sie einrichten lässt, empfiehlt es sich, zusammen mit dem Mieter den Vertrag zu unterzeichnen. Dadurch vermeiden Sie den unguten „Schwebezustand", der sich ergibt, wenn eine Seite den Vertrag schon unterzeichnet hat und die andere noch nicht. Außerdem können Sie umgehend reagieren, wenn der Mieter eine Klausel nicht versteht (→ Falle 22) oder irgendein Detail geändert haben möchte (→ individuelle Vereinbarung, Falle 23).

Falle 18: Sie begehen einen Formfehler

Mündlich können Mietverträge unerwartet rasch zustande kommen (→ Falle 15). Wollen Sie jedoch Ihren Mietvertrag schriftlich abschließen, was Ihnen als Vermieter dringend anzuraten ist, so müssen Sie darauf achten, dass eine Reihe von formalen Anforderungen erfüllt ist. Dazu gehören zum Beispiel:

- Die Vertragsparteien müssen namentlich genannt sein: Wer ist Mieter? Wer ist Vermieter?

- Die Wohnung muss genau bezeichnet sein. So genau, dass Verwechslungen ausgeschlossen sind (z. B. Jägerstraße 15, 3. Stock rechts).

- Die Höhe der Miete muss genannt sein.

- Es muss aus dem Vertrag hervorgehen, wann das Mietverhältnis beginnt.

- Gibt es Anlagen zum Vertrag, so muss sich der Zusammenhang aus der Vertragsgestaltung ergeben (z. B. Verweise, fortlaufende Paginierung, Nummerierung, Zusammenheften) (→ Falle 24).

- Der Vertrag muss grundsätzlich von beiden Parteien auf derselben Urkunde eigenhändig unterschrieben werden.

Ist nur eine dieser Bedingungen nicht erfüllt, ist die Schriftform nicht eingehalten. Dann droht der gesamte Vertrag unwirksam zu werden. Das heißt, unter Umständen kommt der Vertrag gar nicht zustande. Oder eben doch.

Schriftform nicht eingehalten – und jetzt?

Welche Konsequenzen sich aus dem Formfehler ergeben, das kommt auf die Vertragsparteien an. Mit einer Einschränkung gilt das Prinzip „ganz oder gar nicht". Also entweder wirkt sich der Formfehler nicht nennenswert aus oder er hat dramatische Folgen, indem er nämlich den Vertrag aufhebt. Im Einzelnen:

- Es ergeben sich keine Folgen, wenn die Parteien die Schriftform nur gewählt haben, um festzuhalten, was sie mündlich verabredet haben. Der Mietvertrag bestand also schon vorher, nämlich mündlich, und wurde durch den schriftlichen Vertrag nur konkretisiert.

- Der Vertrag gilt gemäß § 154 Abs. 2 BGB als nicht geschlossen, wenn die Parteien verabredet haben, den Mietvertrag schriftlich abzuschließen. Es besteht kein Vertrag, bis die Beurkundung erfolgt ist.

Ausstiegsoption für den Mieter

Rein praktisch bedeutet der Formfehler, dass Ihr Mieter aus einem Vertrag, den er nicht (mehr) will, ohne weitere Verpflichtungen wieder herauskommt. Natürlich nur, solange er die Wohnung nicht bezogen hat und sich auch sonst aus seinem Verhalten nicht ableiten lässt, dass der Vertrag besteht (Mietzahlung). Ein Formfehler berechtigt ihn also nicht, beispielsweise beim Auszug die Gültigkeit bestimmter Vertragsklauseln in Zweifel zu ziehen.

 VORSICHT BEI ZEITMIETVERTRÄGEN!

Nach § 550 BGB gilt ein Mietvertrag, bei dem die Schriftform nicht beachtet wurde, als für unbestimmte Zeit geschlossen. Dies hat einschneidende Konsequenzen für Zeitmietverträge, wie sie ja eher bei der Vermietung von Geschäftsräumen üblich sind. Auch wenn eine wesentlich längere Laufzeit vereinbart wurde, kann der Mietvertrag nach einem Jahr gekündigt werden. Das ist im Übrigen auch der Grund, weshalb Mieter, die aus einem langfristigen Zeitmietvertrag aussteigen möchten, nach Formfehlern suchen. Während alle anderen Vertragsklauseln in Kraft bleiben, gilt die längere Laufzeit nicht, weil sie „formunwirksam" vereinbart wurde.

Was Sie über Unterschriften wissen müssen

Als erstes: Unterschriften sind buchstäblich Unter-Schriften. Das heißt, sie müssen unter den Text gesetzt werden, für den sie gelten sollen. Signaturen, die über oder neben dem Text stehen, gelten im Sinne des Gesetzes nicht als Unterschrift, urteilt der BGH (NJW 1991, S. 487). Wenn Sie also bei Vertragsabschluss Änderungen oder Ergänzungen vornehmen, dann sollten die nach Möglichkeit in den Text eingefügt werden. Bei umfangreicheren Texten empfiehlt sich eine Anlage (Falle 19).

Im Prinzip müssen alle Mieter und Vermieter auf ein und derselben Urkunde eigenhändig unterschreiben. Es reicht aber aus, wenn mehrere gleich lautende Urkunden erstellt werden und jede Partei die Urkunde unterzeichnet, die für die andere Partei bestimmt ist. Entscheidend ist: Fehlt eine Signatur, so droht der Vertrag unwirksam zu werden (OLG Rostock, Urteil vom 25.9.2000 Az. 3 U 75/99).

UNTERSCHRIFT PER VOLLMACHT

Nicht immer müssen alle Vermieter persönlich ihre Unterschrift leisten. Es ist durchaus möglich, jemanden zu bevollmächtigen, den Vertrag für Sie zu unterzeichnen. Bei Erbengemeinschaften oder Gesellschaften bürgerlichen Rechts kommt es häufig vor, dass ein einziger im Namen der anderen Mitglieder den Vertrag unterzeichnet. Wichtig ist hier nur zweierlei: Es müssen die Vollmachten sämtlicher Vermieter vorliegen, die im Vertrag genannt werden. Und im Mietvertrag muss die Vertretung eindeutig vermerkt sein (BGH, NJW 2003, S. 3053).

Neu, aber noch mit Tücken: Mietvertrag per E-Mail

Seit neuestem ist es möglich, den Mietvertrag auch in „elektronischer Form" abzuschließen, also per E-Mail (§ 126 Abs. 3 BGB). Allerdings geht das nur unter der Voraussetzung, dass die Parteien das Vertragsdokument mit einer „qualifizierten elektronischen Signatur" versehen. Damit ist ein bestimmtes Identifizierungsverfahren gemeint. Wenn Sie sich den Mietvertrag per E-Mail zuschicken und Ihre Unterschrift einscannen, wird dies *nicht* anerkannt!

Falle 19: Mehrere Mieter

Nehmen wir an, mehrere volljährige Personen ziehen in Ihre Wohnung ein. Ist es da nicht am sinnvollsten, alle in die Pflicht zu nehmen und den Mietvertrag unterschreiben zu lassen? Ganz abwegig ist der Gedanke nicht, denn alle Ansprüche können Sie nur gegenüber denjenigen geltend machen, die den Mietvertrag unterschrieben haben.

Und doch gibt es ein gewichtiges Gegenargument: Je mehr Mieter Sie haben, desto komplizierter wird die ganze Sache. Und zwar für Mieter und

Vermieter. Bei jeder Vereinbarung, ja bei jeder Mitteilung müssen Sie sicherstellen, dass alle Mieter Ihr Anschreiben erhalten. Wenn Sie die Miete erhöhen oder modernisieren wollen, müssen alle zustimmen. Eine Kündigung muss ebenfalls alle erreichen. Und wenn einer der Mieter auszieht, wird es ebenfalls kompliziert. Es können nämlich nur alle Mieter gemeinsam den Vertrag kündigen. Zieht einer aus und der andere bleibt in der Wohnung, so bleiben doch beide Ihre Vertragspartner. Spätestens dann wird Ihnen dämmern, dass es vielleicht doch keine gute Idee war, möglichst viele Bewohner mit ins Boot zu holen.

Meist die bessere Alternative – der Hauptmieter

Den ganzen Aufwand können Sie sich ersparen, wenn Sie nur mit einer einzigen Person den Mietvertrag abschließen – dem Hauptmieter. Seine Mitbewohner sind dann seine Untermieter. Er ist verpflichtet, Ihnen ihre Namen mitzuteilen, und ist im Übrigen dafür verantwortlich, dass sich die Untermieter an den Mietvertrag halten.

Wenn also die Mitbewohner über die Stränge schlagen, gegen die Hausordnung verstoßen oder die mietvertraglich vereinbarten Pflichten schleifen lassen, dann ist der Hauptmieter Ihr Ansprechpartner. Ihn müssen Sie im Fall des Falles abmahnen und gegen ihn müssen Sie alle Ihre Ansprüche durchsetzen.

Vorsicht, zahlungsunfähig!

Wenn Sie einen Hauptmieter haben, wird die Sache für Sie erheblich übersichtlicher und einfacher. Es gibt nur ein Risiko, gegen das Sie sich möglichst gut absichern sollten: Dass der Hauptmieter zum sozialen Härtefall oder sogar zahlungsunfähig wird. Denn dann müssen Sie ihn aus der Wohnung klagen und gehen meist leer aus, auch wenn bei den Mitbewohnern noch etwas „zu holen" wäre.

BEI (EHE-)PAAREN LASSEN SIE BEIDE UNTERSCHREIBEN

Ausnahme von der Hauptmieterregel: Bei Ehepaaren oder anderen festen Lebensgemeinschaften ist es häufig sinnvoll, mit beiden Partnern den Vertrag abzuschließen. Dadurch sichern Sie Ihre Ansprüche für den Fall ab, dass der eine dem anderen bedeutende Teile seines Vermögens überschrieben hat.

Falle 20: Rigide Vertragsklauseln

Manche Vermieter versuchen, sich im Mietvertrag sehr weit reichende Rechte zu sichern. Nach der Devise „Angriff ist die beste Verteidigung" meinen sie, dass sie mit solchen Klauseln das Maximum für sich herausholen und gegen ihren Mieter etwas in der Hand haben, das sie als Verhandlungsmasse einsetzen können. Ein solches Kalkül mag zwar eine gewisse psychologische Wirkung entfalten. Doch sobald der Mieter auf den Gedanken kommt, sich über seine Rechte zu informieren, fällt diese Drohkulisse in sich zusammen. Die Klauseln sind unwirksam. Es gilt dann nicht die nächstschärfere Variante, die von Rechtswegen zulässig ist, sondern dann greifen die gesetzlichen Bestimmungen. Und die sind, wie schon erwähnt, für den Vermieter die ungünstigste Lösung. Durch allzu rigide Vertragsklauseln erreichen Sie also geradewegs das Gegenteil von dem, was Sie anstreben.

Unwirksame Vertragsklauseln

Die Liste der Vertragsklauseln, die in den Formularmietverträgen (→ Falle 20) von Gerichten für unwirksam erklärt worden sind, ist lang. Wir werden in diesem Buch immer wieder auf solche Klauseln zu sprechen kommen (z. B. Falle 25). Im Folgenden finden Sie eine Auswahl von Klauseln, die von den Gerichten nicht anerkannt werden:

- „Die Abbuchungsermächtigung ist wesentlicher Bestandteil des Mietvertrages." (AG Köln, Urteil vom 10.12.1995, Az. 217 C 566/85).

- „Teppichböden hat der Mieter auf seine Kosten bei Auszug von einer Fachfirma reinigen zu lassen. Als Nachweis über die durchgeführte Reinigung ist die entsprechende Rechnung vorzulegen." (OLG Stuttgart, Urteil vom 19.8.1993, Az. 8 REMiet 2/92).

- „Die Kaution wird nicht verzinst." (LG München I, Urteil vom 21.7.1999, Az. 31 S 844/99).

- „Teppichböden dürfen nicht fest verklebt werden." (LG Berlin, Urteil vom 16.9.1992, Az. 26 O 179/92).

- „Bei Zahlungsverzug ist der Vermieter berechtigt, 8,5 % Verzugszinsen und für jede schriftliche Mahnung eine Gebühr von 20 Euro zu erheben." (LG Hamburg, Urteil vom 14.07.1989, Az. 74 O 139/89).

- „Der Mieter haftet bei vorzeitiger Beendigung des Mietverhältnisses durch fristlose Kündigung für den entstandenen Mietausfall bis zum Ablauf der vereinbarten Mietzeit." (LG Berlin, Urteil vom 22.10. 1985, Az. 64 S 128/85).

- „Das Aufstellen einer Waschmaschine in der Wohnung ist untersagt." (AG Hameln, Urteil vom 17.12.1993, Az. 23 C 380/93).

- „Beim Auszug wird das Treppenhaus immer in Mitleidenschaft gezogen. Als Ausgleich für die entstehenden Kosten wird ein Pauschalbetrag von 100 Euro vereinbart, der ohne Kostennachweis an den Vermieter zu zahlen ist." (AG Frankfurt, Urteil vom 9.3.1990, Az. 33 C 4127/89-76).

Nochmals: Alle diese Vertragsklauseln sind von den Gerichten gekippt worden. Zwar handelt es sich um Klauseln aus einem Formularmietvertrag (→ Falle 20). Doch ist es schwer vorstellbar, dass solche Klauseln für irgendeinen Wohnraummietvertrag wirksam sein könnten. Daher unser Rat: Lassen Sie die Finger von solchen Vereinbarungen.

Falle 21: Falsche Angaben im Mietvertrag

Stellen Sie sich vor, Ihr Mieter misst die Wohnfläche nach und stellt fest, dass sie niedriger ist, als im Mietvertrag angegeben. Kann er verlangen, dass Sie die Miete herabsetzen? Oder wenn Sie Ihre Wohnung falsch bezeichnet haben, Stockwerke verwechselt oder links mit rechts vertauscht haben – hat das irgendwelche Konsequenzen? Oder wenn in Ihrem Mietvertrag von einem Balkon die Rede ist, den es gar nicht gibt – müssen Sie dafür den Mieter entschädigen?

Das kommt ganz auf den Einzelfall an. Grundsätzlich gilt, dass Sie in Ihrem eigenen Interesse keine falschen Angaben im Mietvertrag machen sollten. Allerdings hat nicht jeder offensichtliche Irrtum schwer wiegende Konsequenzen.

Wohnfläche zu hoch bemessen

Die korrekte Vermessung der Wohnfläche ist eine Wissenschaft für sich. Geringe Abweichungen muss der Mieter akzeptieren – es sei denn, Sie hätten für die Miete einen Quadratmeterpreis vereinbart oder die Wohnungsgröße vertraglich zugesichert (OLG Dresden WM 1998, S. 144). Die Flächenangabe im Vertrag ist aber keine Zusicherung. Kritisch wird es erst, wenn die Wohnung um mehr als 10 % kleiner ist als im Vertrag angegeben. Dann hat der Mieter womöglich das Recht die Miete zu mindern (→ Falle 64), denn es handelt sich um einen Mangel (BGH WM 2004, S. 268), übrigens auch wenn in Ihrem Mietvertrag die Angabe der Wohnfläche durch den Zusatz „ca." relativiert wird.

Darüber hinaus wird eine unzutreffende Angabe der Wohnfläche auch Auswirkungen auf die Abrechnung der Nebenkosten haben (→ Falle 26).

Wohnung verwechselt

Haben Sie die Mietwohnung versehentlich falsch bezeichnet, so liegt ein Formfehler vor. Daher könnte Ihr Mieter den Vertrag anfechten. Das Mietverhältnis käme dann nicht zustande (→ Falle 18). Wenn er aber bereits die Wohnung bezogen hat, dürfte eine Anfechtung kaum Aussicht auf Erfolg haben. Der Vertrag wäre dann nämlich durch das „schlüssige Verhalten" der Vertragsparteien zustande gekommen. Das heißt, auch wenn im Mietvertrag irrtümlich eine andere Wohnung bezeichnet ist, hat der Mieter einfach dadurch, dass er in die „richtige" Wohnung eingezogen ist, eine „konkludente Vertragsänderung" vollzogen.

Nicht vorhandene Balkone

Manchmal schleichen sich in den Vertrag Angaben ein, die offensichtlich unrichtig sind. Zum Beispiel weil Sie den Vertrag von einer anderen Wohnung übernommen haben und die Klauseln nicht sorgfältig genug geprüft haben. Was dann? Offensichtlicher Unsinn ist im Allgemeinen unschädlich. Aber Sie müssen aufpassen, wenn Ihr Mieter aus dem Vertrag Ansprüche ableiten kann, die nicht erfüllt werden. Das könnte auch beim nicht vorhandenen Balkon gegeben sein, ganz sicher aber, wenn im Mietvertrag steht, dass der Garten mitvermietet wird, aber lediglich gemeint ist, dass Sie Ihrem Mieter die Gartennutzung einräumen. Auch dann liegt ein „Mangel" vor, denn Sie erfüllen nicht das, was Sie in Ihrem Mietvertrag zugesichert haben. Und Ihr Mieter kann die Miete mindern.

Falle 22: Der Formularmietvertrag

Vermieter, die ihr Geschäft nicht professionell betreiben, greifen gern auf ihn zurück, den Formularmietvertrag, denn er verspricht, auf die bequemste Art zu einem rechtssicheren Mietvertrag zu kommen. Die Klauseln sind vorformuliert, die Vordrucke müssen nur ausgefüllt, präzisiert oder ergänzt werden – und schon steht der Mietvertrag. Auch Mieter bringen solchen Standardformularen weniger Misstrauen entgegen als selbst gestrickten Verträgen.

Häufig ja gar nicht zu Unrecht, denn viele Formularmietverträge erleichtern den Vertragsabschluss ungemein. Aus diesem Grund ist auch auf der beiliegenden CD-ROM ein rechtssicherer Formularmietvertrag enthalten. Und doch gilt es, drei Dinge zu beachten:

- Nicht alle Formularverträge halten, was sie versprechen. Nach Schätzungen von Experten sind in Deutschland mehr als 180 unterschiedliche Formularverträge im Einsatz. Viele, gerade ältere Modelle, enthalten Klauseln, die unwirksam sind.

■ Ein Formularmietvertrag sollte Sie nicht dazu verleiten, die Klauseln einfach zu übernehmen und nicht genau hinzuschauen, welche Vereinbarungen Sie da treffen. Beachten Sie: „Den" Standardmietvertrag gibt es nicht.

■ Für alle Formularmietverträge gelten die Regelungen über die allgemeinen Geschäftsbedingungen (AGB) gemäß §§ 305 ff. BGB. Daher unterliegen die Klauseln besonderen Anforderungen.

Was sind „allgemeine Geschäftsbedingungen"?

Unter allgemeinen Geschäftsbedingungen werden vorformulierte Vertragsklauseln verstanden, die eine Vertragspartei der anderen vorlegt. Wenn Sie einen Kaufvertrag unterschreiben oder im Internet eine Bestellung aufgeben, haben Sie es in der Regel ebenfalls mit allgemeinen Geschäftsbedingungen zu tun: Denn nicht Sie als Kunde gestalten die Konditionen wie die Garantie, das Rückgaberecht etc., sondern der Verkäufer präsentiert Ihnen ein Vertragsformular, das Sie unterzeichnen müssen, damit der Kauf zustande kommt.

Für die Gestaltung dieser Verträge wird derjenige verantwortlich gemacht, der das Formular der Gegenseite vorlegt, also nahezu ausnahmslos der Vermieter. Im Kern geht es darum, dass die Vertragsbedingungen nicht gegen das „Gebot von Treu und Glauben" verstoßen dürfen. Das heißt im Einzelnen:

■ Vertragsklauseln, die den Mieter unangemessen benachteiligen (→ Falle 19), sind unwirksam.

■ Vertragsklauseln, die der Mieter nicht versteht, sind unwirksam. Daher Finger weg von Verträgen im Juristendeutsch. Klauseln, die Sie selbst nicht verstehen, sollten Sie unbedingt ersetzen.

■ Vertragsklauseln, die für den Mieter „überraschend" sind, weil er nicht mit ihnen rechnen konnte, sind unwirksam. Wichtige Klauseln gehören daher niemals ins Kleingedruckte!

Zusatzklauseln helfen nicht

Manche Vermieter versuchen sich abzusichern, indem sie sich nochmals schriftlich bestätigen lassen, dass der Mieter ausreichend Zeit hatte, den Vertrag durchzulesen, und sich mit dem Inhalt des Vertrages voll und ganz einverstanden erklärt. Solche Zusatzvereinbarungen bringen in aller Regel gar nichts. Dadurch lässt sich weder eine unverständliche Formulierung retten noch eine Klausel, die sich im Kleingedruckten versteckt.

 GEHEN SIE DEN VERTRAG ZWEIMAL DURCH

Dass die Vertragsklauseln verständlich sein müssen, bedeutet nur, dass sie von einem juristischen Laien verstanden werden können. Es geht also nicht darum, einen begriffsstutzigen Mieter zu schützen, sondern um Allgemeinverständlichkeit. Insoweit kann es sehr hilfreich sein, wenn Sie das Formular vor Vertragsabschluss noch einmal durchsehen, und alles, was Sie nicht unmittelbar verstehen, ersetzen. Beim Vertragsabschluss gehen Sie dann mit dem Mieter das Dokument ein zweites Mal Punkt für Punkt durch. Bestehen noch Unklarheiten, können Sie die sofort aus der Welt schaffen. Ist die Formulierung tatsächlich missverständlich, sollten Sie sie noch korrigieren, das heißt: präzisieren.

Falle 23: Die individuellen Vereinbarungen

Es gibt eine vermeintliche Rettung aus den Fallen des Formularmietvertrages: Das sind die individuellen Vereinbarungen, die Sie mit Ihrem Mieter treffen. Schon drucktechnisch heben sie sich von den Formularklauseln ab. Häufig sind sie handschriftlich abgefasst, früher waren sie auch öfter mit Schreibmaschine geschrieben. Im Zeitalter der Textverarbeitungssysteme ist die Trennung zwischen vorformulierten und individuellen Klauseln optisch nicht mehr so leicht nachzuvollziehen. Daher empfiehlt es sich, individuelle Vereinbarungen besonders abzusetzen oder hervorzuheben, damit von vornherein keine Verwechslungsgefahr besteht.

Mehr Spielraum zur Vertragsgestaltung

Der große Vorteil aus Vermietersicht: Individuelle Vereinbarungen fallen nicht unter die „allgemeinen Geschäftsbedingungen". Das eröffnet Ihnen einen wesentlich größeren Spielraum. Im Prinzip könnten Sie mit Ihrem Mieter verabreden, was Sie wollen – solange es nicht gerade sittenwidrig ist oder gegen geltende Gesetze verstößt. Der Grundsatz der Vertragsfreiheit ist durch Artikel 2 Abs. 1 GG grundgesetzlich geschützt.

Daher empfiehlt es sich, alle Regelungen, auf die Sie besonderen Wert legen und die vom Üblichen abweichen, als individuelle Vereinbarungen in den Vertrag aufzunehmen. Dazu müssen Sie keinen eigenen Vertrag aufsetzen, auch keine Vertragsergänzung vornehmen, denn in aller Regel befindet sich am Ende der Formularmietverträge eine Rubrik, die für solche individuellen Abreden vorgesehen sind.

Die Pflicht des Aushandelns

Wo also ist der Haken? Wie wird die individuelle Vereinbarung zur Falle? Ganz einfach: Indem die individuelle Vereinbarung nicht als solche anerkannt wird, denn vor Gericht hat sie nur Bestand, wenn erkennbar ist, dass die Vertragsparteien die betreffende Klausel „individuell ausgehandelt" haben. Das heißt, es muss erkennbar sein, dass der Mieter an der Vereinbarung in irgendeiner Weise mitgewirkt und seine Interessen geltend gemacht hat.

Genau diese Voraussetzung ist häufig nicht gegeben. Eine Klausel, die im Formularmietvertrag unwirksam wäre, weil sie den Mieter „unangemessen benachteiligt", lässt sich nicht dadurch retten, dass Sie einfach „individuelle Vereinbarung" darüber schreiben. Das wissen jedoch viele Vermieter nicht und betrachten die individuelle Vereinbarung als eine Art „Geheimwaffe", die es ihnen ermöglicht, ihrem Mieter Konditionen aufzuerlegen, die im Formularmietvertrag unzulässig wären.

DER „TEPPICHSHAMPOONIERER"

Ein Klassiker unter den unwirksamen Vertragsklauseln ist die Vereinbarung, dass der Mieter beim Auszug den Teppichboden von einer Fachfirma reinigen lässt. Es ist schwer vorstellbar, wie Sie den Nachweis führen wollen, Ihr Mieter hätte diese Klausel mit Ihnen ausgehandelt.

Falle 24: Anlagen zum Mietvertrag

Einigen Mietverträgen werden Anlagen beigegeben, gesonderte Vereinbarungen, die Teil des Vertrages werden sollen, um ihnen besonderes Gewicht zu geben. Typische Anlagen sind die Hausordnung, das Übergabeprotokoll und Erläuterungen, zum Beispiel über die Betriebskosten (Nebenkosten), technische Anlagen oder Haushaltsmaschinen.

Voraussetzungen für eine Anlage

Damit eine Anlage als Teil des Mietvertrags gilt, müssen zwei Voraussetzungen erfüllt sein:

- Die Anlage muss „der Vertragsurkunde unmittelbar beigefügt" sein (BGH, ZMR 1962, S. 177).

- Im Vertrag selbst muss auf die Anlage Bezug genommen werden.

Früher wurde verlangt, dass die Anlagen mit dem eigentlichen Vertrag „körperlich fest" verbunden sein mussten, also angeheftet, angeklebt oder zusammengebunden. Diese Anforderungen sind gelockert worden; es genügt, wenn sich die „Zusammengehörigkeit mehrerer Urkunden aus fortlaufender Paginierung, fortlaufender Nummerierung der einzelnen Bestimmungen, inhaltlichem Zusammenhang des Textes oder vergleichbaren Merkmalen zweifelsfrei ergibt" (BGH, WM 1999, S. 286). Bei Anlagen, die den Vertragstext nur erläutern oder veranschaulichen, sind die Anforderungen noch ein wenig geringer. Aber auch hier muss die Zusammenhörigkeit „zweifelsfrei kenntlich gemacht" werden (BGH, NJW 1999, S. 2591).

Welche Anlagen sind überhaupt sinnvoll?

Manche Vermieter neigen zu der Ansicht, dass sie sich durch viele Anlagen besonders gründlich absichern. Das ist natürlich ein Irrtum. „Überraschende" Klauseln erlangen bestimmt nicht dadurch Geltung, dass sie in einer Anlage zu finden sind. Im Klartext: Alles, was wirklich wichtig ist, gehört nicht in die Anlage.

Ein weiteres Missverständnis betrifft die Hausordnung. Es ist nämlich nicht immer vorteilhaft, sie als Teil des Mietvertrags zu vereinbaren, denn dann können Sie die Hausordnung nicht mehr verändern – oder nur mit Zustimmung Ihres Mieters. Allenfalls wenn Sie besondere Vereinbarungen zu treffen haben, kann es sinnvoll sein, die Regelungen im Mietvertrag festzuklopfen. Doch an eine normale Hausordnung, die für ein gedeihliches Miteinander der Mietparteien sorgen soll, muss sich der Mieter ohnehin halten.

Ein Übergabeprotokoll zu erstellen ist auf jeden Fall anzuraten. Hier erfassen Sie Raum für Raum Ausstattung und ggf. Mängel, um bei der Rückgabe eventuelle Schäden zu erkennen. Allerdings muss dieses Protokoll keineswegs Gegenstand des Mietvertrags sein, damit Sie Ihre Ansprüche sichern. Im Gegenteil, meist findet die Übergabe ja einige Zeit nach dem Vertragsabschluss statt, sodass ein Übergabeprotokoll als Teil des Mietvertrags den Abschluss merklich verzögern könnte.

Falle 25: Die Klausel mit den Schönheitsreparaturen

Wenn der Mieter auszieht, soll er renovieren. Doch müssen Sie ihn dazu im Mietvertrag verpflichten – mit einer wirksamen Klausel über die sogenannten „Schönheitsreparaturen". Sonst sind Sie als Vermieter für diese Arbeiten zuständig, sie fallen unter Ihre Pflicht zur Instandhaltung der Mietsache. Diese Pflicht ist jedoch „abdingbar", wie die Juristen sagen. Das heißt, wenn Sie eine entsprechende Vereinbarung in Ihrem Mietvertrag getroffen haben, muss der Mieter streichen und tapezieren. Das gilt nach wie vor, auch wenn manche Mieter irrtümlich der Ansicht sind, der Bundesgerichtshof habe die Pflicht zur Renovierung „abgeschafft".

Viele Klauseln sind unwirksam

Abgeschafft hat der Bundesgerichtshof die Renovierungspflicht jedoch keineswegs. Nur kann es Ihnen passieren, dass Ihr Mietvertrag eine Klausel enthält, die unwirksam ist.

Wie bereits angesprochen (→ Falle 21) müssen Sie vor allem dann damit rechnen, wenn Sie Ihrem Mieter besonders viele Pflichten auferlegt haben. Konsequenz: Der Mieter muss gar nicht renovieren. Zu den unwirksamen Klauseln gehören:

- „Der Mieter wird die Wohnung bei Auszug renovieren, wobei es unberücksichtigt bleibt, wann das letzte Mal renoviert wurde" (OLG Hamm, Urteil vom 27.2.1981, 4 REMiet 4/80).

- „Zu den Schönheitsreparaturen gehören (...) das Abschleifen und Versiegeln der Fußböden oder das Ersetzen von Fußbodenbelägen, wenn sich Verfleckungen oder Verschmutzungen trotz Reinigung nicht beseitigen lassen" (AG Freiburg, Urteil vom 3.2.1989, Az. 4 C 555/88).

- „Der Mieter ist verpflichtet, Schönheitsreparaturen beim Einzug, während des Mietverhältnisses nach Fristenplan und bei Auszug nach Quote zu leisten" (LG Limburg, Urteil vom 28.10.1987, Az. 3 S 49/87).

- „Schönheitsreparaturen müssen durch einen Fachmann ausgeführt werden" (AG Freiburg, Urteil vom 6.7. 1989, Az. 3 C 1600/89).

- „Der Mieter ist verpflichtet, die Schönheitsreparaturen in den Mieträumen, wenn erforderlich, *mindestens aber* in der nachstehenden Zeitfolge auszuführen." (BGH, Urteil vom 23.6.2004, WM 2004, S. 463).

Nicht mehr renovieren als abgewohnt wurde

Damit Ihre Vertragsklausel wirksam ist, müssen Sie sich nur an drei einfache Grundsätze halten:

- Erstens dürfen Sie den Mieter nur zu Schönheitsreparaturen verpflichten, um die Abnutzung zu beseitigen, die er selbst verursacht hat. Deshalb sind Klauseln unwirksam, die den Mieter unabhängig von seiner Mietdauer auf eine Endrenovierung verpflichten wollen.

- Zweitens können Sie Ihren Mieter nicht dazu verpflichten, die Arbeit von professionellen Handwerkern erledigen zu lassen. Wenn er mag, darf er selbst renovieren.

- Drittens müssen Sie unter allen Umständen den Eindruck vermeiden, der Mieter müsste unabhängig vom Zustand der Mieträume renovieren. Diese Gefahr besteht vor allem, wenn in der Klausel Fristen genannt sind (siehe unten).

Eine Formulierung zu finden, die Bestand hat und mit der Sie Ihre Ansprüche sichern, ist gar nicht so kompliziert. Es genügt der Hinweis: „Schönheitsreparaturen werden vom Mieter getragen" (OLG Karlsruhe RE WM 1992, S. 349).

VORSICHT BEIM „WEIßEN"

Manchmal können feinste Nuancen die Klausel zum Kippen bringen. So hat der BGH in einem Urteil vom 23. September 2009 eine Klausel für unwirksam erklärt, weil darin der Mieter verpflichtet wurde, während der Mietzeit Decken und Wände zu „weißen", also „weiß" zu streichen. Solange der Mieter die Räume bewohnt, kann er sie streichen, wie er will. Klauseln, die ihm dieses Recht verwehren, stellen eine „unangemessene Benachteiligung" dar. Wirksam sind nur solche Klauseln, aus denen eindeutig hervorgeht, dass der Mieter den weißen Anstrich erst bei seinem Auszug vornehmen muss (VIII ZR 344/08).

Die angemessenen Fristen

Der Bundesgerichtshof hat als Orientierungsmaßstab die folgenden Fristen für „angemessen" erklärt (WM 1987, S. 306). Sie sind auch dann maßgeblich, wenn im Mietvertrag keine Fristen genannt sind:

- Küche, Bad und Duschräume sind alle drei Jahre zu renovieren,

- Wohn-, Schlafräume, Flur, Diele, Toilette alle fünf Jahre,

- alle anderen Nebenräume alle sieben Jahre.

Ein sehr wichtiger Punkt: Die genannten Fristen gelten nicht absolut, sondern nur als Orientierungsmarke. Maßgeblich ist der Zustand der Mieträume. Daher sind Klauseln, die den Mieter verpflichten wollen, unabhängig vom Zustand der Mieträume zu renovieren, unwirksam (BGH, Urteil vom 23.06.2004, WM 2004, S. 463). Auch Formulierungen wie „der Mieter muss mindestens nach ... Jahren die Räume renovieren" haben keinen Bestand. Damit die Klausel gültig ist, genügt bei der Angabe der Fristen der Zusatz „in der Regel" oder „im Allgemeinen" (BGH, Urteil vom 28.4.2004, WM 2004, S. 333).

 BEACHTEN SIE ALLE KLAUSELN IM MIETVERTRAG

Häufig ist die Frage der Renovierung bzw. Schönheitsreparaturen in mehreren Klauseln behandelt. Um zu entscheiden, ob eine Renovierungspflicht besteht, müssen sie in ihrer Gesamtheit betrachtet werden. Das heißt, eine Vertragsklausel, die für sich genommen wirksam wäre, kann durch eine andere Klausel, die dem Mieter weitere Pflichten auferlegt, unwirksam werden.

Die Kostenbeteiligungsklausel

Grundsätzlich ist es so: Zieht der Mieter aus, bevor die Frist für bestimmte Räumlichkeiten abgelaufen ist, dann muss er sie auch nicht renovieren. Deshalb gibt es in vielen Mietverträgen eine Kostenbeteiligungsklausel. Sie verpflichtet den Mieter, anteilig für die Räume zu zahlen, die er noch nicht bis zur Renovierungsbedürftigkeit „abgewohnt" hat.

Allerdings steht eine solche Klausel auf etwas wackligen Füßen, denn die Anforderungen sind hoch. So ist nach einem höchstrichterlichen Urteil eine Klausel unwirksam, wenn sich die Kostenbeteiligung an „starren" Fristen und Quoten orientiert (BGH, Urteil vom 18.10.2006, Az. VIII ZR 52/06). Zugleich muss die Klausel so formuliert sein, dass sie der Mieter versteht und sich ausrechnen kann, welchen Anteil er übernehmen muss (BGH, Urteil vom 26.9.2007, Az. VIII, ZR 143/06). Und schließlich müssen

Sie noch dem Mieter das Recht einräumen, seinen anteiligen Zahlungsverpflichtungen dadurch zuvorzukommen, dass er die betreffenden Reparaturen in Eigenarbeit durchführt (BGH, RE WM 1988, S. 294).

Zwar hat der Bundesgerichtshof eine Kostenbeteiligungsklausel nicht grundsätzlich für unwirksam erklärt. Eine sorgfältig formulierte Klausel, die die genannten Punkte berücksichtigt, mag Bestand haben und der Mieter muss seinen Anteil übernehmen. Doch sollten Sie wissen, dass eine unwirksame Kostenbeteiligungsklausel die gesamte Vereinbarung zu den Schönheitsreparaturen kippen kann.

Falle 26: Die Nebenkostenklausel

Eine Vertragsklausel, die Ihre besondere Aufmerksamkeit verdient, ist die, mit der Sie die Neben- bzw. Betriebskosten vereinbaren. Ebenso wie die Schönheitsreparaturen müssen Sie auch die Zahlung von Nebenkosten mietvertraglich vereinbaren. Andernfalls gelten sie als Teil der Miete und damit schon mit der Mietzahlung abgegolten. Eine Ausnahme bilden nur die Heiz- und Warmwasserkosten, für die besondere Regelungen gelten (Näheres dazu im dritten Kapitel). Ansonsten gilt: Ohne wirksame Vereinbarung im Mietvertrag haben Sie keinen Anspruch auf Zahlung von Nebenkosten.

Was muss in den Mietvertrag?

Im Unterschied zur Klausel mit den Schönheitsreparaturen, bei der Sie mit einer einfachen Formulierung alle Sorgen los sind (→ Falle 25), liegt hier der Fall komplizierter. Die Gestaltung der Klausel erfordert besondere Sorgfalt. In den Vertrag sollten Sie die folgenden vier Punkte aufnehmen:

- Eine Klausel, die festlegt, dass Ihr Mieter neben der Miete die Nebenkosten zu tragen hat.

- Eine Aufschlüsselung, um welche Arten von Nebenkosten es sich dabei handelt.

- Eine nähere Bestimmung, für welche Nebenkosten eine Pauschale erhoben wird und für welche Nebenkosten der Mieter eine Vorauszahlung leistet.

- Ein fester Betrag, in welcher Höhe sich die Nebenkosten bewegen. Wenn Sie einen Teil davon als Pauschale und einen anderen als Vorauszahlung erheben, müssen Sie beide Beträge gesondert ausweisen.

Pauschale oder Vorauszahlung?

Nebenkosten lassen sich als Pauschale oder Vorauszahlung vereinbaren (Ausnahme: Heizung und Warmwasser; über die müssen Sie in aller Regel verbrauchsabhängig abrechnen). Bei einer Pauschale zahlt der Mieter für die Nebenkosten einen bestimmten Betrag – und damit ist der Fall erledigt. Die Abrechnung entfällt. Bei einer Vorauszahlung rechnen Sie jährlich über die Nebenkosten ab. Reichen die Zahlungen nicht aus, stellen Sie eine entsprechende Nachforderung. Hat der Mieter zu viel gezahlt, erstatten Sie ihm sein Guthaben.

 PAUSCHALE NUR FÜR „KLEINE" MIETVERHÄLTNISSE

Die Pauschale ist nur auf den ersten Blick die bequemere Lösung. Die Kosten sind nicht transparent. Und wenn Sie wegen gestiegener Energiepreise oder Müllgebühren die Pauschale erhöhen wollen, ist das Verfahren weit aufwendiger und hinkt den realen Kosten immer hinterher – wenn Sie die Pauschale überhaupt erhöhen dürfen, denn dazu müssen Sie einen „Erhöhungsvorbehalt" in Ihren Mietvertrag aufgenommen haben. Bei der Nebenkostenabrechnung hingegen ist alles transparent. Sie erfassen die Kosten, die tatsächlich entstanden sind. Für Mieter und Vermieter ist das daher die fairste Lösung. Eine Pauschale empfiehlt sich nur bei kurzfristigen, „kleinen" Mietverhältnissen.

Geht aus Ihrem Mietvertrag nicht zweifelsfrei hervor, ob es sich um eine Pauschale oder Vorauszahlung handelt, dann hat – wie immer bei missverständlichen Klauseln (→ Falle 16) – der Mieter freie Auswahl, was gelten soll. Oder aber die Sache entscheidet sich wieder einmal durch das „schlüssige Verhalten" der Vertragsparteien. Wenn Sie jahrelang unbeanstandet abgerechnet haben, dann liegt womöglich eine „konkludente Vertragsänderung" vor.

Nebenkosten aufführen

Ganz gleich, ob Vorauszahlung oder Pauschale: Aus Ihrem Mietvertrag muss hervorgehen, welche Nebenkosten Sie auf Ihren Mieter umlegen. Formulierungen wie „Der Mieter trägt die Nebenkosten" sind unwirksam! Nebenkosten, die Sie nicht nennen, können Sie nicht auf Ihren Mieter umlegen. Wenn Sie „die üblichen Nebenkosten wie die Kosten für Strom, Gas, Wasser und so weiter" vereinbart haben, dann muss Ihr Mieter nur für die genannten Nebenkostenarten aufkommen (LG Braunschweig WM 1982, S. 300). Das gilt im Übrigen auch für eine Pauschale, die Sie nicht erhöhen können, wenn Nebenkosten gestiegen sind wie beispielsweise Müllgebühren, die Sie in Ihrem Vertrag nicht aufgeführt haben.

Der Hintergrund ist: Ihr Mieter muss erkennen können, für welche Nebenkosten er überhaupt zahlen soll. Möglicherweise wollen Sie ihn an Kosten beteiligen, die gar nicht umlagefähig sind. Näheres erfahren Sie im dritten Kapitel.

SÄMTLICHE NEBENKOSTEN IN EINEM SATZ

Für Vermieter gibt es eine sehr bequeme Lösung, alle umlagefähigen Nebenkosten in einem Satz zu erfassen. Wie eine Reihe von Gerichten bestätigt hat, genügt der Hinweis, dass der Mieter verpflichtet ist, „die Betriebskosten gemäß § 2 der Betriebskostenverordnung zu tragen". Verträge, die vor dem 1. Januar 2004 abgeschlossen wurden, nehmen auf die „Anlage 3 zu § 27 der Zweiten Betriebskostenverordnung" Bezug. Diese Verträge bleiben selbstverständlich gültig. Und noch ein wichtiger Hinweis: In der BetrKV werden nicht weniger als 17 Nebenkostenarten aufgeführt. Wenn Sie Nebenkosten umlegen wollen, die unter die Position 17 („sonstige Nebenkosten") fallen, dann müssen Sie sie im Mietvertrag unbedingt nennen!

Falle 27: Sie haben für die Nebenkosten keinen festen Betrag angegeben

Eine äußerst unangenehme Überraschung steht Ihnen bevor, wenn Sie vergessen haben, den Betrag zu nennen, den Ihr Mieter für die Nebenkosten zahlen oder auch vorauszahlen soll. Denn es ist ein eherner Grundsatz, dass der Mieter aus dem Mietvertrag ersehen können muss, welche Kosten auf ihn zukommen. Wenn Sie keinen festen Betrag aufgeführt haben, dann nützt Ihnen auch die akkurateste Aufschlüsselung der Nebenkosten nichts. Es gibt keine Grundlage dafür, dass Sie von Ihrem Mieter eine Vorauszahlung verlangen können. Noch viel weniger können Sie unvermittelt eine Pauschale von ihm einfordern. Konsequenz: Möglicherweise gehen Sie leer aus.

Miete erhöhen oder abrechnen

Wie sollen Sie reagieren? Ihnen stehen eigentlich nur zwei Möglichkeiten offen: Entweder erhöhen Sie die Miete – das geht allerdings nur, wenn Sie keine Staffelmiete oder Indexmiete vereinbart haben. Oder aber Sie erstellen eine Jahresabrechnung für die vertraglich vereinbarten Nebenkosten. Da Sie ja bislang noch keine Vorauszahlung erhalten haben, ist mit sehr hohen Nachforderungen zu rechnen. Ihr Mieter kann sich weigern, diese Kosten zumindest in voller Höhe zu übernehmen. Denn bei Vertragsabschluss konnte er nicht absehen, dass solche Zahlungen auf ihn zukommen.

 SUCHEN SIE EINEN KOMPROMISS

Auch wenn Ihr Mieter die Abrechnung postwendend wieder zurückschickt, versuchen Sie sich mit ihm zu einigen. Kommen Sie ihm entgegen. Denn offen gesagt: Ihre Position ist nicht die allerstärkste. Sie haben nur zwei Pfunde, mit denen Sie wuchern können: Zum einen muss Ihr Mieter die verbrauchsabhängigen Kosten für Heizung und Warmwasser tragen. Und dann stünde Ihnen ja noch der Weg der Mieterhöhung offen. Da Sie die entstandenen Kosten über die Miete hereinholen müssen, wären Sie gezwungen, die Miete zu erhöhen, was Mieter niemals gerne hören. Bieten Sie an, auf die Mieterhöhung zu verzichten und einen Teil der Nebenkosten zu tragen. Wenn Ihr Mieter auf das Angebot eingeht, haben Sie aus dieser vertrackten Situation noch das Beste gemacht.

Falle 28: Die Klausel über Bagatellschäden

Sollte Ihr Mieter irgendwann kundigen Rat einholen, dann gehört die Klausel über die Bagatellschäden zusammen mit denen über die Schönheitsreparaturen und die Nebenkosten zu den Kandidaten, denen nicht ohne Grund die meiste Aufmerksamkeit geschenkt wird. Denn in diesen drei Klauseln steckt am zuverlässigsten der Wurm der Unwirksamkeit. Die Vereinbarung über die Bagatellschäden fällt zwar finanziell am wenigsten ins Gewicht. Dafür ist sie aber die Klausel, die am häufigsten unwirksam sein dürfte.

Reparaturen muss der Vermieter tragen

Zum besseren Verständnis: Reparaturen gehören zur Instandhaltung. Und dafür sind eigentlich Sie als Vermieter zuständig. Aber wie schon bei den Schönheitsreparaturen können Sie diese Verpflichtung zum Teil auf Ihren Mieter übertragen – was die Reparaturen betrifft aber nur zu einem sehr geringen Teil.

- Allenfalls für Kleinreparaturen können Sie den Mieter heranziehen. Das OLG Hamburg hat 1991 als „Höchstgrenze" einen Betrag von 75 Euro pro Reparatur für angemessen gehalten (Urteil vom 10.4.1991, Az. 5 U 135/90, WM 1991, S. 385). Dieser Betrag muss im Mietvertrag genannt sein.

- Darüber hinaus müssen Sie im Vertrag eine Höchstgrenze festlegen, die innerhalb eines Jahres nicht überschritten werden darf. Das OLG Hamburg hielt eine Jahresbelastung von 300 Euro bzw. 10 % der Jahresnettokaltmiete für zu hoch. Das OLG Stuttgart hielt 1988 eine Belastung von 150 bis 200 Euro für noch akzeptabel, wobei dieser

Betrag nicht mehr als 8 bis 10 % der Jahresmiete ausmachen darf (WM 1988, S. 149). Für alle weiteren Reparaturen müssen Sie als Vermieter aufkommen.

- Eine Beteiligungsklausel, die den Mieter verpflichtet, bei größeren Reparaturen oder gar Neuanschaffungen einen Kostenanteil zu übernehmen, ist unwirksam, egal ob es sich um Festbeträge (50 Euro pro Reparatur) oder prozentuale Anteile handelt (BGH, Urteil vom 7.6.1989 Az. VIII ZR 91/88). Durch eine solche Ergänzung dürfte die gesamte Vereinbarung über Bagatellschäden hinfällig werden.

- Die Klausel darf sich nur auf Gegenstände beziehen, die dem Zugriff des Mieters ausgesetzt sind. Ausgeschlossen sind Reparaturen an Leitungen oder Schließanlagen (LG Berlin, Urteil vom 16.9.1992, Az. 26 O 179/92).

Vorsicht, Rückforderung

Nur wenn die genannten Anforderungen erfüllt sind, hat die Vertragsklausel Bestand. Ist sie unwirksam, kann Ihr Mieter alle zu Unrecht gezahlten Beträge zurückfordern. Mindestens die der letzten drei Jahre – gemäß § 195 BGB. Weil er aber keine Kenntnis von seinen Ansprüchen hatte, kommt sogar die zehnjährige Verjährungsfrist nach § 199 Abs. 3 Nr. 1 in Betracht. Und noch etwas sollten Sie wissen: Sie können Ihren Mieter nur verpflichten, für die Bagatellschäden zu zahlen, nicht aber zur Reparatur oder Instandhaltung bestimmter Gegenstände.

 SCHÄDEN, DIE DER MIETER VERURSACHT, MUSS ER SELBST ZAHLEN

Dass Sie für die Instandhaltung verantwortlich sind, heißt nicht, dass Sie für jede (größere) Reparatur aufkommen müssen. Ist Ihr Mieter für den Schaden verantwortlich, muss er ihn ersetzen. Das Gleiche gilt für den Fall, dass Ihr Mieter Einrichtungsgegenstände übermäßig stark abnutzt. Zwar ist das in der Praxis nicht immer leicht nachzuweisen, doch ändert das nichts am Prinzip.

Falle 29: Vereinbarungen über die Kaution

Achtung, haben Sie eine Kaution nicht in Ihrem Mietvertrag vereinbart, dann können Sie auch keine Zahlung verlangen. Da nicht alle Formularverträge diese Position vorsehen, sollten Sie darauf achten, dass Ihnen die Kaution nicht einfach „verloren geht". Fehlt eine entsprechende Klausel im Formular, dann können Sie sie ohne Weiteres unter den „sonstigen Vereinbarungen" individuell regeln – natürlich im Rahmen der gesetzlichen Vorschriften, wobei für Wohnraummietverhältnisse § 551 BGB maßgeblich ist.

Die Höhe der Kaution

Die Kaution dient dazu, Ihre finanziellen Ansprüche an den Mieter abzusichern. Üblicherweise beträgt sie das Zwei- bis Dreifache einer Monatsmiete, wobei das Dreifache die gesetzlich erlaubte Obergrenze darstellt.

Rechnen Sie die Betriebskosten als Vorauszahlung ab (was meist zu empfehlen ist), müssen Sie bei der Berechnung der Kaution die reine Miete ohne Nebenkosten zugrunde legen. Anders jedoch, wenn Sie eine Pauschale oder Inklusivmiete vereinbart haben; dann müssen Sie die Nebenkosten nicht herausrechnen. Und wenn Sie zusätzlich eine Garage oder einen Stellplatz vermieten, dürfen Sie den Betrag ebenfalls berücksichtigen.

Eine höhere Kaution als die drei Monatsmieten ist nach § 551 BGB nicht möglich. Auch nicht, wenn Sie die Wohnung möbliert vermieten. Eine gesonderte Kaution für den Teppichboden oder das Mobiliar ist nicht zulässig.

Zahlung in drei Raten

Was viele Vermieter nicht wissen: Der Mieter muss die Kaution nicht auf einen Schlag bezahlen. Vielmehr hat er das Recht, den Betrag in drei monatlichen Raten gleicher Höhe zu bezahlen – und zwar unabhängig davon, ob Sie nun eine oder drei Monatsmieten als Kaution verlangen.

Sie dürfen also nicht, was vielfach geschieht, die Schlüsselübergabe davon abhängig machen, dass die Kaution komplett bezahlt wurde. Eine entsprechende Vereinbarung im Mietvertrag ist nichtig. Auf der anderen Seite sind Sie nicht verpflichtet, Ihren Mieter auf das Recht zur Ratenzahlung hinzuweisen. Die erste Rate, mithin ein Drittel der Kaution, ist zu Beginn des Mietverhältnisses fällig, die beiden weiteren Raten ein und zwei Monate später, mit der jeweiligen Mietzahlung. Es ist nicht zulässig, den Termin vorzuziehen und bereits bei Vertragsabschluss einen Teil der Kaution zu verlangen.

 KLAUSEL UNWIRKSAM – MÜSSEN SIE DIE KAUTION ZURÜCKZAHLEN?

Haben Sie in Ihrem Mietvertrag eine zu hohe Kaution gefordert und die auch noch auf einen Schlag? Vielleicht kommt Ihr Mieter auf die Idee, dass die Klausel unwirksam ist und fordert die Kaution zurück. Doch darauf sollten Sie sich nicht einlassen – auch wenn in der Rechtssprechung vereinzelt diese Position vertreten wird. Aber die bei weitem überwiegende Zahl der Gerichte entscheidet in solchen Fällen anders. Nicht die gesamte Klausel ist nichtig, sondern nur die Teile, die gegen die gesetzliche Regelung verstoßen.

Soll heißen: Von der Kaution müssten Sie nur den Betrag zurückerstatten, den Ihr Mieter zu viel bezahlt hat. Und wenn er sie auf einen Schlag bezahlt hat, erlischt dadurch ebenfalls nicht Ihr Anspruch auf die Kaution.

Anlage der Kaution

Das Gesetz verlangt, dass die Kaution verzinst wird, mindestens zum üblichen Zinssatz für Spareinlagen mit dreimonatiger Kündigungsfrist. Die Zinsen stehen dem Mieter zu, bzw. erhöhen sie die Mietsicherheit. Als Vermieter sind Sie verpflichtet, die Kaution getrennt von Ihrem Vermögen anzulegen. Das hat auch den Sinn, Ihren Mieter davor zuschützen, dass seine Kaution gepfändet wird, wenn Sie zahlungsunfähig werden sollten.

Um das Pfandrecht der Banken auszuschließen, sollten Sie auf Ihren Namen ein Kautionskonto eröffnen. Näheres erfahren Sie bei Ihrer Bank. Unbedingt abzuraten ist jedoch davon, mit dem Mieter ein gemeinsames Sparbuch anzulegen, über das Sie nur gemeinsam verfügen können. Gleiches gilt, wenn der Mieter ein Kautionskonto mit Sperrvermerk einrichtet. Im Ernstfall kommen Sie nämlich an das Geld nicht heran – ohne Zustimmung Ihres Mieters. Und die müssten Sie dann gerichtlich einklagen.

Falle 30: Der reparierte Mietvertrag

Vielleicht haben Sie bei der Lektüre dieses Kapitels bemerkt, dass die eine oder andere Klausel in Ihrem Mietvertrag unwirksam sein könnte. Vermutlich weiß Ihr Mieter nichts davon und hält sich an die Vereinbarung, die eigentlich unwirksam ist. Liegt es da nicht nahe, zu gesicherten Verhältnissen zurückzukehren und einen neuen Mietvertrag aufzusetzen, der der aktuellen Rechtssprechung entspricht und nur wirksame Klauseln enthält?

Davor können wir nur warnen. Ein solcher „reparierter" Mietvertrag hat im Ernstfall keinen Bestand. Vielmehr ist er eher geeignet, den Argwohn Ihres Mieters hervorzurufen.

DIE ERLASSENE RENOVIERUNG

> Herr Jauer hat seinen Mieter vertraglich verpflichtet, die Wohnung bei seinem Auszug komplett zu renovieren, unabhängig von der Mietdauer. Eine solche Klausel ist unwirksam. Herr Jauer legt dem Mieter daher einen neuen Vertrag vor, in dem die üblichen Fristen (→ Falle 24) enthalten sind. Zunächst freut sich der Mieter und unterschreibt. Doch irgendwie scheint ihm die Sache verdächtig. Er informiert sich bei der Mieterberatung und erfährt, dass die alte Klausel unwirksam war und er gar nicht renovieren musste. Die neue Vereinbarung bindet ihn jedoch nicht, denn Herr Jauer hat sie sich regelrecht erschlichen und seinen Mieter über die wahren Hintergründe getäuscht. Sie ist unwirksam.

Am besten unternehmen Sie gar nichts

Was einmal unwirksam ist, das bleibt unwirksam. Wenn Sie Ihrem Mieter sagen, Sie müssten den Vertrag der aktuellen Rechtslage „anpassen", so täuschen Sie ihn. Das Beste, was Sie tun können: Warten Sie einfach ab, was geschieht. Vielleicht ist Ihr Mieter genauso ahnungslos wie Sie, bevor Sie dieses Buch gelesen haben, und hält sich an die unwirksame Vereinbarung Dann haben Sie Glück gehabt und sollten es beim nächsten Mal besser machen. Allerdings sollten Sie auch wissen, dass Ihr Mieter auch noch rückwirkend Ansprüche gegen Sie geltend machen kann, wenn Sie zu Unrecht Geld oder Leistungen von ihm erhalten haben.

Falle 31: Mietvertrag verloren

Plötzlich durchfährt Sie ein Schreck: Wo ist eigentlich der Mietvertrag geblieben? Sie können ihn nicht mehr finden. Und jetzt? Möglicherweise müssen Sie mit sehr unangenehmen Konsequenzen rechen. Vielleicht kommen Sie aber glimpflich davon.

Zunächst einmal wird der Mietvertrag nicht schon dadurch unwirksam, dass Sie ihn verloren haben. Er gilt weiterhin. Das Problem ist nur, dass Sie nahezu alle Ansprüche, die Sie gegenüber dem Mieter haben, auf diese Urkunde gründen. Fehlt sie Ihnen, wird es unter Umständen schwierig, Ihre Ansprüche durchzusetzen.

Erstellen Sie eine Zweitschrift

Haben Sie zu Ihrem Mieter ein vertrauensvolles Verhältnis, dann ist möglicherweise alles halb so schlimm. Sie können ihn um sein Vertragsexemplar bitten und davon eine Zweitschrift anfertigen lassen, die Sie von Ihrem Mieter unterzeichnen lassen. Damit wäre das Problem behoben.

Die Frage ist nur: Warum sollte Ihr Mieter das tun, außer aus Gründen der Fairness oder weil er nicht möchte, dass Sie in eine unangenehme Situation geraten? Nun, wenn er Sie hängen ließe, dann würde das Verhältnis zwischen Ihnen stark belastet, womöglich sogar zerrüttet. Er müsste mit einer langwierigen Auseinandersetzung rechnen (siehe unten). Daran haben die wenigsten Mieter ein Interesse. Schon gar nicht, wenn Sie ihnen in irgendeiner anderen Angelegenheit entgegenkommen ...

Rekonstruieren Sie den Mietvertrag

Vielleicht ist das Verhältnis zu Ihrem Mieter aber auch so sehr belastet, dass die eben genannte Lösung für Sie nicht infrage kommt. Dann könnten Sie versuchen, den Mietvertrag zu rekonstruieren. Handelt es sich um einen Formularmietvertrag, dann müssten Sie ein gleich lautendes Exemplar auftreiben und individuelle Vereinbarungen aus dem Gedächtnis ergänzen. Auf die dort genannten Klauseln müssten Sie sich dann beziehen, wenn Sie Ihre Ansprüche geltend machen wollen.

Offen gesagt ist dieses Vorgehen nicht ohne Risiko. Denn letztlich fehlt Ihnen die Vertragsurkunde, auf die Sie Ihre Ansprüche gründen. Auf der anderen Seite werden Sie im alltäglichen Umgang mit dem Mieter nur selten in die Verlegenheit kommen, Ihre Vertragsurkunde zu zücken. Im Allgemeinen hat der Mieter ja sein eigenes Exemplar und wird dort nachschauen, ob Sie sich auch auf die korrekte Klausel beziehen.

EINE MIETWOHNUNG OHNE MIETVERTRAG IST UNVERKÄUFLICH

Eines muss Ihnen darüber hinaus klar sein: Eine Mietwohnung, für die Sie keinen Mietvertrag vorlegen können, werden Sie niemandem verkaufen können.

Auf der Suche nach dem verlorenen Mietvertrag

Nochmals: Der Mietvertrag wird nicht dadurch ungültig, dass Sie ihn verloren haben. Im Prinzip bleiben die Regelungen in Kraft. Allerdings können Sie die Vereinbarungen, auf die sich Ihre Ansprüche gründen, nicht mehr belegen – erst recht nicht, wenn auch Ihrem Mieter rätselhafterweise der Vertrag abhanden gekommen ist.

In diesem Fall muss der Inhalt des Mietvertrages aus dem „schlüssigen Verhalten" der Vertragsparteien erschlossen werden. Soll heißen: Die Höhe der Miete und die Regelung der Nebenkosten kann mehr oder minder zuverlässig aus den Zahlungen und Ihrer Abrechnungspraxis erschlossen werden. Schönheitsreparaturen werden Sie auf diesem Wege allerdings kaum noch einfordern können – es sei denn, Ihr Mietvertrag taucht mit der entsprechenden Vereinbarung dann doch wieder auf.

NEUER MIETVERTRAG?

Auch der Abschluss eines neuen Mietvertrags ist möglich. Vor allem wenn beide Parteien ihre Vertragsurkunde „verloren" haben. Im Unterschied zum letztgenannten Fall (→ Falle 30) wird dabei keine unwirksame Klausel arglistig in eine wirksame verwandelt, sondern das bestehende Vertragsverhältnis wird noch einmal konkretisiert. Der neue Vertrag ist bindend und würde auch den ursprünglichen Vertrag ersetzen, sollte der noch einmal auftauchen.

Fallen bei der Abrechnung der Nebenkosten

NEBENKOSTEN FALSCH ABGERECHNET

Frau Distler erstellt wie jedes Jahr die Abrechnung. Wegen der gestiegenen Energiepreise gibt es besonders hohe Nachforderungen. Das veranlasst ihren Mieter, die Abrechnung einmal genauer unter die Lupe zu nehmen. Dabei fallen ihm etliche Mängel auf. Er weigert sich, die Nachforderung zu bezahlen. Darüber hinaus will er für die vergangenen Jahre noch 1.800 Euro zurück, die er seines Erachtens zu viel bezahlt hat. Erst jetzt beginnt Frau Distler sich ernsthaft mit dem Thema zu beschäftigen, wie sie korrekt abrechnet.

Falle 32: Die lästige Pflicht

Es gibt gewiss angenehmere Dinge im Leben als die jährliche Abrechnung der Nebenkosten zu erstellen. Und doch lohnt es sich, im Interesse aller Beteiligten zügig und akkurat abzurechnen. Nicht zuletzt auch weil das Thema in den vergangenen Jahren die Schlagzeilen der Boulevardpresse erobert hat: „Jede zweite Abrechnung ist falsch!" kann man da lesen oder auch: „So holen Sie sich Ihr Geld zurück!" Grund genug für viele Mieter, doch einmal genauer hinzuschauen, ob denn ihr Vermieter korrekt abrechnet oder ob nicht auch sie sich eine erkleckliche Summe „zurückholen" können.

In Zeiten steigender Energiepreise, steigender städtischer Gebühren und steigender Verbrauchssteuern liegt es ohnehin auf der Hand, genau zu prüfen, was man da zahlen soll – anders als vor zehn oder zwanzig Jahren, als die Nebenkosten noch nicht so stark ins Gewicht fielen. Während die Mieten vielerorts stagnieren oder sogar zurückgehen, erreichen die Nebenkosten immer neue Höchststände. Den Namen „zweite Miete" tragen sie schon längst zu Recht.

Trügerische Sicherheit

Angesichts dieser Entwicklung, die sich noch weiter verschärfen dürfte, überrascht es, wie nachlässig manche Vermieter mit dem Thema Nebenkosten umgehen. Jahr für Jahr erstellen sie ohne besondere Sorgfalt die Jahresabrechnung und wiegen sich in Sicherheit, denn „bis heute hat sich noch nie jemand beschwert".

Eine solche Einstellung könnte Sie teuer zu stehen kommen. Denn wenn sich erst jemand beschwert, dann ist es häufig schon zu spät. Wenn Sie jahrelang nicht korrekt abgerechnet haben, dann kann es richtig teuer werden für Sie. Obendrein spricht sich so etwas schnell herum, wenn Sie ein Mehrparteienhaus vermieten und einer Ihrer Mieter erfolgreich Ihre Abrechnung beanstandet und Sie ihm hunderte von Euro zurückerstatten müssen.

Streitthema Nummer eins

Mittlerweile haben sich die Nebenkosten zum Streitthema Nummer eins zwischen Mietern und Vermietern entwickelt. Jede dritte Rechtsberatung der örtlichen Mietervereine dreht sich um dieses Thema. Aus diesem Grund raten wir Ihnen eindringlich, sich mit dem Thema zu befassen und gar keine Zweifel daran aufkommen zu lassen, dass Ihre Abrechnung in Ordnung ist. Über die häufigsten Fallen, in die Vermieter bei der Abrechnung geraten, informiert Sie dieses Kapitel. Wenn Sie sich darüber hinaus informieren wollen, empfehlen wir Ihnen unseren Ratgeber „Nebenkostenabrechnung für Vermieter".

 ACHTEN SIE AUF DIE PSYCHOLOGISCHE WIRKUNG

Was sich viele Vermieter nicht klar machen: Es kann eine verheerende Wirkung haben, wenn Ihr Mieter den Eindruck bekommt, dass Sie nicht richtig abrechnen. So etwas stärkt nicht gerade das Vertrauensverhältnis. Und Ihr Mieter wird künftig jedes Schreiben von Ihnen, ob zur Mieterhöhung oder Modernisierung, daraufhin lesen, ob Ihnen nicht auch dort ein Fehler unterlaufen ist.

Falle 33: Die Formalitäten

Eine ordnungsgemäße Abrechnung beginnt damit, dass die formalen Anforderungen erfüllt sind. Ja, wenn Sie diese Hürde nehmen, haben Sie mehr erreicht, als Sie vielleicht annehmen (→ Falle 49). Umgekehrt gilt: Halten Sie die Anforderungen nicht ein, kann der Mieter Ihnen die Abrechnung postwendend zurückschicken. Einen Anspruch auf eventuelle Nachzahlungen haben Sie (noch) nicht. Aber Ihr Mieter hat einen Rechtsanspruch darauf, dass Sie ordnungsgemäß abrechnen.

Was muss in die Abrechnung?

Zunächst sollten Sie wissen: Es gibt keine gesetzlich vorgeschriebene Form, wie Sie abrechnen müssen. Sie haben also einen gewissen Gestaltungsspielraum. Allerdings muss Ihre Abrechnung einer Anforderung unbedingt genügen: Sie muss für Ihren Mieter nachvollziehbar sein. Darüber hinaus sind einige Angaben zwingend erforderlich. Wenn Sie die folgenden acht Punkte berücksichtigen, dürfte der Mieter Ihre Abrechnung aus formalen Gründen kaum anfechten können.

CHECKLISTE: WAS SIE BEI DER ABRECHNUNG BEACHTEN MÜSSEN ✔ CHECK

	ja	nein
Sie müssen die Wohnung und den Namen des Mieters angeben. Haben mehrere Personen den Mietvertrag unterschrieben, müssen ihre Namen auch auf der Abrechnung erscheinen.	☐	☐
Den Abrechnungszeitraum müssen Sie auf den Tag genau eingrenzen. Sonst kann Ihr Mieter nicht erkennen, ob Sie korrekt abgerechnet haben.	☐	☐
Für jede Abrechnungsposition sollten Sie die Gesamtkosten für das Gebäude oder die Wohnanlage aufführen – sofern diese Kosten verteilt werden. Für Kosten, die individuell abgerechnet werden, sind die Gesamtkosten irrelevant und müssen nicht genannt werden.	☐	☐

	ja	nein

Für jede Abrechnungsposition müssen Sie den Verteilerschlüssel (→ Falle 35) angeben. Also ob Sie die Gesamtkosten nach der Wohnfläche, dem Verbrauch, der Anzahl der zum Haushalt gehörenden Personen oder nach anderen Kriterien auf Ihren Mieter umlegen. ☐ ☐

Für jede Abrechnungsposition müssen Sie die individuellen Kosten für Ihren Mieter aufführen, denn er muss erkennen können, wie viel er im Abrechnungszeitraum für die einzelnen Positionen zu bezahlen hat. ☐ ☐

Alle Kosten, die der Mieter zu tragen hat, müssen Sie zu einer Gesamtsumme addieren, die Summe seiner Nebenkosten. Dieser Zahl stellen Sie die Summe der Vorauszahlungen gegenüber, die der Mieter für den betreffenden Abrechnungszeitraum geleistet hat. ☐ ☐

Aus der Differenz der eben genannten Beträge ergibt sich eine Erstattung für den Mieter oder eine Nachforderung. Auch diesen Betrag müssen Sie unbedingt nennen. ☐ ☐

Je nach Höhe der Erstattung oder Nachforderung setzen Sie ggf. einen neuen Vorauszahlungsbetrag fest. ☐ ☐

Die Schlussformulierung

Damit es keine Missverständnisse gibt, ist es ratsam, zum Abschluss das Ergebnis Ihrer Abrechnung noch einmal festzuhalten. Nach dem Muster: „Daraus ergibt sich für Sie eine Nachzahlung/Erstattung von ... Euro." Muss Ihr Mieter eine Nachzahlung leisten, sollten Sie ihm unbedingt eine angemessene Frist setzen, damit er die Abrechnung prüfen kann. Sonst kann sich Ihr Nachzahlungsanspruch verzögern.

Außerdem empfiehlt es sich sehr, in die Abrechnung den Satz aufzunehmen, dass Ihr Mieter nach Terminvereinbarung Einsicht in die Originalbelege (→ Falle 51) nehmen kann. Denn solange Sie ihm dieses Recht nicht einräumen, wird Ihr Nachzahlungsanspruch nicht fällig. Noch etwas: Eine Abrechnung wird „in Textform" erstellt, das heißt, es ist nicht üblich, sie zu unterschreiben.

SO SETZEN SIE EINE ANGEMESSENE FRIST

Eigentlich ist die Nachzahlung sofort fällig, sobald der Mieter von Ihnen eine ordnungsgemäße Abrechnung erhalten hat. Doch in der Praxis müssen Sie ihm ausreichend Zeit geben, die Abrechnung zu prüfen und ggf. die Belege einzusehen. Je nach Art und Umfang der Abrechnung gestehen die Gerichte den Mietern eine Frist zwischen zwei Wochen und einem Monat zu.

Falle 34: Fristüberschreitung

Innerhalb von zwölf Monaten nach Ablauf der Abrechnungsperiode müssen Sie abgerechnet haben. Wenn Sie, wie es üblich ist, für das Kalenderjahr abrechnen, dann haben Sie für die Abrechnung des Jahres 2005 noch bis zum 31. Dezember 2006 Zeit. Maßgeblich ist allerdings das Datum, an dem die Abrechnung dem Mieter zugeht. Das Datum des Poststempels oder auf dem Einlieferungsschein spielt keine Rolle. Sie sollten daher die Frist nicht unbedingt ausreizen, denn im Zweifel müssen Sie beweisen, dass die Abrechnung Ihrem Mieter fristgerecht zugegangen ist.

Keine Nachforderung möglich

Halten Sie die Zwölf-Monats-Frist nicht ein, dann dürfen Sie keine Nachforderungen an den Mieter mehr stellen, sondern müssen sich mit den geleisteten Vorauszahlungen zufrieden geben. Eine Ausnahme ist möglich, wenn Sie die verspätete Abrechnung nicht zu verantworten haben, sondern beispielsweise Ihre Hausverwaltung.

Außerdem hat der Mieter die Möglichkeit, seine Vorauszahlungen für die laufende Abrechnungsperiode einzubehalten, so lange bis Sie ordnungsgemäß abrechnen. Allerdings darf er maximal die Summe zurückhalten, die seinen Vorauszahlungen während des fraglichen Abrechnungszeitraums entspricht (KG Berlin, Urteil vom 15. Oktober, GE 2002, S. 129).

Sie müssen ordnungsgemäß abrechnen

Aber auch wenn Sie das stoisch hinnehmen, so erlischt noch lange nicht Ihre Pflicht, ordnungsgemäß abzurechnen. Ihr Mieter hat nämlich einen Rechtsanspruch auf eine solche Abrechnung. Er kann diesen Anspruch gerichtlich einklagen – was empfindliche Kosten verursacht.

Achtung: Ausschlussfrist

Hartnäckig hält sich das Gerücht, es gehe darum, innerhalb der zwölf Monate überhaupt eine Abrechnung vorzulegen. Auch wenn die nicht ordnungsgemäß sei. Dann hätten Sie nämlich noch Zeit nachzubessern. Doch diese Regelung ist schon lange nicht mehr in Kraft. Nach § 556 Abs. 3 Satz 2 BGB gelten die zwölf Monate als Ausschlussfrist. Innerhalb dieser Zeit müssen Sie eine ordnungsgemäße Abrechnung vorlegen. Sonst verlieren Sie Ihren Anspruch auf Nachzahlung.

 FRÜHZEITIG ABRECHNEN UND ZUGANG KONTROLLIEREN

Sie können sich viel Stress und Ärger ersparen, wenn Sie frühzeitig abrechnen. Dann haben Sie nämlich ausreichend Zeit, noch nachzubessern, wenn es etwas zu beanstanden gibt. Darüber hinaus dürfte es auch keine Auseinandersetzung darüber geben, ob Ihrem Mieter die Abrechnung auch wirklich fristgerecht zugegangen ist. Wie erwähnt müssten Sie den fristgerechten Zugang nachweisen. Und es gibt nun mal nur ein gerichtsfestes Beweismittel: Die Zustellung durch einen Gerichtsvollzieher. Eine solche Zustellung der Abrechnung ist aber ganz und gar unüblich. Sie dürfte sogar für nicht geringe Irritationen sorgen. Besser ist es daher, wenn Sie nach ein paar Tagen bei Ihrem Mieter nachhaken, ob die Abrechnung bei ihm eingegangen ist.

Falle 35: Verteilerschlüssel unzulässig

Die meisten Nebenkosten sind Kosten, die für das gesamte Haus oder die Wohnanlage anfallen und die möglichst gerecht auf die einzelnen Parteien zu verteilen sind. Das Prinzip, wie dies geschieht, nennt man den Verteilerschlüssel. Ist dieser Schlüssel für Ihren Mieter nicht nachvollziehbar oder fühlt er sich durch ihn benachteiligt, dann kann er ihn anfechten. Darüber hinaus kann Sie der Verteilerschlüssel etliche Nerven kosten, wenn die Mieter unterschiedliche Verteilerschlüssel für ein und dieselbe Kostenposition in ihren Mietverträgen stehen haben.

Welche Schlüssel gibt es?

Es ist durchaus möglich, für verschiedene Nebenkostenarten unterschiedliche Schlüssel zu verwenden. Maßgeblich ist, was Ihnen am gerechtesten und praktikabelsten erscheint. In Ihrer Abrechnung müssen Sie bei jeder Kostenposition den jeweiligen Schlüssel angeben. Üblicherweise wird nach den folgenden Maßstäben abgerechnet:

- **Quadratmeter Wohnfläche (bzw. Wohn- und Nutzfläche):** Der gebräuchlichste Schlüssel, der Standard sozusagen. Er gilt zunächst auch, wenn Sie im Mietvertrag nichts vereinbart haben.

- **Verbrauch/Verursachung:** Bei den Heizkosten (→ Falle 42) vorgeschrieben; bei anderen verbrauchsabhängigen Nebenkosten wie Strom, Wasser, Gas der gerechteste Schlüssel.

- **Wohneinheit:** Jede Wohnung zählt gleich, nämlich einen Anteil. Dieser Schlüssel ist sinnvoll, wenn alle Wohnungen annähernd gleich sind oder den gleichen Nutzen haben (z. B. Kabelgebühren).

- **Anzahl der zum Haushalt gehörenden Personen:** Bei unterschiedlicher Belegung soll dieser Schlüssel für mehr Gerechtigkeit sorgen. Die korrekte Erfassung ist nicht immer ganz einfach.

- **Kubikmeter umbauter Raum:** Dieser Schlüssel ist nur dann sinnvoll, wenn es innerhalb des Hauses Räume unterschiedlicher Höhe gibt (z. B. Atelierwohnungen, Räume über zwei Etagen); vor allem bei den Heizkosten ist dann dieser Schlüssel gegenüber der reinen Wohnfläche zu bevorzugen.

- **Miteigentumsanteile:** Wenn Sie eine Eigentumswohnung vermieten, bietet sich dieser Umlageschlüssel an. Denn im Allgemeinen können Sie Teile der Jahresabrechnung der Hausverwaltung übernehmen.

 VORSICHT VOR SCHLÜSSELN „MARKE EIGENBAU"

Verteilerschlüssel müssen nachvollziehbar und halbwegs gerecht sein. Willkürliche Schlüssel, die sich schwer nachvollziehen lassen, kann der Mieter leicht anfechten. Greifen Sie daher auf die bewährten Schlüssel zurück. Und sichern Sie sich ab, indem Sie die Schlüssel gleich im Mietvertrag vereinbaren. Dann sind sie nämlich schwerer zu kippen.

Der Schlüssel muss nachprüfbar sein

In die Abrechnung gehören nicht nur die Angaben, nach welchem Schlüssel Sie die Kosten verteilt haben. Vielmehr müssen Sie ihrem Mieter erklären, wie Sie zu seinem Kostenanteil gelangt sind – und zwar so, dass er Ihre Angaben nachprüfen kann. So müssen Sie, wenn Sie etwa nach der Wohnfläche abrechnen, die Quadratmeterzahl des Mieters und die Gesamtwohnfläche des Hauses angeben. Also beispielsweise „80 qm von 400 qm". Die Angabe: „Ihr Anteil an der Wohnfläche beträgt 20 %", reicht nicht aus, denn sie ist nicht nachprüfbar.

Ist Ihr Schlüssel ungerecht oder falsch berechnet?

Der Mieter kann den Schlüssel aus zwei Gründen beanstanden: Entweder wird er durch den Schlüssel benachteiligt oder aber Sie haben den Schlüssel falsch berechnet. Etwa weil die Wohnfläche nicht stimmt oder Ihnen schlicht ein Rechenfehler unterlaufen ist.

Dabei muss die Benachteiligung durch den Schlüssel schon erheblich sein, wenn der Mieter den Schlüssel kippen will. Vor allem wenn Sie ihn im Mietvertrag festgeschrieben haben. Aber auch sonst sind die Möglichkeiten begrenzt: Der Mieter kann allenfalls verlangen, dass Sie die Kosten, die Sie nicht nach dem Verbrauch oder dem Verursacherprinzip abrechnen, gemäß der Wohnfläche abrechnen. Aber selbst das ist an die Voraussetzung geknüpft, dass Ihr Schlüssel der Kostenverursachung nicht besser gerecht wird. Ein Mieter kann also nicht den Schlüssel „Kubikmeter umbauter Raum" kippen, nur weil er sich dadurch benachteiligt fühlt.

IRRTÜMER UND RECHENFEHLER UMGEHEND KORRIGIEREN

Beanstandet Ihr Mieter einen Mess- (Wohnfläche!) oder Rechenfehler, dann sollten Sie prüfen, ob er Recht hat. Ist das der Fall, dann sollten Sie den Fehler umgehend korrigieren. Was die Wohnfläche betrifft, sollten Sie wissen: Kleinere Ungenauigkeiten lassen sich nicht vermeiden und werden toleriert (LG Berlin, Urteil vom 9.3.2000, GE 2000, S. 539). Größeren Abweichungen sollten Sie selbst nachgehen (zur korrekten Berechnung der Wohnfläche finden Sie genauere Angaben im Ratgeber „Nebenkosten-Abrechnung für Vermieter").

Falle 36: Nebenkosten vergessen

Bei der Lektüre von Ratgebern fällt manchen Vermietern auf, dass sie bei ihrer jährlichen Abrechnung eine umlagefähige Nebenkostenart übersehen haben. Nicht selten handelt es sich dabei um die Grundsteuer. Was ist in so einem Fall zu tun? Dürfen Sie diese Nebenkostenart bei der nächsten Abrechnung berücksichtigen? Ist es sogar möglich, für die vergangenen Jahre noch Nachforderungen zu stellen?

Zunächst einmal gilt es festzustellen: Nebenkosten, die Sie in Ihrem Mietvertrag nicht vereinbart haben, lassen sich kaum noch nachträglich ergänzen. Eine Ausnahme bilden allenfalls Nebenkostenarten, die neu entstanden sind, wie etwa die Betriebskosten für einen neu eingebauten Fahrstuhl. Aber selbst dann müssen sie im Mietvertrag „dem Grunde nach vereinbart" sein (LG Frankfurt, Urteil vom 31.1.1997, WM 1999, S. 46).

Versehen oder konkludente Vertragsänderung?

Nun ist aber auch der Fall denkbar, dass Sie laut Mietvertrag berechtigt wären, eine bestimmte Nebenkostenart auf den Mieter umzulegen, es aber bis jetzt nicht getan haben. Wenn Sie in Ihrem Mietvertrag auf § 2 der

BetrKV verwiesen haben, kann so etwas durchaus passieren, denn Sie haben ja sämtliche Kostenarten erfasst, die überhaupt umlagefähig sind. Haben Sie eine Nebenkostenart bis jetzt noch nicht auf Ihren Mieter umgelegt, dann könnten Sie das von nun an tun, mit dem Hinweis, dass Sie laut Mietvertrag dazu berechtigt sind, die Kosten auf Ihren Mieter umzulegen, dass Sie es aber „versehentlich" noch nicht getan haben. Das Recht auf Irrtum haben gelegentlich auch Vermieter (LG Waldshut-Tiengen, WM 2001, S. 245).

Allerdings gibt es eine wichtige Einschränkung;: Wenn Sie jahrelang Ihr Recht nicht in Anspruch genommen haben, dann liegt wieder einmal eine „konkludente Vertragsänderung" (→ Falle 6, 16) vor. Weil Sie die betreffende Nebenkostenart nie berechnet haben, konnte Ihr Mieter darauf vertrauen, dass Sie es auch künftig nicht tun werden. Sie haben stillschweigend auf Ihr Recht verzichtet (AG Neuss, WM 1990, S. 85).

Nachforderungen schwer durchsetzbar

Ob Sie auf entgangene Nebenkosten noch Ansprüche erheben können, ist umstritten. Manche Gerichte lehnen das grundsätzlich ab; andere wie das Landgericht Berlin gestehen den Vermietern ein Recht auf Irrtum zu und räumen ihnen die Möglichkeit ein, zumindest ein bis zwei fehlerhafte Abrechnungen noch zu korrigieren (LG Berlin GE 1990. S. 759). In jedem Fall gilt, dass es nicht leicht ist, Nachforderungen durchzusetzen.

Die siebzehn Nebenkostenarten gemäß § 2 BetrKV

Damit Sie ersehen können, auf welche Nebenkostenarten Sie ggf. Anspruch erheben können, führen wir hier die 17 Nebenkostenarten auf und verweisen für detailliertere Informationen ein weiteres Mal auf den Ratgeber zur Nebenkostenabrechnung aus dieser Buchreihe:

CHECKLISTE: NEBENKOSTENARTEN

	ja	nein
1. Laufende öffentliche Lasten des Grundstücks. Darunter fällt die Grundsteuer, aber nicht die Erbpacht, die ist nicht umlagefähig.	☐	☐
2. Kosten für die Wasserversorgung. Wasserverbrauch, aber auch Grundgebühren oder Zählermiete sind umlagefähig.	☐	☐
3. Kosten für die Entwässerung.	☐	☐
4. Heizkosten. Diese Nebenkostenart müssen Sie zu mindestens 50 % verbrauchsabhängig abrechnen (→ Falle 43).	☐	☐
5. Kosten für Warmwasser. Wie die Heizkosten verbrauchsabhängig abzurechnen.	☐	☐
6. Kosten für verbundene Heizungs- und Warmwasserversorgungsanlagen	☐	☐
7. Kosten für den Aufzug (→ Falle 41)	☐	☐
8. Kosten für Straßenreinigung und Müllabfuhr. Auch Winterdienst fällt in diese Kategorie und ist umlagefähig.	☐	☐
9. Kosten für Hausreinigung und Ungezieferbekämpfung (→ Falle 46)	☐	☐
10. Kosten für die Gartenpflege (→ Falle 47)	☐	☐
11. Kosten für die Beleuchtung: Außenbeleuchtung, Treppenhausbeleuchtung, Beleuchtung in Gebäudeteilen, die Ihrem Mieter zugänglich sind.	☐	☐

	ja	nein
12. Kosten für die Schornsteinreinigung.	☐	☐
13. Beiträge für die Sach- und Haftpflichtversicherung. Für Versicherungen, mit denen sich der Vermieter absichert (Rechtsschutz, private Haftpflicht), muss er hingegen selbst aufkommen.	☐	☐
14. Kosten für den Hausmeister (→ Falle 45)	☐	☐
15. Kosten für Antenne oder Kabelanschluss	☐	☐
16. Kosten einer maschinellen Wascheinrichtung	☐	☐
17. Sonstige Betriebskosten. (→ Falle 48)	☐	☐

Falle 37: Sie rechnen Verwaltungskosten ab

Zu den fundamentalen Geboten der Nebenkostenabrechnung gehört der Grundsatz, dass Verwaltungskosten nicht zu den Nebenkosten gehören. Damit es darüber nicht den geringsten Zweifel gibt, hat das der Gesetzgeber in § 1 Abs. 2 der BetrKV noch einmal doppelt und dreifach unterstrichen. Und dennoch schleichen sich immer wieder Verwaltungskosten in die Abrechnung mit ein. Aus dem einfachen Grund, weil viele Vermieter vergessen, die Verwaltungskosten aus einer bestimmten Abrechnungsposition herauszurechnen. Ihnen sollte das nicht passieren, denn viele Mieter achten sehr genau darauf, ob sich nicht irgendwo Verwaltungskosten verstecken.

Wenn Vermieter sich die Abrechnung bezahlen lassen

Manche Vermieter erheben eine „Bearbeitungsgebühr" für die Erstellung der Abrechnung oder wollen sich zumindest das Porto von ihrem Mieter erstatten lassen. Eine solche Position können Sie getrost aus Ihrer Abrechnung streichen. Das sind Verwaltungskosten, die nicht umlagefähig sind.

Rechnen Sie die versteckten Verwaltungskosten heraus

Ihre eigene Verwaltungstätigkeit dürfen Sie nicht auf den Mieter umlegen. Aber auch die Kosten für die Hausverwaltung darf nicht auf Ihrer Nebenkostenabrechnung erscheinen. Vor allem sollten Sie aber darauf achten, dass Sie bei den Kosten für den Hausmeister (→ Falle 44) dem Mieter keine Verwaltungstätigkeiten in Rechnung stellen. Haben Sie mit dem Hausmeister eine Pauschale vereinbart, dann sollten Sie darauf achten, einen Teil der Kosten als „Verwaltungskosten" abzuziehen. Das wird nicht nur von der Rechtsprechung erwartet, sondern es wirkt vertrauensbildend und professionell, wenn Sie an dieser Stelle zu erkennen geben: Das Problem mit den Verwaltungskosten ist mir bekannt. Ich habe sie vorsorglich herausgerechnet.

Falle 38: Sie rechnen Instandhaltungskosten ab

Verwaltungskosten sind das eine Tabu der Nebenkostenabrechnung, die Instandhaltungskosten sind das andere. Während sich aber die Verwaltungstätigkeiten relativ klar benennen lassen, ist das bei der Instandhaltung nicht ganz so einfach. Denn es gibt eine recht beachtliche Grauzone zu Tätigkeiten, die Sie meist sehr wohl auf den Mieter umlegen können: Die Wartungsarbeiten.

Es gibt daher eine ganze Reihe von sehr spitzfindigen Gerichtsurteilen darüber, was „noch" zu den umlagefähigen Wartungsarbeiten oder „schon" zur Instandhaltung gehört. Tendenziell gehören die Wartungsarbeiten am Fahrstuhl, an den Außenanlagen, an der Heizung oder der Haustechnik zu den umlagefähigen Nebenkosten, während die „Wartung" der eigentlichen Mietsache, also Renovierung, Außenanstrich, Reparaturen als typische Instandhaltungskosten nicht auf den Mieter umgelegt werden können.

„INSTANDHALTUNGSRÜCKLAGE" IMMER HERAUSRECHNEN

Eigentümergemeinschaften verfügen in aller Regel über eine mehr oder minder gut gefüllte Kasse, aus der die laufenden Reparaturen, Wartungs- und Instandhaltungsarbeiten bezahlt werden. Diese Kasse, die „Instandhaltungsrücklage", wird jedes Jahr neu aufgefüllt durch die Beiträge der Eigentümer. Diese Beiträge müssen Sie unbedingt herausrechnen, denn sie sind in keinem Fall umlagefähig.

Was unterscheidet Wartung und Instandhaltung?

Wir haben es schon angesprochen: Die Unterscheidung zwischen Wartung und Instandhaltung ist nicht immer ganz trennscharf. Und doch gibt es Kriterien, die es Ihnen erleichtern zu beurteilen, ob die betreffenden Arbeiten umlagefähig sind (Wartung) oder nicht (Instandhaltung).

Mit Instandhaltung sind vorbeugende Maßnahmen gemeint, die ganz nach Bedarf den ordnungsgemäßen Zustand der Mietsache aufrechterhalten oder drohende Schäden abwenden (LG Hamburg WM 1995, S. 267). Wo immer etwas repariert, ausgewechselt und erneuert wird, da liegt der Verdacht nahe, dass es sich um Instandhaltungsarbeiten handelt, für die Sie selbst aufkommen müssen.

Die „laufenden Kosten" allerdings, die durch den „bestimmungsmäßigen Gebrauch des Gebäudes, der Nebengebäude, Anlagen, Einrichtungen und des Grundstücks" entstehen, sind umlagefähig (§ 1 Abs. 1 BetrKV). Auch bei umlagefähigen Wartungsarbeiten können Teile ausgetauscht werden, aber nicht weil sie defekt sind, sondern weil das turnusmäßig so zu geschehen hat. Das treibt manchmal etwas seltsame Blüten: So können Sie den Austausch einer Wasseruhr nur dann als Nebenkosten ansetzen, wenn sie nicht kaputt gegangen ist, sondern von Gesetzes wegen erneuert werden muss.

- Wartung = regelmäßig oder turnusmäßig, ohne Reparatur

- Instandhaltung = fallweise, nach Bedarf, mit Reparatur

UNGEZIEFERBEKÄMPFUNG

> Die Spitzfindigkeit, die hier mitunter gefragt ist, lässt sich am Beispiel der Ungezieferbekämpfung illustrieren: Eigentlich ist sie nach § 2 der BetrKV umlagefähig. Doch nur wenn die Kosten dafür „laufend" entstehen, also das Wohnhaus immer wieder von Schädlingen heimgesucht bzw. vor ihnen geschützt wird. Wenn Sie regelmäßig Rattengift auslegen, ist das umlagefähig. Lassen Sie nur fallweise den Kammerjäger anrücken, müssen Sie die Kosten selbst tragen.

Falle 39: Wasserzähler

Ein Objekt, dem Sie bei der Nebenkostenabrechnung besondere Aufmerksamkeit schenken sollten, ist der Wasserzähler, genauer: der Kaltwasserzähler. Um den individuellen Verbrauch zu erfassen, sollte es in jeder Wohnung einen geben. In einigen Bundesländern ist das für Neubauten sogar vorgeschrieben. Ansonsten aber steht es (noch) in Ihrem Ermessen, ob Sie die Wohnungen mit solchen Verbrauchserfassungsgeräten ausstatten oder nicht.

Wann müssen Sie verbrauchsabhängig abrechnen?

Ohne Zweifel ist es die gerechteste Methode, die Kosten für den Wasserverbrauch zu verteilen, wenn in jeder Wohnung ein Zwischenzähler installiert ist. Nebenbei bemerkt ist die verbrauchsabhängige Abrechnung auch ein geeignetes Mittel, der Verschwendung von Wasser ein wenig vorzubeugen.

Und doch kann der Mieter den Einbau von Zwischenzählern nicht erzwingen (oder nur wenn das wie erwähnt ohnehin gesetzlich vorgeschrieben ist). Auch wenn die Mehrheit der Mieter sich für einen solchen Einbau ausspricht, die Entscheidung für oder gegen die Zähler liegt bei Ihnen. Nur wenn die Wohnung bereits mit einem solchen Gerät ausgestattet und eine verbrauchsabhängige Abrechnung damit technisch möglich ist, kann der Mieter verlangen, dass Sie auch so abrechnen.

Ohne Zwischenzähler abrechnen

Sind die Wohnungen noch nicht mit eigenen Zählern ausgestattet, müssen Sie den Gesamtverbrauch auf die einzelnen Mieter umlegen. Den Verteilerschlüssel (→ Falle 35) sollten Sie so festlegen, dass der Wasserverbrauch möglichst gerecht verteilt wird: Nach Quadratmetern Wohnfläche oder Anzahl der zum Haushalt gehörenden Personen. Denn ergeben sich durch die Art der Kostenverteilung extreme Ungerechtigkeiten, ist die Abrechnung im Prinzip anfechtbar.

Einzelne Wohnungen haben Zwischenzähler

Es ist durchaus möglich, nur bestimmte Wohnungen mit einem Zwischenzähler auszustatten und deren Wasserverbrauch individuell abzurechnen. Eine Gleichbehandlung aller Mietparteien ist in dieser Hinsicht nicht zwingend erforderlich: Wenn eine Wohnung über einen Zähler verfügt, dann müssen Sie nach dem Verbrauch abrechnen (LG Berlin, Urteil vom 24.6.1999, GE 1999, S. 1052).

Doch Achtung: Sie müssen dann dem Umstand Rechnung tragen, dass der Hauptzähler häufig einen höheren Verbrauch anzeigt als die Summe aller Einzelzähler. Die Wohnungen ohne Zähler sollten also noch geringfügig ent- und die mit Zähler geringfügig belastet werden.

 MESSGERÄTE MIETEN STATT KAUFEN

Wenn Sie die Zähler bei den Versorgungsbetrieben mieten, können Sie die Kosten direkt auf den Mieter umlegen. Schaffen Sie sich hingegen selbst diese Geräte an, können Sie die Kosten nicht als Betriebskosten ansetzen.

Der Austausch der Wasserzähler

Ein wichtiges Thema: Kaltwasserzähler müssen Sie spätestens nach sechs Jahren nacheichen oder (was mehr und mehr üblich wird) austauschen lassen. Das Datum der letzten Eichung und die Frist können Sie an der Geräteplombe ablesen (wie Ihr Mieter auch). Wenn Sie diese Frist nicht einhalten, ist Ihre Abrechnung nichtig und Sie riskieren eine saftige Geldbuße von bis zu 10.000 Euro (§ 19 Abs. 4 EichG).

Die Kosten für die Eichung oder den Austausch sind im Prinzip umlagefähig. Doch wenn der alte Zähler kaputtgegangen ist und deshalb ausgetauscht wird, handelt es sich um eine Reparatur und die ist (→ Falle 38) nicht umlagefähig (AG Neuss, Urteil vom 1.6.1988, DWW 1988, S. 284).

Überhöhter Verbrauch und Rohrbruch

Lassen Sie keine Zwischenzähler einbauen, so kann der Mieter Ihre Abrechnung anfechten, wenn der Verbrauch ungewöhnlich hoch ist. Sie können dann nicht einfach auf die Rechnung der Stadtwerke verweisen, vielmehr sind Sie als Vermieter verpflichtet, der Ursache nachzugehen. Unter Umständen müssen Sie den Kostenanteil Ihres Mieters auf Normalniveau senken und die Mehrkosten tragen.

Das gilt im Übrigen auch für den Fall, dass Wasserleitungen undicht sind oder gar ein Rohr bricht. Da hilft auch ein Wasserzähler nichts. Denn als Vermieter sind Sie für den „vertragsgemäßen Zustand" der Wohnung verantwortlich und dazu gehören auch intakte Rohre hinter der Wand. Kommt es hingegen außerhalb des Hauses zum Rohrbruch, so sind die Stadt- oder Wasserwerke zuständig. Sofern Sie den Schaden nicht selbst verursacht haben, brauchen Sie die Mehrkosten nicht zu tragen.

GEMEINSCHAFTSKOSTEN BLEIBEN UMLAGEFÄHIG

Auch wenn Ihr Mieter in seiner Wohnung einen Zähler hat, so können noch weitere Wasserkosten auf ihn zukommen: Einmal muss er für den Verbrauch zahlen, der allen Hausbewohnern zugerechnet wird, weil sich Wasseranschlüsse im Gemeinschaftseigentum befinden. Außerdem ergibt sich häufig eine Differenz zwischen dem Ableseergebnis des Hauptzählers und der Summe der Einzelzähler. Dieser Differenzbetrag wird nach einem Schlüssel (z. B. Wohnfläche) unter den Hausbewohnern aufgeteilt.

Falle 40: Leer stehende Wohnungen

Leerstände sind für Vermieter schon unangenehm genug. Doch müssen sie obendrein bei der Abrechnung der Nebenkosten berücksichtigt werden. Ihren Anteil trägt der Vermieter bzw. der Eigentümer der Wohnung. Aber eine leer stehende Wohnung verursacht für die Allgemeinheit doch kaum Kosten, meinen manche Vermieter und lassen die Leerstände guten Gewissens unter den Tisch fallen – zumal wenn die betreffende Wohnung schon länger nicht vermietet ist. Aber mit dieser Begründung werden Sie keinen Erfolg haben.

An allen Nebenkosten beteiligen

Wie sieht das rein praktisch aus? Natürlich müssen Sie für die leer stehenden Wohnungen keine eigene Abrechnung erstellen, vielmehr geht die betreffende Wohnung mit ihrem Anteil am gesamten Haus in jede Nebenkostenrechnung ein. Und sie muss im Prinzip bei allen Nebenkostenarten berücksichtigt werden, bei denen die Kosten unter den Mietparteien verteilt werden.

 LEER STEHENDE 120 QM-WOHNUNG

Frau Bitter vermietet in einem Haus vier Wohnungen: zwei à 60 qm, eine à 80 qm und eine mit 120 qm Wohnfläche. Bei allen Nebenkostenarten, die sie nach dem Schlüssel Wohnfläche auf die Mieter umlegt, trägt Frau Bitter einen Kostenanteil von 37,5 % (120 qm von 320 qm). Für ihre Mieter ändert sich nichts – egal ob die 120 qm große Wohnung nun leer steht oder nicht.

Der Grund für diese Regelung ist folgender: Als Vermieter tragen Sie die Verantwortung und das unternehmerische Risiko, ob eine Wohnung vermietet wird oder nicht. An diesem Risiko können Sie Ihre Mieter nicht beteiligen und so müssen Sie für die Leerstände aufkommen.

Verteilerschlüssel

Wenn die Kosten nach der Wohnfläche verteilt werden oder nach den Kubikmetern umbauten Raum, dürfte die Sache relativ problemlos sein. Doch was ist mit den anderen Schlüsseln wie Wohneinheit, Anzahl der zum Haushalt gehörenden Personen oder den verbrauchs-, verursachungsabhängigen Nebenkosten?

- Die leer stehende Wohnung bildet eine Wohneinheit – wie die vermieteten Wohnungen auch. Als Anzahl der zum Haushalt gehörenden Personen setzen Sie eine an.

- Bei den verbrauchs- oder verursachungsabhängigen Nebenkosten wie Strom, Wasser, Gas gibt es fast immer einen Anteil, der auf alle Parteien umgelegt wird (nach Wohnfläche oder einem anderen Schlüssel). Bei der Berechnung dieses Anteils müssten Sie die leer stehende Wohnung berücksichtigen.

Wie erkennt der Mieter, ob Sie die Leerstände berücksichtigt haben?

Es gibt Vermieter, die meinen, dass ihre Mieter gar nicht merken, ob die leer stehende Wohnung in die Abrechnung eingegangen ist oder nicht. Doch das ist oft ein Irrtum. Denn im Allgemeinen wissen die Bewohner, ob in ihrem Haus eine Wohnung leer steht. Genau das ist dann Grund genug, bei der Abrechnung ein wenig genauer hinzuschauen.

Zwar wissen viele nicht, wie viele Quadratmeter die gesamte Wohnfläche ihres Hauses umfasst. Aber sie bemerken selbstverständlich, wenn sich die Anzahl dieser Quadratmeter von Abrechnung zu Abrechnung verändert. Und es soll Mieter geben, die bei einem Leerstand einfach mal auf Verdacht die Abrechnung beanstanden. Daher sparen Sie sich die Trickserei und rechnen Sie von vornherein korrekt ab.

VERMIETER- UND HAUSMEISTERWOHNUNG NICHT VERGESSEN!

Mit besonderem Argwohn wird auch darauf geachtet, ob denn die Wohnung des Vermieters oder des Hausmeisters bei der Umlage der Kosten berücksichtigt wurde. Auch hier gilt selbstverständlich der Grundsatz, dass die Wohnungen in die Abrechnung mit eingehen müssen – natürlich auch, wenn der Hausmeister mietfrei in einer Dienstwohnung untergebracht ist.

Falle 41: Die Kosten für den Aufzug

Bei der Abrechnung für den Aufzug müssen Sie besonders aufpassen, denn hier drohen gleich mehrere Fallstricke. Zwar spielt es keine Rolle, ob es sich bei Ihrem Aufzug um einen Personen- oder Lastenaufzug (oder beides) handelt. Doch streiten sich die Gerichte schon länger um die Frage, ob der Mieter den Aufzug auch persönlich nutzen muss, wenn er an den Betriebskosten beteiligt werden soll. Oder andersherum: Darf der Mieter die Zahlung der Nebenkosten verweigern, wenn er den Fahrstuhl gar nicht nutzt? Die Antwort auf diese Frage ist nicht einheitlich und überhaupt recht kompliziert.

Muss der Erdgeschossmieter zahlen?

Wenn Ihr Mieter im Erdgeschoss wohnt, dann hat er im Allgemeinen wenig von einem Aufzug. Auf der anderen Seite muss auch jeder Mieter im Rentenalter die Kosten für den Sand in der Sandkiste mit tragen – sogar wenn Personen über zehn Jahren das Buddeln dort von der Hausordnung untersagt ist. Aber beim Aufzug ist das womöglich anders: Eine Reihe von Gerichten vertritt die Auffassung, dass der Mieter nur dann die Betriebskosten tragen muss, wenn er den Aufzug sinnvoll nutzen kann, um beispielsweise in den Keller zu gelangen, in die Tiefgarage oder auf den Trockenboden (u. a. OLG Düsseldorf, NJW-RR 1986; LG Berlin, WM 1990, S. 558, AG Braunschweig, WM 1996, S. 284).

Andere Gerichte meinen, dass der Mieter für den Fahrstuhl in dem Haus, das er bewohnt, auch zahlen muss (LG Duisburg, WM 1991, S. 597, AG Freiburg, WM 1993, S. 745). Das Landgericht Hannover schließt sich dem mit der Begründung an, dass ein sinnvoller Nutzen bereits dadurch gegeben ist, wenn der Mieter den Lift für Besuche bei den Mitbewohnern in den oberen Stockwerken nutzen kann (WM 1990, S. 229).

Die Frage ist also offen. Dabei ist es unerheblich, ob Ihr Mieter den Fahrstuhl nutzt oder nicht. Auch der Bewohner des fünften Stocks könnte sonst mit diesem Argument die Zahlung verweigern.

Dürfen Sie den Erdgeschossmieter überhaupt freistellen?

Für Vermieter eines Mehrfamilienhauses stellt sich die Frage: Wie lege ich die Kosten auf meine Mieter um? Wenn Sie den Erdgeschossmieter freistellen, dann müssen die anderen ja umso mehr zahlen. Und was ist, wenn die dann die Nebenkostenabrechnung anfechten?

Angesichts der unklaren Rechtslage sind mehrere Varianten denkbar:

- Sie können den Mieter im Erdgeschoss von den Kosten für den Fahrstuhl freistellen. Das sollten Sie aber mietvertraglich vereinbaren.

- Sie können die Kosten gestaffelt verteilen: Der Mieter im Erdgeschoss zahlt gar nichts, der im obersten Stockwerk am meisten. Auch hier sollten Sie sich bei allen Mietern vertraglich absichern. Alternativ könnten Sie argumentieren, dass dieser Verteilungsschlüssel gerechter ist. Dann könnten Sie ihn nach Ankündigung neu einführen.

- Die einfachste Lösung: Sie verteilen die Kosten gleichmäßig auf alle Mieter. Mindestvoraussetzung ist aber, dass der Fahrstuhl in dem Stockwerk zugänglich ist, in dem der Mieter wohnt (AG Frankfurt/ Oder, NJW-RR 2000, S. 746).

Nur Aufzüge im eigenen Haus

Eine Einschränkung gilt es noch zu beachten: Ihr Mieter kann nur an den Kosten für eine Aufzugsanlage beteiligt werden, die sich in seinem Haus befindet (LG Berlin, GE 1990, S. 651). Das ist wichtig, wenn die Wohnung, die Sie vermieten, zu einer Wohnanlage gehört, die mehrere Häuser mit mehreren Aufzügen umfasst.

Als Eigentümer erhalten Sie eine Abrechnung, in der die Kosten für alle Fahrstühle zusammengefasst sind. Daher sollten Sie Ihre Hausverwaltung verpflichten, für jede Aufzugsanlage eine gesonderte Abrechnung zu erstellen. Immerhin sind in der Eigentümergemeinschaft alle davon betroffen, die ihre Wohnung vermieten und ordnungsgemäß abrechnen wollen.

Die versteckten Instandhaltungsarbeiten

Umlagefähig sind gemäß § 2 Abs. 7 BetrKV die Kosten für den Betriebsstrom, für die Beaufsichtigung, die Überwachung und Pflege der Anlage, für die regelmäßige Prüfung der Betriebsbereitschaft und Betriebssicherheit und die Kosten für die Reinigung. Wie bereits angesprochen (→ Falle 38) gehören alle Reparaturen oder Maßnahmen, die nach einem Schadensfall erforderlich sind, zur Instandhaltungsarbeiten und haben daher in der Nebenkostenabrechnung nichts zu suchen.

Wenn Sie einen sogenannten Voll- oder Systemwartungsvertrag geschlossen haben, müssen Sie die Kosten für die Instandhaltung herausrechnen. Häufig gehen die aus der Abrechnung aber nicht hervor. Dann können Sie entweder die Kosten pauschal kürzen – um 20 % (LG Düsseldorf, DWW 1999, S. 354) oder sogar um 50 % (LG Essen, WM 1991, S. 702). Oder Sie verpflichten die Wartungsfirma, die Kosten für Reparaturen gesondert auszuweisen.

Falle 42: Die Heizkostenabrechnung

Die Kosten für Heizung und Warmwasser ragen unter allen Nebenkosten heraus. Denn zum einen bilden sie in aller Regel den Löwenanteil, zum anderen können Sie diese Kosten in jedem Fall auf den Mieter umlegen, auch wenn Sie keine wirksame Vereinbarung über die Nebenkosten geschlossen haben (→ Falle 26). Und schließlich sind die Heizkosten die einzigen Nebenkosten, die Sie – zumindest anteilig – verbrauchsabhängig abrechnen müssen. Dazu sind Sie dem Gesetz nach verpflichtet. Ihr Mieter kann eine solche Abrechnung erzwingen. Im Klartext: Die sogenannte „Warmmiete" verstößt von wenigen Ausnahmen abgesehen (siehe unten) gegen das Gesetz. Ebenso ist eine „Heizkostenpauschale" meist unzulässig.

Was haben Sie für eine Heizung?

Wie Sie abrechnen müssen, das hängt davon ab, über welche Art von Heizung die Mietwohnung verfügt. Relativ einfach liegt der Fall, wenn die Wohnung mit einer eigenen Heizung und Warmwasseranlage ausgestattet ist. Dann sind Sie nicht an die Heizkostenverordnung (HeizKV) gebunden. Sie ermitteln einfach den Verbrauch der Brennstoffe und addieren die „weiteren Betriebskosten" (Kosten für die Wartung) hinzu.

Komplizierter ist die Abrechnung bei einer Zentralheizung. Hier müssen Sie sich an die Bestimmungen der HeizKV halten, die Ihnen vorschreibt, wie Sie die Kosten verteilen müssen und worauf es bei der Verbrauchserfassung ankommt. Seit dem 1. Januar 2009 gilt eine neue Fassung der HeizKV, die in einigen Punkten Veränderung bringt. Sie müssen allerdings erst nach der neuen HeizKV abrechnen, wenn der Abrechnungszeitraum 2009 beginnt. Rechnen Sie beispielsweise von November 2008 bis Oktober 2009 ab, gelten für Sie noch die alten Bestimmungen.

GEHÖREN SIE ZU DEN AUSNAHMEFÄLLEN?

Die HeizKV legt in § 11 fest, unter welchen Bedingungen Sie nicht verpflichtet sind, verbrauchsabhängig abzurechen. Im Wesentlichen geht es um vier Fälle: Die Gebrauchserfassung ist technisch nicht möglich oder wirtschaftlich unzumutbar. Oder Sie vermieten ein Apartment in einem Wohnheim. Oder es handelt sich um ein Haus mit zwei Wohnungen, von denen die eine Sie selbst bewohnen. Nach der neuen HeizKV sind auch Niedrigenergiehäuser (Heizwärmebedarf weniger als 15 Kilowattstunden pro Quadratmeter) von den Bestimmungen ausgenommen, zumindest was die Heizkosten betrifft. Die Warmwasserkosten müssen Sie in diesem Fall hingegen verbrauchsabhängig abrechnen.

Die Mischkalkulation bei der Zentralheizung

Laut HeizKV müssen Sie unterscheiden zwischen einem verbrauchsabhängigen und einem verbrauchsunabhängigen Anteil. Mindestens 50 % und höchstens 70 % der Heizkosten müssen Sie nach dem individuellen Verbrauch Ihrer Mieter abrechnen.

Doch wie funktioniert das rein praktisch? Zunächst rechnen Sie sämtliche Betriebskosten für die Heizung und Warmwasseranlage zusammen. Diesen Betrag teilen Sie in zwei Teile:

- den verbrauchsabhängigen Teil (= 50–70 % der Gesamtkosten).

- die verbrauchsunabhängigen „Grundkosten" (30–50 %).

Es ist allgemein üblich, dass für jede Wohnung im Haus das gleiche Aufteilungsverhältnis gilt, sehr verbreitet ist die Fifty-fifty-Lösung. Beides erleichtert im Übrigen auch die Abrechnung.

So legen Sie die Grundkosten um

Nicht jede Wohnung zahlt den gleichen Betrag an Grundkosten. Vielmehr legen Sie die Kosten nach einem festen Schlüssel um; in aller Regel handelt es sich um die Quadratmeterzahl Wohnfläche. Wird also im gesamten Haus mehr geheizt, dann steigt der Grundbetrag für die großen Mietwohnungen am stärksten.

So legen Sie die Verbrauchskosten um

Die Verbrauchskosten geben keine Aufschluss darüber, wie viel Strom, Gas oder Öl der betreffende Mieter tatsächlich „verheizt" hat. Vielmehr wird bei einer Zentralheizung nicht der absolute Verbrauch jeder Wohnung erfasst, sondern es wird der verbrauchte Anteil ermittelt und auf den Mieter umgelegt.

LEER STEHENDE WOHNUNGEN NICHT VERGESSEN!

Für die Heizkostenabrechnung sind sie besonders relevant: Die leer stehenden Wohnungen. Haben Sie die nicht berücksichtigt, kann Ihr Mieter Ihnen die Abrechnung postwendend zurückschicken. Den Grundbetrag müssen Sie voll auf die Wohnung umlegen. Aber auch mögliche Verbrauchskosten dürfen Sie nicht vergessen. In vielen leeren Wohnungen muss im Winter geheizt werden, damit die Heizungen nicht einfrieren. Die Kosten müssen Sie berechnen und selbst tragen.

Verbrauchskosten in Anteile umrechnen

Haben Sie den Verbrauch Ihrer Mieter erfassen lassen (→ Falle 43), so kommt es nun darauf an, ihre jeweiligen Anteile am Verbrauch zu bestimmen. Und diesen Anteilen entsprechend werden die Verbrauchskosten unter den Wohnungen aufgeteilt. Dieser Aspekt ist insoweit wichtig, weil manche Mieter nicht begreifen können, warum sie einen erklecklichen Betrag an Heizkosten zahlen sollen, obwohl sie kaum geheizt haben (z. B. weil sie abwesend waren).

Wenn Ihr Mieter in so einem Fall reklamiert (wegen „überhöhter Heizkosten"), können Sie der Sache relativ gelassen entgegensehen. Weisen Sie ihn einfach auf die Bestimmungen der HeizKV hin. Nebenbei bemerkt ist es gar nicht so ungerecht, siebzig Prozent oder auch nur die Hälfte der Heizkosten nach dem Verbrauchsanteil umzulegen. Denn es gibt Wohnungen, die wegen ihrer Lage stärker beheizt werden müssen als andere, die von ihren Nachbarwohnungen „mitbeheizt" werden.

Abrechnen nach der neuen HeizKV

Müssen Sie nach der neuen HeizKV abrechnen, sollten Sie die folgenden Punkte beachten: Im Prinzip sind Sie frei, den verbrauchsabhängigen Teil zwischen 50 und 70 Prozent festzulegen. Allerdings hat der Gesetzgeber festgelegt, dass bei bestimmten Gebäuden der verbrauchsabhängige Anteil 70 Prozent betragen muss. Nämlich wenn drei Bedingungen erfüllt sind:

- Das Gebäude entspricht nicht der Wärmeschutzverordnung von 1994.

- Es wird mit einer Öl- oder Gasheizung versorgt.

- Die Leitungen für die Wärmeverteilung sind überwiegend gedämmt. Dabei gelten Leitungen, die unter dem Putz liegen, als gedämmt.

Müssen (oder wollen) Sie Ihren Verteilerschlüssel ändern (z. B. von 50 : 50 auf 70 : 30), so sind Sie verpflichtet, diese Änderung Ihrem Mieter mitzuteilen, bevor die Abrechnungsperiode beginnt. Im Übrigen gelten die Bestimmungen der HeizKV auch, wenn Sie in Ihrem Mietvertrag einen anderen Schlüssel vereinbart haben (§ 2 HeizKV).

 TROCKENHEIZEN NICHT UMLAGEFÄHIG

Bei Neubauten müssen Sie das sogenannte „Trockenheizen" einkalkulieren, das erforderlich ist, um die Feuchtigkeit aus dem Mauerwerk zu treiben. Wenn Ihr Mieter die Abrechnung beanstandet, weil Sie ihm keinen Rabatt für das „Trockenheizen" einräumen, hat er gute Chancen, Recht zu bekommen. Denn es handelt sich nicht um laufende Kosten, sondern um einen abgeschlossenen Vorgang. Solange also „trockengeheizt" wird, sollte Sie die Heizkosten um einen bestimmten Betrag kürzen, den Sie schätzen dürfen.

Falle 43: Probleme bei der Verbrauchserfassung

Wenn Sie für die Heizkostenabrechnung den Verbrauchsanteil Ihrer Mieter feststellen müssen, sollten Sie auf zwei typische Problemfälle vorbereitet sein:

- Ihr Mieter bestreitet, dass korrekt gemessen wurde.

- Ihr Mieter lässt den Messdienst gar nicht erst in die Wohnung.

Welche Messmethoden sind zulässig?

Die Heizkostenverordnung legt fest, welche Verfahren zulässig sind, um den Wärmeverbrauch bei einer Zentralheizung zu messen. Nach § 5 Abs.1 HeizKV stehen Ihnen vier Möglichkeiten offen:

- **Wärmezähler:** Durch Messfühler wird der Temperaturunterschied zwischen Vor- und Rücklauftemperatur des Heizkreises gemessen.

- **Messröhrchen:** An jedem Heizkörper wird ein Röhrchen mit einer Messflüssigkeit befestigt, die mehr oder weniger stark verdunstet – je nachdem, wie lange und intensiv geheizt wird.

- **Elektronische Heizkostenverteiler:** Sie arbeiten nach dem gleichen Prinzip wie die Messröhrchen. Auch hier wird die Erwärmung der Heizkörper erfasst – nur eben elektronisch und wesentlich zuverlässiger.

- **Warmwasserzähler:** Er misst, wie viele Kubikmeter Warmwasser durch die Leitung fließt. Der Verbrauch wird genau erfasst. Eine solche „Wasseruhr" muss alle fünf Jahre neu geeicht oder ausgewechselt werden.

Die häufigsten Reklamationen

Beanstandet wird vor allem, dass nicht genau bzw. zum Nachteil des Mieters gemessen wurde, entweder weil die Erfassungsgeräte nicht zuverlässig genug sind oder weil gar nicht alle Heizkörper mit so einem Gerät ausgestattet waren und die Messung daher nicht korrekt sein kann. Das Argument der fehlenden Zuverlässigkeit richtet sich in der Regel gegen die beliebteste Messmethode, die mit den „Verdunstungsröhrchen". Tatsächlich liefert sie kein „objektives" Messergebnis wie etwa der Warmwasserzähler, sondern nur einen Indikator. Die Verdunstung der gefärbten Flüssigkeit soll Aufschluss geben über den Heizkostenverbrauch. Manchen Mietern ist das zu ungenau.

Dazu ist zweierlei zu sagen: Der Mieter hat ja nicht ganz Unrecht, das Verfahren ist ungenauer als alle anderen Methoden der Verbrauchserfassung. Doch noch gilt das Verfahren als zulässig. Der BGH hat es in einem etwas älteren Urteil ausdrücklich anerkannt (WM 1986, S. 214).

Davon abgesehen können Sie den Mieter darauf hinweisen, dass die Methode mit den Verdunstungsröhrchen die bei weitem preiswerteste ist. Wenn er genauere Messmethoden einfordert, dann muss er auch dafür zahlen. Wärmezähler kosten etwa 300 Euro. Werden sie installiert, dann können Sie die Kosten als Modernisierungsmaßnahme auf Ihren Mieter umlegen – aber nicht in der Nebenkostenabrechnung, sondern nach § 559 BGB als Mieterhöhung wegen Modernisierung.

 LASSEN SIE HEIZKOSTENVERTEILER EINBAUEN

Bei weiter steigenden Energiekosten wird die Methode mit den Verdunstungsröhrchen immer fragwürdiger. Daher spricht viel dafür, wenn Sie im Zuge einer Modernisierung elektronische Heizkostenverteiler einbauen lassen. Die Kosten können Sie auf den Mieter umlegen. Mit den genaueren Heizkostenverteilern ist es außerdem möglich, eine Verbrauchsanalyse vornehmen zu lassen. Die neue HeizKV gibt Ihnen ausdrücklich die Möglichkeit, die Kosten auf den Mieter umzulegen (§ 7 Abs. 2).

Nicht richtig gemessen? – Mieter darf kürzen!

Eine gewisse Ungenauigkeit muss der Mieter dulden, Fehlerhaftigkeit aber nicht. Und als fehlerhaft gilt eine Messung, wenn nicht alle Heizkörper mit Erfassungsgeräten ausgestattet sind, wenn das Messergebnis durch Heizkörperverkleidungen verfälscht wurde oder wenn im Haus für mehr als 25 % der gesamten Wohnfläche die Heizkosten geschätzt werden müssen.

In solchen Fällen liegt keine ordnungsgemäße Verbrauchserfassung vor. Der Mieter darf dann die Abrechnung pauschal um 15 % zu kürzen. Und die Kosten für die Verbrauchserfassung muss er auch nicht zahlen, denn es wurde ja nicht ordnungsgemäß abgerechnet (LG Hannover, WM 1991, S. 540).

HEIZKÖRPER OHNE VERBRAUCHSERFASSUNG

Im Prinzip müssen Sie alle Heizkörper mit den Erfassungsgeräten ausstatten, sogar Heizkörper, die momentan abgesperrt sind, aber vom Mieter leicht wieder in Betrieb genommen werden könnten, der dann „inoffiziell" heizt – auf Kosten der anderen Mieter (AG Tettnang 1989, S. 193). Allerdings kann bei einzelnen Heizkörpern, bei denen ein Messröhrchen ohnehin ein irreführendes Ergebnis liefern würde, auf die Messung verzichtet werden. Hierzu zählen etwa Heizkörper über Badewannen (AG Köln WM 1988, S. 38). In so einem Fall muss für die betreffenden Heizkörper oder Räume nicht verbrauchsabhängig abgerechnet werden (LG Hamburg 1992, S. 490).

Messdienst beauftragt? Sie bleiben verantwortlich

Kaum ein Vermieter führt solche Messungen selbst durch. Vielmehr beauftragt er einen Messdienst, der die Heizkörper mit den Erfassungsgeräten ausstattet, die Ablesung vornimmt und eine Abrechnung erstellt. Und doch bleiben Sie als Vermieter für die ordnungsgemäße Abrechnung verantwortlich. Für den Mieter sind Sie der Ansprechpartner und nicht der Messdienst.

Umso wichtiger ist es, dass Sie sich über die Konditionen des Messdienstes informieren: Wird ein Ableseprotokoll erstellt, das der Mieter unterzeichnen muss? Ist das nicht der Fall, wie reagiert der Messdienst auf Reklamationen? Es empfiehlt sich, einen erfahrenen renommierten Messdienst zu beauftragen. Die Kosten können Sie auf Ihre Mieter umlegen.

Was Sie über den Ablesetermin wissen sollten

Den Ablesetermin müssen Sie rechtzeitig ankündigen – mindestens zehn Tage vorher. Häufig übernimmt das aber auch der Messdienst. Ihr Mieter ist verpflichtet, die Ablesung zu dulden. Wenn er nicht selbst beim Termin anwesend sein kann, muss er dafür sorgen, dass der Ableser Zugang zu den Messgeräten hat. Allerdings wird dem Mieter das Recht eingeräumt, den ersten Ablesetermin nicht wahrzunehmen. Dann nennt ihm der Messdienst einen Ersatztermin. Und den muss er dann wahrnehmen. Kosten dürfen ihm durch den Zusatztermin nicht berechnet werden (LG München I, WM 2001, S. 190).

Wenn der Mieter den Zutritt hartnäckig verweigert

Lässt der Mieter den Messdienst auch beim Nachtermin vor verschlossenen Türen stehen, dann ist es mittlerweile üblich, die Kosten zu schätzen. Allerdings ist diese Lösung nicht ganz unumstritten. So hat das Landgericht Köln geurteilt, die Ablesung müsste gerichtlich auf dem Wege einer „einstweiligen Verfügung" durchgesetzt werden (Urteil vom 27.10.1988, Az. I S 81/88). Bevor Sie daran denken, sollten Sie sich rechtlich beraten lassen.

Ergebnis zügig mitteilen

Professionelle Messdienste arbeiten schnell, aber Sie als Vermieter müssen dafür Sorge tragen, dass Ihr Mieter die Ergebnisse schriftlich mitgeteilt bekommt. Nach § 6 Abs. 1 der neuen HeizKV muss das innerhalb eines Monats nach der Ablesung geschehen. Es sei denn, die Erfassungsgeräte speichern die Verbrauchsdaten Ihres Mieters, sodass er sie jederzeit selbst ablesen kann. Dann müssen Sie ihm die Werte nicht noch zusätzlich schriftlich mitteilen. Und noch etwas sollten Sie wissen: Bei Warmwasserzählern besteht diese Informationspflicht nicht.

Warmwasserkosten künftig trennen

Die neue HeizKV bringt eine weitere wichtige Änderung: Die Kosten, die für die Warmwasserbereitung anfallen, müssen nach § 9 künftig getrennt von den Heizkosten ausgewiesen werden – auch wenn die Heizungsanlage für das Warmwasser sorgt. Unter Umständen müssen Sie deswegen Wärmezähler nachrüsten lassen. Allerdings haben Sie dafür Zeit bis zum 31. Dezember 2013.

Falle 44: Heizkosten schätzen

Können Sie nicht ordnungsgemäß abrechnen, weil die Messergebnisse fehlen, müssen Sie die Heizkosten schätzen. Doch darf eine solche Schätzung natürlich nicht willkürlich sein. In so einem Fall kann Ihr Mieter die Schätzung anfechten. Weiterhin spielt es einen Rolle, wer für den Umstand verantwortlich ist, dass nicht gemessen werden konnte: Der Messdienst, der Vermieter oder der Mieter? Trifft den Mieter kein Verschulden, kann er die Heizkosten um 15 % kürzen!

Zwei Schätzverfahren

Es gibt zwei gesetzlich zulässige Methoden, den Verbrauch zu schätzen:

- Sie ziehen die Verbrauchszahlen der vergangenen Jahre heran. Ausgangspunkt ist der Verbrauch in den betreffenden Räumen, die Sie nicht messen konnten. Für die Schätzung müssen die besonderen Witterungsverhältnisse (kalter oder milder Winter) berücksichtigt werden.

- Sie legen Ihrer Schätzung den Verbrauch vergleichbarer Räume zugrunde. Diese Räume sollten sich nach Möglichkeit im selben Gebäude befinden. Und es geht natürlich um den Verbrauch während der aktuellen Abrechnungsperiode.

Wir haben es kurz angemerkt: Wenn Ihre Schätzungen mehr als ein Viertel der gesamten Wohnfläche des Hauses betreffen, kann insgesamt nicht mehr von einer „verbrauchsabhängigen Abrechnung" die Rede sein. Alle Mieter können ihre Heizrechnung um 15 % kürzen – und zwar den gesamten Betrag und nicht nur den Verbrauchsanteil.

Wann darf Ihr Mieter außerdem noch kürzen?

Das 15 %ige Kürzungsrecht steht Ihrem Mieter immer dann zu, wenn Sie über die Heizkosten nicht ordnungsgemäß abrechnen. Dabei spielt es für den Mieter keine Rolle, ob der Messdienst dafür verantwortlich ist. In einem solchen Fall müssten Sie den Messdienst auf Schadenersatz verklagen. Der Mieter kann kürzen:

- Wenn nur in einem Zimmer der Wohnung die Heizkosten nicht erfasst werden, obwohl dies mit vertretbarem Aufwand technisch möglich wäre (LG Berlin, ZMR 2003, S. 679).

- Wenn bei einem Mieterwechsel keine Zwischenablesung durchgeführt wurde, obwohl das technisch möglich und vertraglich nicht ausgeschlossen war (LG Hamburg GE 1989, S. 153).

- Wenn die Verbrauchserfassungsgeräte falsch montiert wurden oder nicht ordnungsgemäß abgelesen werden.

- Wenn die Wärmezähler auch nach der Eichfrist noch weiter betrieben werden (BayOLG, WM 1998, S. 371).

Falle 45: Zu hohe Kosten für den Hausmeister

Auch bei dieser Abrechnungsposition schauen Mieter oder diejenigen, die für sie die Nebenkostenabrechnung prüfen, schon einmal etwas genauer hin. Denn nicht selten gibt es etwas zu beanstanden. Typische Kritikpunkte sind etwa:

- **Zu hohe Kosten:** Gemessen daran, was der Hausmeister leistet, sind die Kosten überhöht. Der Mieter ist nicht bereit, dafür aufzukommen.

- **Doppelte Berechnung:** Sie haben die Aufgaben, für die der Hausmeister zuständig ist, schon an anderer Stelle abgerechnet: Etwa bei der Gartenarbeit, der Reinigung der Außenanlagen oder der Wartung der Heizung.

- **Versteckte Instandhaltungs- und Verwaltungkosten:** In der Abrechnung für den Hausmeister werden dem Mieter auch Aufgaben in Rechnung gestellt, die nicht umlagefähig sind: Instandsetzung, Instandhaltung, Verwaltungstätigkeiten.

Zu hohe Entlohnung nicht umlagefähig

Bei den Nebenkosten sind Sie dem Grundsatz der Wirtschaftlichkeit verpflichtet. Geht die Entlohnung für die Hausmeistertätigkeit weit über den ortsüblichen Rahmen hinaus, kann Ihr Mieter dagegen Widerspruch einlegen. Bekommt er Recht, dürfen Sie ihm nur den ortsüblichen Satz berechnen und müssen für die Differenz selbst aufkommen (LG München, NZM 2002, S. 286).

Dabei ist keine Rede davon, dass die Mieter die Entlohnung für den Hausmeister mindern dürfen oder Sie gezwungen werden, einen preiswerten Anbieter zu nehmen. Nur wenn die Vergütung deutlich über den Rahmen des Üblichen hinausgeht, wird der Mieter sie beanstanden können. Häufig steckt hinter dem Widerspruch auch der Verdacht, dass der Hausmeister für andere Tätigkeiten eingespannt wird, die nicht umlagefähig sind (siehe unten).

STELLEN SIE DIE ZUSTÄNDIGKEITEN KLAR

Weit verbreitet sind die Klagen über die „faulen" Hausmeister, die ihre Pflichten schleifen lassen und dieses und jenes „nicht tun". Oft beruhen diese Beschwerden auf einem Missverständnis. Die Mieter wissen nicht, wofür der Hausmeister zuständig ist – beispielsweise nicht für Reparaturen (siehe unten). In einem solchen Fall ist es hilfreich klarzustellen, wofür der Hausmeister zuständig ist und wofür nicht. Vernachlässigt der Hausmeister hingegen seine Pflichten, dann sollten Sie ein klärendes Gespräch mit ihm führen. Hält er seinen Vertrag nicht ein, können Sie die Zahlungen an ihn kürzen – die Minderausgaben müssen Sie dann an Ihre Mieter weitergeben.

Hausmeisteraufgaben nicht doppelt berechnen

Arbeiten, für die der Hausmeister zuständig ist, dürfen Sie nach § 2 Abs. 14 BetrKV nicht an anderer Stelle auch noch abrechnen, z. B. die Hausreinigung. Damit soll nicht nur verhindert werden, dass Sie Kosten doppelt abrechnen. Sie beugen auch einer gewissen Irritation vor: Wenn der Mieter für hausmeistertypische Tätigkeiten bereits bezahlt hat, dann liegt für ihn die Frage nahe, welche (umlagefähigen) Leistungen der Hausmeister darüber hinaus erbracht hat und warum er dafür noch aufkommen soll. Haben Sie darauf keine schlüssige Antwort, kann Ihr Mieter die gesamten Hausmeisterkosten kippen.

Müssen Sie die Hausmeisterkosten kürzen?

Eine Frage, die Sie unbedingt klären müssen: Setzen Sie den Hausmeister für Tätigkeiten ein, die nicht umlagefähig sind? Umlagefähig sind etwa die Treppenhausreinigung, die Gartenpflege, der Winterdienst, die Überwachung der Heizungsanlage und der Wasserversorgung, die Kontrolle der Gemeinschaftsräume und -einrichtungen sowie der Wartungsfirmen, das Überwachen des Aufzugs und das Überwachen der Hausordnung.

Nicht umlagefähig sind Verwaltungstätigkeiten (→ Falle 37): Also wenn der Hausmeister einen Teil der Buchhaltung übernimmt, Belege sammelt und verwaltet oder gar mit der Abrechnung zu tun hat, müssen Sie die Kosten dafür gesondert veranschlagen und vom umlagefähigen Betrag abziehen. Das gilt ebenso für Reparaturen und Instandhaltungsarbeiten (→ Falle 38). Häufig erledigen Hausmeister als „Mädchen für alles" ja auch Kleinreparaturen. Die Kosten dafür sind nicht umlagefähig. Sie müssen von den Hausmeisterkosten abgezogen werden (LG Berlin GE 2002, S. 736).

 SELBST KÜRZEN, EHE ES EIN GERICHT TUT

Wie viel Sie von den Hausmeisterkosten abziehen müssen, hängt von Ihrem konkreten Fall ab. Ein Vorwegabzug zwischen 30 und 40 Prozent ist in solchen Fällen nichts Ungewöhnliches. Entscheidend ist aber, dass Sie im Ernstfall darlegen können, wie Sie zu Ihrem Ergebnis gekommen sind. Gelingt Ihnen das nicht, müssen Sie damit rechnen, dass die Gerichte teils drastische Kürzungen vornehmen.

Auf der anderen Seite sollten Sie sich auch nicht von jeder Kleinigkeit verunsichern lassen. Geringfügige Verwaltungsaufgaben, die für den Mieter nur ein paar Cent ausmachen würden, rechtfertigen keine Beanstandung (LG Gera, WM 2001, S. 615).

Falle 46: Die Hausreinigung und Ungezieferbekämpfung

Die Kosten für die „Säuberung gemeinsam benutzter Gebäudeteile" können Sie auf Ihren Mieter übertragen. Doch gibt es dabei manches zu beachten, damit Ihr Mieter die Abrechnung nicht beanstanden kann.

Zu den „gemeinsam benutzten Gebäudeteilen" gehören nicht nur die Treppenhäuser, sondern auch Zugänge, Flure, der Fahrkorb der Fahrstühle, Keller (soweit für alle Hausbewohner zugänglich), Trockenböden und alle Gemeinschaftsräume. Maßgeblich ist, dass die Reinigung regelmäßig geschieht, was nicht gleichbedeutend ist mit übertrieben oft. Aber ein außerplanmäßiges „Großreinemachen" können Sie nicht auf die Nebenkosten umlegen.

REINIGUNG DER FASSADE NICHT UMLAGEFÄHIG

Wird das Haus von außen gereinigt, so können Sie Kosten dafür nicht ansetzen. In diesem Zusammenhang mag es etwas irreführend erscheinen, dass in der BetrKV von „Gebäudereinigung" anstatt von „Hausreinigung" die Rede ist, doch liegt der Fall klar: Die Fassadenreinigung gehört zur Instandhaltung des Gebäudes. Auch das Entfernen von Graffiti können Sie nicht auf Ihre Mieter umlegen – auch nicht, wenn sich die Graffiti im Innern des Hauses befinden, also im Fahrstuhl, Keller oder Treppenhaus.

Reinigungskräfte und Reinigungsmittel

Die Personalkosten können Sie geltend machen, einschließlich Weihnachtsgeld und Berufsgenossenschaft. Ebenso müssen die Mieter die Kosten für die Reinigungsmittel tragen – nicht jedoch die Kosten für die Reinigungsgeräte (vgl. Falle 47).

Wenn Sie selbst die Reinigung übernehmen, können Sie Ihrem Mieter einen Betrag dafür in Rechnung stellen, der jedoch nicht höher sein darf als das ortsübliche Entgelt für eine „ungelernte Reinigungskraft" (AG Lörrach,

WM 1994, S. 19). Als Stundenlohn können Sie demnach einen Betrag zwischen 8 und 13 Euro für sich veranschlagen.

Der Kampf gegen das Ungeziefer

Von den Feinheiten der Schädlingsbekämpfung war bereits die Rede (→ Falle 38). Lassen Sie solche Maßnahmen turnusmäßig durchführen (die damit umlagefähig werden), müssen Sie im Zweifelsfall nachweisen, dass das auch erforderlich ist (KG Berlin, GE 2002, S. 801). Rein prophylaktische Maßnahmen kann Ihr Mieter leicht anfechten.

Darüber hinaus sollten Sie noch wissen, dass Sie nur solche Maßnahmen umlegen dürfen, die im Gemeinschaftseigentum stattfinden, also im Treppenhaus, im Keller, auf dem Dachboden oder in den Grünanlagen. Müssen Sie eine bestimmte Wohnung „entseuchen" lassen, bleiben meist Sie als Vermieter auf den Kosten sitzen. Denn es ist schwer nachzuweisen, dass Ihr Mieter schuldhaft oder grob fahrlässig den Schädlingsbefall herbeigeführt hat.

Falle 47: Gartenpflege

Dieses Thema ist nicht so harmlos, wie man meinen könnte. Denn die Grenzen zwischen umlagefähiger Gartenpflege und Instandhaltung sind auf dem grünen Sektor besonders diffus. Dabei droht nicht nur die Gefahr, dass Sie Instandhaltungsarbeiten auf Ihren Mieter abwälzen, sondern vielleicht verhält es sich auch umgekehrt: Sie kommen für Kosten auf, die Sie eigentlich auf Ihren Mieter umlegen könnten.

Was gehört zur Gartenpflege?

Das Rasenmähen, das Beschneiden von Hecken, Büschen und Bäumen, das Jäten von Unkraut, das Vertikutieren (Bodenauflockern mit einem speziellen Gerät), das Nachsäen von Blumen und Rasen, das Düngen und Bewässern der Anlagen sowie die Abfuhr der Gartenabfälle zählen unstreitig zur Gartenpflege.

Material- und Personalkosten können Sie auf Ihren Mieter umlegen, ebenso wie die Betriebs- und Wartungskosten der eingesetzten Geräte – sofern durch ihren Einsatz Personalkosten gespart werden, was bei den gebräuchlichen Gartengeräten wie Rasenmäher, Rasensprenger oder auch Laubbläser der Fall sein dürfte.

Anschaffungskosten der Gartengeräte

Unter bestimmten Voraussetzungen können Sie sogar die Anschaffungskosten für Gartengeräte als Nebenkosten geltend machen. Das mag zwar der „reinen Lehre" widersprechen, nach der nur die „laufenden Kosten" umlagefähig sind. Dennoch erkennen einige Gerichte die Anschaffung von Gartengeräten an. Dabei geht es weniger um die mechanischen Arbeitshilfen wie Heckenschere, Harke oder Schaufel, sondern um die etwas kostspieligeren Maschinen wie Rasenmäher, Motorsäge oder der erwähnte Laubbläser.

Das Argument, auf das Sie sich stützen können, lautet: Die Anschaffung der Geräte kommt den Mieter günstiger, als wenn eine Fremdfirma beauftragt werden muss oder der Gärtner/Hausmeister die Arbeiten manuell ausführen muss. Zwei Voraussetzungen müssen allerdings gegeben sein: Die Geräte dürfen nicht überdimensioniert oder zu teuer sein. Und die Kosten müssen Sie auf mehrere Jahre verteilen (AG Starnberg, NZM 2002, S. 910).

Streitthema Neubepflanzung

Müssen Pflanzen und Gehölz erneuert werden, gehört das im Prinzip zur Gartenpflege. Allerdings gibt es Grenzen: Es dürfen keine neuen Beete, keine neuen Pflanzungen angelegt werden, vielmehr sollen die abgestorbenen Pflanzen erneuert werden. Zwar wird niemand beanstanden, wenn ein, zwei Büsche dazugekommen sind, aber der Charakter des Gartens muss auf jeden Fall unverändert bleiben. Im Zweifel entscheiden die Kosten. Steigen die unvermittelt an, brauchen Sie gute Argumente, um die Arbeiten noch als Gartenpflege umlegen zu können.

Natürlich können Sie die Grünanlagen neu gestalten lassen. Nur dürfen Sie dann die Kosten nicht in der Nebenkostenabrechnung auf den Mieter

übertragen. Von allzu ambitionierten Bepflanzungen kann jedoch nur ab-
geraten werden, denn daraus können neue Konflikte entstehen: Wenn
nämlich in den Folgejahren die Kosten für die Gartenpflege sprunghaft
steigen, kann sich Ihr Mieter weigern, die Mehrkosten zu tragen, weil Sie
den Grundsatz der Wirtschaftlichkeit nicht beachtet haben. Für die Beur-
teilung kommt es dann auf den Charakter der Wohnanlage an. Übertriebenen Aufwand muss Ihr Mieter nämlich nicht bezahlen.

 SONDERFALL SPIELPLATZ

Der Sand in einem Sandkasten muss in regelmäßigen Abständen erneuert werden, daher sind die Kosten umlagefähig. Auch die Überwachung und kleinere
Reparaturen an Spielgeräten sind umlagefähig. Nur wenn ein Gerät ausgetauscht oder neu angeschafft wird, gehört das nicht in die Nebenkostenabrechnung.

Falle 48: Sonstige Betriebskosten nicht wirksam vereinbart

Was ist bloß mit den „sonstigen Betriebskosten" gemeint? Ist das eine Art
Freibrief für den Vermieter, dem Mieter auch noch solche Nebenkosten
aufzubürden, die in den übrigen 16 Kategorien nicht schon aufgeführt
sind? Oder handelt es sich um eine Art Hintertür, durch die man künftige
Nebenkostenarten in den Mietvertrag einschmuggeln kann? Oder hat der
Gesetzgeber diese Kategorie eingerichtet, als er feststellen, dass es noch
viele weitere Nebenkostenarten gibt, die er in dem Gesetz nicht mehr un-
terbringt?

Alle drei Vermutungen sind falsch. Die „sonstigen" Betriebskosten unterliegen den gleichen Anforderungen wie alle übrigen Nebenkostenarten.
Das heißt, auch sie

- müssen laufend oder zumindest turnusmäßig anfallen. Einmalige Auf-
  wendungen sind niemals Neben- bzw. Betriebskosten.

- dürfen nicht in Zusammenhang mit der Verwaltung des Gebäudes stehen.

- gehören nicht zu den Kosten für die Instandhaltung oder Instandsetzung. Reparaturen, Ausbesserungen und Renovierungen sind nicht umlagefähig.

- stehen nicht im Zusammenhang mit der Finanzierung der Mietsache. Kapitalkosten, Bankgebühren oder Überziehungszinsen für das Geschäftskonto sind nicht umlagefähig.

- sind für die ordnungsgemäße Bewirtschaftung des Gebäudes sinnvoll und daher wirtschaftlich gerechtfertigt.

Sonstige Betriebskosten im Mietvertrag aufschlüsseln

Im Grunde können Sie die „sonstigen" Betriebskosten als „besondere" Betriebskosten betrachten, die im Gesetzestext nicht erwähnt werden, weil sie zu neuartig oder zu speziell sind. Im Unterschied zu den 16 anderen Nebenkostenarten müssen Sie die „sonstigen Betriebskosten" in Ihrem Mietvertrag unbedingt aufschlüsseln. Sonst gelten sie nicht als vereinbart – insoweit sind die „sonstigen" Betriebskosten auch keine Hintertür.

Das Gebot der Wirtschaftlichkeit

Als Vermieter sind Sie schon von Gesetzes wegen (§ 556 Abs. 3 BGB) dem Grundsatz der Wirtschaftlichkeit verpflichtet. Bei der Abrechnung der „sonstigen Betriebskosten" spielt er aber eine besondere Rolle, denn die Betriebskosten für Sonderausstattungen und außergewöhnliche Einrichtungen finden sich eben hier, in dieser Kategorie. So etwa die Kosten für eine Dachrinnenheizung oder für Videoüberwachung.

Nun kann Ihr Mieter diese Kosten als „übertriebenen Aufwand" anfechten. Ob sein Einspruch Erfolg hat, wird nicht zuletzt davon abhängen, was für eine Art von Objekt Sie vermieten. Luxuswohnungen erfordern eine andere Art von Bewirtschaftung als eine Zweizimmerwohnung in einfacher Wohnlage. Darüber hinaus spielt es auch eine Rolle, inwieweit Ihr Mieter die Höhe der Kosten absehen konnte. Wenn Sie ihn ausdrücklich darauf hingewiesen haben, dass die Wohnanlage über eine Sauna verfügt und er die Betriebskosten tragen muss, kann er sich schwer auf einen „übertriebenen Aufwand" berufen, wenn sich die Kosten im Rahmen dessen bewegen, was für den Betrieb einer Sauna üblich ist.

Auf der anderen Seite wird der Einspruch des Mieters Erfolg haben, wenn der Aufwand überhöht oder gar überflüssig erscheint. Kostspielige Vorlieben des Vermieters muss der Mieter zum Beispiel nicht dulden.

Falle 49: Die Abrechnung der Hausverwaltung

Besitzer einer Eigentumswohnung bekommen jedes Jahr eine Abrechnung über das „Wohngeld" oder „Hausgeld". Das scheint die Sache zunächst einmal stark zu vereinfachen, hat ihnen doch die Hausverwaltung die Abrechnung der Nebenkosten gewissermaßen abgenommen, die noch um den Posten „Grundsteuer" ergänzt werden muss. Allerdings drohen hier einige Fallstricke ganz besonderer Art. Als Vermieter sind Sie derjenige, der für eine ordnungsgemäße Abrechnung zu sorgen hat. Und wenn man die Betriebskostenverordnung streng genug auslegt, ist das für den Besitzer einer Eigentumswohnung ein Ding der Unmöglichkeit.

Was müssen Sie herauskürzen?

Es gibt Vermieter, die leiten einfach die Abrechnung über das Hausgeld an ihren Mieter weiter (und vergessen die Grundsteuer). Eine solche Abrechnung ist natürlich nicht ordnungsgemäß und dürfte nur von den ahnungslosesten Mietern nicht beanstandet werden. Das Mindeste, was Sie aus der Abrechnung der Hausverwaltung herauskürzen müssen, sind die folgenden Posten:

- Alle Positionen, die etwas mit der Verwaltung der Immobilie zu tun haben: Verwalterhonorar, Kosten für Eigentümerversammlungen etc.

- Alle Positionen, die mit Kapitalkosten zu tun haben: Überziehungszinsen, Bankgebühren, aber auch Guthabenzinsen.

- Alle Positionen, die jurstische Auseinandersetzungen der Eigentümergemeinschaft betreffen.

- Alle Positionen, die die Instandhaltung des Hauses/der Wohnanlage betreffen; hierzu zählt insbesondere die „Instandhaltungsrücklage". Unter Umständen müssen Sie auch die Vergütung für den Hausmeister (→ Falle 45) kürzen.

IM ZWEIFEL HILFT DIE HAUSVERWALTUNG

Gute Verwalter weisen in ihrer Hausgeldabrechnung die Positionen aus, die für Sie als Vermieter umlagefähig sind. Ist das nicht der Fall, sollten Sie sich nicht scheuen, bei der Hausverwaltung nachzufragen, welche Kosten Sie auf den Mieter umlegen können.

Was steht im Mietvertrag?

In eine selbst gestellte Falle können Sie geraten, wenn Sie in Ihrem Mietvertrag Vereinbarungen getroffen haben, die von der Abrechnung der Hausverwaltung abweichen. Das gilt vor allem für den Abrechnungsschlüssel. So ist der „Standardschlüssel" der Hausverwaltung nicht die Wohnfläche, es sind die „Miteigentumsanteile". Sofern sich diese Anteile ohnehin nach der Wohn- bzw. Nutzfläche richten, ist die Sache unproblematisch (LG Berlin, GE 2002, S. 860). Gibt es hingegen nennenswerte Abweichungen, dann sollten Sie den Umlageschlüssel „Miteigentumsanteil" mietvertraglich vereinbaren. Sonst könnte Ihr Mieter die Abrechnung anfechten und Sie könnten gezwungen sein, die Eigentumsanteile in Wohnflächenanteile umzurechnen – sofern das praktisch möglich ist. Erst recht problematisch ist es, wenn in Ihrem Mietvertrag ein anderer Schlüssel festgeschrieben ist. Maßgeblich für Ihre Abrechnung ist nämlich nicht, wie die Hausverwaltung abrechnet, sondern was in Ihrem Mietvertrag steht.

Wenn die Hausverwaltung nicht ordnungsgemäß abrechnet

Gibt es Einwände gegen die Abrechnung, so können Sie Ihren Mieter nicht einfach an die Hausverwaltung verweisen, auch wenn die für den Fehler verantwortlich ist. Denn Sie müssen für die ordnungsgemäße Abrechnung sorgen und für alle Fehler geradestehen.

Allerdings können Sie die Hausverwaltung auf Schadenersatz verklagen, wenn sie über das „Hausgeld" falsch oder nicht fristgerecht abrechnet. Dabei handelt es sich nämlich um eine schwere Pflichtverletzung, die auch die vorzeitige Abberufung des Verwalters rechtfertigt.

 VERSPÄTETE ABRECHNUNG ANKÜNDIGEN

Können Sie schon absehen, dass die Hausverwaltung so spät abrechnet, dass Sie die Zwölf-Monats-Frist nicht einhalten (→ Falle 34), sollten Sie Ihren Mieter darüber informieren. Zwar gilt die Frist ohnehin nicht als Ausschlussfrist, wenn Sie die Gründe nicht zu vertreten haben; doch sichern Sie Ihre Ansprüche, wenn Sie Ihrem Mieter die Verzögerung mitteilen.

Sie können keine „Leistungsabrechnung" erstellen

Vor ein kaum lösbares Problem stellt Sie die Tatsache, dass Sie als Vermieter eigentlich verpflichtet sind, eine „Leistungsrechnung" vorzunehmen. Das heißt, Sie dürfen nur Kosten berücksichtigen, die im Abrechnungszeitraum entstanden sind. Das hat zwar durchaus seinen Sinn, doch ungünstigerweise rechnet die Hausverwaltung anders ab, nämlich nach dem „Abflussprinzip". Dabei ist der Zeitpunkt maßgeblich, zu dem die Rechnung beglichen wurde. Wird die Nebenkostenabrechnung nach dem „Abflussprinzip" gestaltet, stimmen Abrechnungs- und Kostenverursachungszeitraum nicht überein. Die Abrechnung gilt als nicht ordnungsgemäß (AG Nürnberg, NZM 2002, S. 859).

Manche Gerichte vertreten die Ansicht, als Vermieter müssten Sie die Abrechnung der Verwaltung entsprechend umrechnen (LG Düsseldorf, DWW 1988, S. 210). Doch ist das praktisch kaum durchführbar. Daher erkennen es andere Gerichte durchaus an, wenn Abrechnungs- und Verbrauchszeitraum nicht vollständig übereinstimmen (LG Wiesbaden, NZM 2002, S. 944). Als Vermieter einer Eigentumswohnung haben Sie auch kaum eine andere Wahl: Sie müssen so abrechnen, sollten sich aber klar machen, dass hier eine „offene Flanke" besteht.

Falle 50: Sie lassen sich von der Reklamation Ihres Mieters verunsichern

Viele Vermieter fallen aus allen Wolken, wenn Ihr Mieter die Nebenkostenabrechnung beanstandet. „So etwas" sei ihnen noch „nie passiert", äußern sie und manche nehmen es ihrem Mieter persönlich übel. Eine solche Reaktion mag im Einzelnen verständlich sein, aber sie ist meist wenig hilfreich, sondern kann im Gegenteil dazu beitragen, die Situation zu verschärfen.

Die ordnungsgemäße Reklamation

Ihre erste Überlegung sollte sein: Hat der Mieter überhaupt ordnungsgemäß reklamiert? Dazu gehört zunächst einmal, dass er gemäß § 556 Abs. 3 Satz 5 BGB die Widerspruchsfrist einhält. Wie die Abrechnungsfrist für Vermieter (→ Falle 34) beträgt sie zwölf Monate und sie ist eine Ausschlussfrist. Nur wenn er die Gründe für eine verspätete Reklamation nicht zu vertreten hat, kann der Mieter diese Frist überschreiten, die zu laufen beginnt, sobald er die Abrechnung erhalten hat. Doch in der Praxis sollten Sie schon viel früher merken, wenn Ihr Mieter Einwände hat.

ÜBERWACHEN SIE DEN ZAHLUNGSEINGANG

Hat Ihr Mieter ohne Vorbehalte eine Nachzahlung geleistet, dann kann er die Abrechnung kaum noch anfechten. Im Allgemeinen ist die Sache mit seiner Zahlung abgeschlossen. Anders sieht es aus, wenn er ein Guthaben von Ihnen ausbezahlt bekommen hat. Dann kann er die Zwölf-Monats-Frist ausschöpfen. Allerdings ist dann die Neigung, Widerspruch einzulegen, deutlich geringer.

Der Widerspruch muss begründet werden

Damit der Widerspruch wirksam werden kann, muss Ihr Mieter darlegen, was er an Ihrer Abrechnung bemängelt. Solange er das nicht tut, hat sein Widerspruch keine Bedeutung. Er kann daraus auch keine Rechte ableiten, die Zwölf-Monats-Frist eingehalten zu haben. Ebenso wenig ist er von der Pflicht freigestellt, eine mögliche Nachzahlung zu begleichen.

Formfehler oder „materielle Einwände"?

Was vielen Vermietern nicht klar ist: Es sind die Formfehler, die ihre Abrechnung gefährden. Daher müssen Sie entsprechende Beanstandungen sehr ernst nehmen. Das gilt insbesondere für den Einwand, dass die Abrechnung „unverständlich" oder „nicht nachvollziehbar" sei. Vermieter, die das als Ignoranz abtun, verhalten sich fahrlässig. Vielmehr sollten bei Ihnen die Alarmglocken schrillen.

Gehen Sie daher die Abrechnung noch einmal durch und prüfen Sie sie auf Verständlichkeit und Nachvollziehbarkeit. Fehlen vielleicht Angaben wie der Verteilerschlüssel oder die Gesamtkosten? Oder haben Sie zu viel des Guten getan und Ihre Abrechnung ist verwirrend? Vielleicht fragen Sie auch einfach Ihren Mieter. Möglicherweise lassen sich die Einwände ganz schnell aus der Welt schaffen. Ansonsten lesen Sie noch einmal den Abschnitt über mögliche Formfehler (→ Falle 33). Entspricht Ihre Abrechnung den dort genannten Anforderungen, dann dürfte der Widerspruch Ihres Mieters wenig Aussicht auf Erfolg haben.

Einwände gegen den Verteilerschlüssel

Schwer wiegende Konsequenzen drohen auch, wenn der Mieter einen Verteilerschlüssel beanstandet, weil er ihn benachteiligt. Ist das tatsächlich der Fall, könnten die betreffenden Positionen unwirksam werden. Hat Ihr Mieter also Recht, korrigieren Sie umgehend die Abrechnung. Sonst gehen Ihre Ansprüche auf Nachzahlung verloren. Auf der anderen Seite dürfte Ihnen wenig passieren, wenn Sie sich an unsere Empfehlungen gehalten haben (→ Falle 35, 49).

Einwände gegen einzelne Posten

Zu Ihrer Beruhigung: Beanstandet Ihr Mieter aus inhaltlichen Gründen einzelne Abrechnungsposten, so gefährdet das im Allgemeinen nicht die Wirksamkeit Ihrer Abrechnung. Das heißt, Sie haben die Zwölf-Monats-Frist eingehalten und Ihre Ansprüche sind nicht verwirkt.

Im konkreten Fall sollten Sie sich ansehen, was da beanstandet wird und ob es zu Recht geschieht. Die Kriterien, das zu beurteilen, haben Sie ja in der Hand (→ z. B. Falle 37, 38, 48). In manchen Fällen ist es auch Ermessenssache, ob bestimmte Kosten umlagefähig sind oder nicht. Dann sollten Sie überlegen, ob Sie es auf einen Rechtsstreit ankommen lassen wollen. Doch sollten Sie sich auch nicht zu früh geschlagen geben. Es kann ein fatales Signal sein, wenn Sie bei jedem windigen Einwand sofort „einknicken".

SO REAGIEREN SIE AUF VORGESCHOBENE REKLAMATIONEN

Unter manchen Mietern und Vermietern kursiert der Irrglaube, dass die Abrechnung nicht wirksam sei, solange noch einzelne Posten strittig sind. Das ist ein Irrtum. Was Ihr Mieter nicht beanstandet, dafür muss er auch zahlen. Wenn sich Ihr Mieter also irgendein unwesentliches Detail sucht, um Zeit zu gewinnen, so geht dieses Kalkül nicht auf. Manchmal geht es ja nur um wenige Cent, wenn etwa beanstandet wird, dass der Hausmeister ein neues Gerät angeschafft hat. Genau diese wenigen Cent darf Ihr Mieter (noch) zurückhalten, solange dieser Posten strittig ist.

Falle 51: Ihr Mieter will die Originalbelege prüfen

Meist ist es eine reine Formsache: Damit die Abrechnung wirksam wird, räumen Sie Ihrem Mieter die Möglichkeit ein, die Originalbelege einzusehen. Kaum ein Mieter macht davon Gebrauch. Vor allem dann nicht, wenn er den Eindruck hat, dass Sie korrekt abrechnen.

Gefahr droht daher, wenn Sie sich allzu sehr darauf verlassen, dass Ihr Mieter angenehmere Dinge zu tun hat, als sich in Ihr Büro zu setzen und Belege zu prüfen, und es daher mit der Sammlung und Aufbewahrung der Belege nicht allzu genau nehmen. Das kann sich bitter rächen. Es genügt, wenn einer Ihrer Mieter einmal die „Nagelprobe" macht und sich herausstellt, dass Sie Ihre Dokumentations- und Archivierungspflicht etwas locker handhaben.

Der Mieter hat ein Einsichtsrecht

Sie müssen Ihrem Mieter sämtliche Belege vorlegen können, auf denen Ihre Abrechnung beruht. Dazu gehören unter Umständen auch der Hausmeistervertrag (→ Falle 45) oder die Wartungsverträge für die Heizung oder den Aufzug. Als Besitzer einer Eigentumswohnung müssen Sie sicherstellen, dass Ihr Mieter bei der Hausverwaltung Einsicht nehmen kann (LG Mannheim, WM 1996, S. 630).

Dritte Person zulässig

Sie sollten wissen, dass Ihr Mieter eine Person seines Vertrauens hinzuziehen darf, um die Unterlagen zu prüfen (AG Bochum, WM 1980, S. 162). Ja, er darf sogar einen Dritten damit beauftragen, für ihn Einsicht zu nehmen (LG Hamburg 1997, S. 500).

Der Anspruch auf Fotokopien

Manche Mieter können nicht persönlich Einsicht nehmen und wünschen stattdessen, dass der Vermieter Fotokopien der Belege erstellt. Einige (nicht alle) Gerichte billigen ihm diesen Anspruch zu. Dann muss er aber für die Kopien (0,25 bis 0,50 Euro pro Kopie gelten als zulässig) und für das Porto aufkommen. Für die Zusendung können Sie einen Vorschuss verlangen. Und noch etwas: Wenn der Mieter von seinem Einsichtsrecht Gebrauch macht, kann er nicht noch zusätzlich Fotokopien fordern (AG Brake, WM 1983, S. 207).

 GEHEN SIE SORGSAM MIT ALLEN ORIGINALBELEGEN UM

Im eigenen Interesse sollten Sie alle Originalbelege sorgsam verwahren und auch nicht in Mappen packen und damit herumfahren. So gehen sie nämlich leichter einmal verloren. Machen Sie sich klar: Fehlen einzelne Unterlagen, so können Sie den Zahlungsanspruch, der sich auf sie gründet, nicht länger aufrechterhalten. Im Extremfall kann Ihr Mieter die gesamte Abrechnung zu Fall bringen. So weit sollten Sie es nicht kommen lassen.

Fallen bei der Mieterhöhung

MIETERHÖHUNG OHNE WEITERES MÖGLICH?

Frau Hellmann wohnt jetzt schon fünf Jahre in der Wohnung. Ihr Vermieter Herr Riechel ist der Ansicht, eine Mieterhöhung sei überfällig. Per Einschreiben schickt er ihr einen Brief, in dem er eine Erhöhung der Miete für den übernächsten Monat ankündigt. Doch Frau Hellmann lässt sich davon nicht beeindrucken. Sie zahlt weiterhin ihre Miete, als wenn nichts geschehen wäre. Herr Riechel möchte einen Anwalt einschalten, um die Kosten einzuklagen. Doch der eröffnet ihm, dass er nicht die geringsten Erfolgsaussichten hat.

Falle 52: Die einseitige Mieterhöhung

Es gibt Vermieter, die erhöhen auf ihre ganz eigene Weise die Miete. Sie schreiben ihrem Mieter einen Brief, kündigen die Erhöhung für einen der kommenden Monate an und erwarten, dass der Mieter die neue Miete schon zahlt. Und was das Erstaunlichste ist: Einige haben mit dieser eigenwilligen Methode sogar Erfolg und der Mieter bezahlt tatsächlich – weil er noch ahnungsloser ist als der Vermieter.

Doch die Zahl der Ahnungslosen sinkt rapide. Nicht nur weil sich die Leute anfangen zu informieren, sobald es an ihren Geldbeutel geht, sondern auch weil es in den vergangenen Jahren wesentlich leichter geworden ist, an Informationen zu kommen: durch das Internet. Früher hätte Ihr Mieter einen Termin bei der Mieterberatung vereinbaren müssen. Heute kann er sich einfach, schnell und völlig unverbindlich an seinem heimischen Computer informieren, ob das mit Ihrer Mieterhöhung in Ordnung geht.

In aller Deutlichkeit: Sie können nicht einseitig die Miete erhöhen! Die Höhe der Miete wird durch den Mietvertrag festgelegt. Und der ist eine Vereinbarung, die von zwei Seiten geschlossen wurde. Daher muss Ihr Mieter jeder Änderung der Miete zustimmen.

Sie verlieren Zeit und Vertrauen

Eine einseitige Mieterhöhung ist selbstverständlich unwirksam. Ihr Mieter muss sich nicht einmal dazu äußern. Doch scheitert nicht nur Ihre Mieterhöhung. Darüber hinaus können Sie sehr viel Zeit verlieren. Denn wenn Sie nicht noch rechtzeitig nachbessern, dann dürfen Sie frühestens in einem Jahr wieder vorstellig werden (→ Falle 56) – mehr als genug Zeit, um sich zu informieren, wie man korrekt die Miete erhöht.

Was aber noch viel schwerer wiegt: Durch solche fragwürdigen Manöver verlieren Sie Vertrauen. Damit ist nicht gemeint, dass Sie ein besonders harmonisches oder gar freundschaftliches Verhältnis (→ Falle 1) zu Ihrem Mieter pflegen sollten. Aber Sie setzen etwas aufs Spiel, von dem beide Parteien profitieren – wenn es denn besteht: Das Vertrauen, dass Sie als Vermieter schon „professionell und richtig" handeln. Auch Ihr Mieter hat etwas davon, er muss sich nämlich nicht mit dem Mietrecht und den Finessen einer Mieterhöhung beschäftigen, solange er sicher ist, dass Sie es ohnehin so machen, wie es seine Richtigkeit hat.

 SETZEN SIE NICHT IHRE KOMPETENZ AUFS SPIEL

Macht Ihr Mieter die Erfahrung, dass Sie keine Ahnung haben, wird er in Zukunft jedes Anliegen von Ihnen mit äußerstem Argwohn betrachten. Er wird sich herausgefordert fühlen, in Erfahrung zu bringen, wie es denn „wirklich" ist: Muss er überhaupt renovieren? Ist die Klausel mit der untersagten Haustierhaltung überhaupt rechtens? Und kann er nicht für diverse Mängel die Miete mindern? Es ist fatal, wenn der Mieter meint, dass er im Ernstfall besser über das Mietrecht Bescheid weiß als Sie.

Falle 53: Mieterhöhung durch Einschüchterung

Die einfachste und bequemste Art, die Miete zu erhöhen: Sie treffen mit Ihrem Mieter eine einvernehmliche Vereinbarung. Im Idealfall sieht das so aus, dass Sie Ihrem Mieter eine Mieterhöhung vorschlagen und er sich damit einverstanden erklärt. Das ist schon alles. § 557 BGB sei Dank.

Die Frage ist nur: Warum sollte Ihr Mieter einer solchen Erhöhung zustimmen? Und hier kommt Falle 53 ins Spiel: Manche Vermieter wissen sich nicht anders zu helfen, als ihrem Mieter mehr oder minder offen zu drohen. Etwa: „Wenn Sie nicht zustimmen, dann muss ich mir das noch mal überlegen, ob Ihr Besuch weiterhin im Hof parken darf." Oder rabiater: „Entweder Sie sind einverstanden – oder Sie hören von meinem Anwalt."

Vergiftetes Klima und einstürzende Drohkulissen

Vielleicht halten Sie es für angebracht, dem Mieter von Anfang an klar zu machen, dass Sie Ihre Ansprüche konsequent durchzusetzen gedenken, und bauen deshalb eine Drohkulisse auf. In der Überzeugung, dass im Zweifel nachgibt, wer sich schon von findigen Rechtsanwälten umzingelt sieht.

Das ist aber ein Fehlschluss. Häufig erreichen Sie das Gegenteil. Durch Ihren Einschüchterungsversuch verhindern Sie geradezu eine einvernehmliche Vereinbarung und damit auch eine problemlose Mieterhöhung.

- Sie vergiften das Klima. Wenn Sie vorher schon kein gutes Verhältnis zu Ihrem Mieter hatten, durch solche Manöver wird es noch mehr belastet.

- Ein wenig Psychologie: Niemand lässt sich gern unter Druck setzen. So etwas fordert geradezu dazu heraus, Gegenmittel zu ergreifen. Es wird damit fast eine Frage der persönlichen Genugtuung, wenn der Mieter Ihre Erhöhungspläne „doch noch" durchkreuzen kann.

- Ihre Position ist gar nicht so stark, dass Sie Ihre Ankündigungen ohne Weiteres wahr machen könnten. Wenn Ihre Drohkulisse aber einstürzt, ist das fatal für Ihre Glaubwürdigkeit. Wie soll Ihr Mieter Sie noch ernst nehmen, wenn Sie andere Forderungen an ihn herantragen, z. B. die Endrenovierung?

Und sogar wenn Sie Ihre Drohung wahr machen und, sagen wir, die Besucher nicht mehr im Hof parken lassen, so haben Sie nichts erreicht, außer dass Ihr Mieter Sie für kleinlich hält und den dringenden Wunsch hat, sich bei nächster Gelegenheit zu revanchieren.

Warum sollte Ihr Mieter zustimmen?

Es gibt nur einen Grund, weshalb sich Ihr Mieter mit der Mieterhöhung einverstanden erklären sollte: Weil es vorteilhaft für ihn ist. Worin könnte aber der Vorteil bestehen, mehr Miete bezahlen zu müssen? Unter drei Voraussetzungen wird Ihr Angebot überzeugend:

- Die Mieterhöhung fällt maßvoll aus. Sie belohnen Ihren Mieter dafür, dass er Ihnen den Aufwand mit Mietspiegel, Gutachter oder Vergleichswohnungen erspart. Umgekehrt muss Ihr Mieter damit rechnen, dass Sie den Rahmen ausschöpfen, wenn er sich einer einvernehmlichen Lösung verweigert und Sie den formalen Weg gehen müssen.

- Sie schreiben die Miete für eine gewisse Zeit fest, beispielsweise drei Jahre. Unterschätzen Sie nie die Kraft des Arguments: „Dann haben Sie in den nächsten drei Jahren Ruhe."

- Sie machen die Mieterhöhung zu einer persönlichen Angelegenheit. Wenn Sie Ihrem Mieter persönlich gegenüberstehen und ihn darum bitten, einer maßvollen Mieterhöhung zuzustimmen, kann er sich diesem Ansinnen weit schlechter entziehen, als wenn er ein unpersönliches Schreiben in der Hand hält.

 VERHANDELN STATT DROHEN

Eine gute Voraussetzung, zu einer Einigung zu kommen: Sie berücksichtigen die Interessen des anderen, erwarten aber auch, dass Ihr Gegenüber Ihre Interessen respektiert. Suchen Sie nach einer Vereinbarung, die beide Seiten zufrieden stellt. Denn vergessen Sie nicht: Auch für Ihren Mieter ist es angenehmer, wenn er eine Einigung mit Ihnen erzielt.

Doch zu jeder erfolgreichen Verhandlung gehört auch, dass Sie genau wissen, was zu tun ist, wenn die Verhandlung scheitert. Nicht um damit zu drohen, sondern um die erforderlichen Schritte einzuleiten, wenn Ihr Mieter eine Einigung ablehnt. So verlieren Sie keine Zeit und stärken Ihre Verhandlungsposition.

Falle 54: Der Widerruf

Da haben Sie sich mit einer Flasche Wein bewaffnet (oder auch unbewaffnet) auf den Weg gemacht, die Zustimmung zur Mieterhöhung von Ihrem Mieter einzuholen, haben eine wahre Charmeoffensive gestartet und Ihr Mieter hat sich schließlich bereit erklärt, der Sache seinen Segen zu erteilen. Und dann – zwei Wochen später – erfolgt der Widerruf.

In seinem Schreiben lässt Ihr Mieter Sie wissen: Nach den gesetzlichen Bestimmungen über den Widerruf von Haustürgeschäften hat er das Recht, seine Zustimmung binnen 14 Tagen wieder zurückzuziehen. Wenn er über sein Recht zum Widerruf nicht informiert wurde, erlischt dieses Recht sogar noch viel später. Nach einem Jahr „kann" es „verwirkt" sein (OLG Braunschweig RE, WM 1999, S. 631). Ansonsten läuft die 14-Tage-Frist ab dem Zeitpunkt, zu dem der Mieter von der Möglichkeit des Widerrufs erfahren hat. Dabei genügt zur Einhaltung der Frist, dass der Widerspruch rechtzeitig abgeschickt wurde.

Was Sie über Haustürgeschäfte wissen sollten

Nun mag es Ihnen etwas befremdlich erscheinen, als Vermieter auf eine Stufe gestellt zu werden mit „Drückerkolonnen", die ahnungslosen Hausfrauen Zeitschriftenabonnements andrehen. Dennoch sollten Sie wissen, dass nach Auffassung des OLG Koblenz Vereinbarungen über Mieterhöhungen, die bei einem „Hausbesuch" des Vermieters geschlossen werden, in den „Anwendungsbereich" des Gesetzes über den Widerruf von Haustürgeschäften fallen (WM 1994, S. 257). Was folgt daraus? Wollen Sie künftig bei Ihren „Hausbesuchen" auf Nummer sicher gehen, sollten Sie Ihrem Mieter eine gesonderte Erklärung vorlegen, die ihn über sein Widerrufsrecht (und die Frist) aufklärt.

Doch wird das häufig gar nicht nötig sein. Denn den betreffenden Bestimmungen unterliegen Sie nur, wenn Sie als Vermieter „geschäftsmäßig" bzw. als „Unternehmer" handeln. Betreiben Sie Ihre Vermietung hingegen als Privatperson, so gelten die Einschränkungen nicht für Sie. Die Vereinbarung ist also gültig. Und das sollten Sie Ihren Mieter dann auch wissen lassen. Es gibt eine Ausnahme: Fällt die Mieterhöhung allzu drastisch aus und haben Sie den Mieter offensichtlich „überrumpelt", dann kann Ihre Vereinbarung „sittenwidrig" sein (LG Münster, Urteil vom 20.2.2001, Az. 8 S 520/00, LG Heidelberg WM 1993, S. 397).

Schließlich noch eines: In älteren Darstellungen ist vom „Haustürwiderrufsgesetz" die Rede. Vielleicht beruft sich auch Ihr Mieter darauf. Doch seit dem 2. Januar 2002 befinden sich die betreffenden Regelungen, die ein wenig vom alten Gesetz abweichen, im BGB. Maßgeblich sind für Sie §§ 312, 355, 356 BGB.

Ab wann gelten Sie als „Unternehmer"?

Als Unternehmer gelten Sie im Sinne des erwähnten Gesetzes erst dann, wenn Sie „geschäftsmäßig handeln", also in nennenswertem Umfang vermieten. Die Grenze ist nicht klar definiert. Doch immerhin haben die Gerichte entschieden: Ein Vermieter, der zwei Wohnungen vermietet, handelt nicht geschäftsmäßig (BayOLG RE, WM 1993, S. 384). Wenn Sie jedoch sechs Wohnungen vermieten, wird das schon als geschäftsmäßige Tätigkeit betrachtet (AG Frankfurt/Main, WM 1998, S. 418). Weitere Voraussetzung für das geschäftsmäßige Handeln ist die „Gewinnerzielungsabsicht", aber die dürfte im Allgemeinen gegeben sein.

 SO VERHINDERN SIE DEN WIDERRUF

Es ist ein grundlegender Irrtum anzunehmen, Ihr Mieter würde dann nicht widerrufen, wenn Sie ihn möglichst beiläufig auf das Recht zum Widerruf aufmerksam machen, in der Meinung, vielleicht bemerkt er es dann gar nicht.

Wenn Sie schon mit den Vertretern an der Haustür in einen Topf geworfen werden, dann können Sie zumindest aus deren Erfahrungen lernen. Demnach stärkt es nur Ihre Vertrauenswürdigkeit, wenn Sie ganz selbstverständlich auf das Widerrufsrecht hinweisen. Davon machen die Kunden umso weniger Gebrauch, je stärker sie in das Geschäft eingebunden werden. Ganz konkret und banal: Wenn ein Kunde ein Bestellformular selbst ausfüllt, ist die Wahrscheinlichkeit, dass er das Geschäft rückgängig macht, wesentlich geringer, als wenn der Verkäufer das für ihn erledigt. In diesem Sinne sollten Sie alles vermeiden, was Ihren Mieter auf die Idee bringen könnte, Sie hätten ihn „überfallen" oder die Einigung „aufgedrängt".

Falle 55: Sie halten die Form nicht ein

Sie haben es schon bei der Nebenkostenabrechnung kennen gelernt (→ Falle 33): Formfehler haben oft schwer wiegende Konsequenzen. So ist es auch bei der Mieterhöhung. Unterläuft Ihnen da ein Formfehler, riskieren Sie, dass die Mieterhöhung unwirksam wird. Sie können dann mit der ganzen Prozedur noch einmal von vorne anfangen und haben sehr viel Zeit verloren. Oder Sie müssen während des laufenden Gerichtsverfahrens nachbessern (→ Falle 59), und das kostet Zeit und Geld.

Die Anforderungen an eine Mieterhöhung

Eine wesentliche Voraussetzung für eine ordnungsgemäße Mieterhöhung: Ihr Mieter muss seine Zustimmung erteilen. Wenn Sie hingegen eine Mieterhöhung einfach nur „ankündigen" (→ Falle 52), kann der Mieter Ihr Schreiben ohne Weiteres im Papierkorb versenken; er muss sich nicht weiter damit befassen. In Ihrem Schreiben müssen Sie den Mieter also auffordern, der Mieterhöhung zuzustimmen.

Weiterhin muss das „Mieterhöhungsverlangen" schriftlich oder „in Textform" erfolgen. Das heißt, Sie müssen den betreffenden Text nicht unterschreiben, können ihn auch maschinell erstellen oder auf elektronischem Wege (also per E-Mail oder Fax) Ihrem Mieter übermitteln (§ 558a Abs. 1 BGB). Entscheidend ist aber: Es muss deutlich werden, dass das Schreiben von Ihnen als dem Vermieter kommt. Also, Absender nicht vergessen.

Der dritte Punkt: Sie müssen Ihr Ansinnen in geeigneter Weise begründen. Dabei stehen Ihnen vier Möglichkeiten offen: Sie beziehen sich in Ihrem Schreiben auf:

- einen Mietspiegel (gemäß §§ 558c, 558d BGB),

- die Auskunft aus einer Mietdatenbank (gemäß 558e BGB),

- ein Sachverständigengutachten (gemäß 558a Abs. 2 Nr.3 BGB) oder

- drei Vergleichswohnungen (→ Falle 57) (gemäß § 558 Abs. 2 Nr. 4 BGB).

 SIE MÜSSEN AUF EINEN QUALIFIZIERTEN MIETSPIEGEL HINWEISEN!

Existiert am Ort ein qualifizierter Mietspiegel, dann sind Sie nach § 558a Abs. 3 BGB verpflichtet, die Angaben, die für die Mietwohnung zutreffen, mitzuteilen – auch wenn Sie Ihr „Mieterhöhungsverlangen" anders begründen. Solche qualifizierten Mietspiegel sind noch nicht sehr verbreitet. Ob für Ihr Mietobjekt ein solcher Mietspiegel existiert, erfahren Sie beim örtlichen Haus- und Grundbesitzerverein oder auch bei den örtlichen Behörden.

Welche Begründung ist die beste?

Zulässig sind alle vier Begründungen. Im Prinzip könnten Sie sich auch über einen qualifizierten Mietspiegel hinwegsetzen. Allerdings müssten Sie, wenn Ihr Mieter die Zustimmung verweigert, gerichtlich prüfen lassen, ob der qualifizierte Mietspiegel tatsächlich die ortsübliche Vergleichsmiete korrekt wiedergibt. Im Allgemeinen keine verlockende Aussicht.

Ansonsten haben alle vier Begründungen ihre Tücken: Die Mietspiegel werden von Vermieterseite etwas skeptisch beurteilt, weil die dort gemachten Preisangaben womöglich eher unter den tatsächlichen Marktpreisen liegen. Aber immerhin: Angaben aus einem Mietspiegel oder einer Mietdatenbank (von denen noch nicht viele existieren) sind leicht zu beschaffen und besser als gar nichts. Ein Sachverständigengutachten ist teuer (300 bis 500 Euro), zumal nur Gutachten von öffentlich bestellten und vereidigten Sachverständigen anerkannt werden.

Die Regelung mit den drei Vergleichswohnungen verschafft Ihnen womöglich den größten Spielraum, doch sind gerade Privatvermieter oft nicht in der Lage, die erforderlichen Angaben zu beschaffen (→ Falle 57).

SIE MÜSSEN DEN (FRISTGERECHTEN) ZUGANG NACHWEISEN

Damit Ihr Mieterhöhungsverlangen wirksam wird, muss es rechtzeitig bei Ihrem Mieter eingehen (→ Falle 56). Der entscheidende Punkt ist: Sie müssen diesen Eingang notfalls nachweisen. Zwar ist ein Einschreiben die übliche Form, den Zugang zu belegen. Doch wie bereits erwähnt (→ Falle 34): Beweiskräftig ist allein eine Zustellung per Gerichtsvollzieher, die im Normalfall für Irritation sorgen dürfte.

Was muss in das Anschreiben hinein?

Damit Ihr „Mieterhöhungsverlangen" Erfolg hat, kommt es auf zwei Dinge an: Nachvollziehbarkeit und Vollständigkeit. Alle wesentlichen Informationen, die Ihr Mieter braucht, um Ihr Ansinnen beurteilen zu können, müssen Sie ihm übermitteln und alle relevanten Fristen angeben.

■ Beziehen Sie sich auf die derzeitg gültige Miete und geben Sie an, seit wann diese Miete gilt.

■ Verweisen Sie nach Möglichkeit auf die gesetzliche Regelung, die hier relevant ist. Erwähnen Sie, dass Sie nach § 558 Abs. 1 BGB berechtigt sind, die Zustimmung zu einer Mieterhöhung zu verlangen.

■ Geben Sie den Betrag an, um den die Mieter erhöht werden soll, und teilen Sie mit, ab wann die neue Miete zu zahlen ist.

■ Die Begründung, auf die Sie sich stützen, muss vollständig und nachvollziehbar sein: Sie dürfen also nicht bloß auf den Mietspiegel verweisen, sondern müssen erklären, das heißt: vorrechnen, wie Sie zu der höheren Miete gekommen sind. Ist der Mietspiegel allgemein zugänglich, müssen Sie keine Kopie davon beifügen. Sie können dem Mieter auch anbieten, den Mietspiegel in Ihrem Büro einzusehen (vgl. BGH, Urteile vom 11. März 2009 (Az. VIII ZR 74/08) und vom 17. September 2008 (Az. VIII ZR 58/08)). Das Sachverständigen-Gutachten müssen Sie in vollem Wortlaut beifügen. Und die Vergleichswohnungen müssen für den Mieter zweifelsfrei identifizierbar sein (z. B. Straße, Hausnummer und Stockwerk sowie ggf. Lage (links, Mitte, rechts) oder Name des Mieters.

■ Fordern Sie Ihren Mieter ausdrücklich auf zuzustimmen. Eine schlichte Mitteilung und Begründung der Mieterhöhung ist unwirksam.

■ Setzen Sie ihm eine ausreichende Frist (→ Falle 56). Teilen Sie ihm mit, dass Sie die Zustimmung gerichtlich einklagen werden, wenn bis zum Ablauf dieser Frist die Zustimmung nicht vorliegt.

Sie haben Anspruch auf Zustimmung

Moment mal, hatten wir nicht vorhin ausdrücklich davor gewarnt zu drohen (→ Falle 53)? Und jetzt ist doch wieder vom Verklagen die Rede? Nun, der Unterschied liegt auf der Hand: Vorhin ging es um eine freiwillige Übereinkunft. Da sind solche Hinweise in der Tat unangebracht. Doch im vorliegenden Fall geht es darum, dass Sie einen Anspruch darauf haben, dass der Mieter zustimmt. Vorausgesetzt natürlich dass Ihre Mieterhöhung berechtigt ist. In diesem Fall sind Sie gezwungen zu handeln, wenn Ihr Mieter Ihnen Ihre Ansprüche streitig macht. Sie drohen also nicht, sondern Sie setzen ihn in Kenntnis, was geschieht, wenn er nicht zustimmt.

 VEREINFACHTE ZUSTIMMUNG

Sie können Ihrem Mieter die Zustimmung erleichtern, indem Sie das Schreiben in zweifacher Ausfertigung an ihn schicken und das Doppel mit dem Zusatz versehen „Ich bin/wir sind mit der vorstehenden Mieterhöhung einverstanden". Lassen Sie Felder frei für Ort, Datum und Unterschrift und bitten Sie den Mieter das unterschriebene Exemplar an Sie zurückzuschicken.

Falle 56: Sie beachten die Fristen nicht

Bei der Mieterhöhung sind nicht weniger als fünf Fristen zu beachten. Wenn Sie nur eine davon nicht einhalten, ist Ihr Mieterhöhungsverlangen nicht ordnungsgemäß. Ihr Mieter muss darauf nicht einmal eingehen und Sie können mit dem ganzen Verfahren noch einmal von vorn beginnen, wenn Sie es nicht nachbessern (→ Falle 59).

Ab wann dürfen Sie die Miete erhöhen?

Es sind gleich zwei Fristen maßgebend, wenn es um die Frage geht, ab wann Sie frühestens die Miete erhöhen dürfen. Zunächst einmal muss die Miete nach § 558 BGB mindestens 15 Monate lange unverändert bleiben.

Zugleich aber – und in diese Falle könnten gerade Vermieter geraten, die auf „Nummer sicher" gehen wollen – darf das Erhöhungsschreiben frühestens zwölf Monate nach dem Wirksamwerden der letzten Erhöhung (bzw. dem Mietbeginn) beim Mieter eingehen. Kündigen Sie also vorsorglich besonders früh Ihre geplante Erhöhung an, könnte sie unwirksam werden (BGH RE, WM 1993, S. 388).

EIN JAHR RUHE

> Vor vierzehn Monaten hat Herr Gerges schon einmal Post von seiner Vermieterin wegen einer Mieterhöhung bekommen. Nun geht wieder so ein Schreiben bei ihm ein. Herr Gerges rechnet nach: Die Mieterhöhung soll erst in vier Monaten wirksam werden. Dann hat er 15 Monate lang die bisherige Miete bezahlt hat. Das ist nicht zu beanstanden. Doch ist die alte Mieterhöhung erst vor elf Monaten wirksam geworden. Das Schreiben seiner Vermieterin hat ihn also einen Monat zu früh erreicht; die Mieterhöhung ist damit unwirksam.

Zwei Monate Zeit zu prüfen

Sie müssen Ihrem Mieter ausreichend Zeit einräumen, Ihre Begründung zu überprüfen. Es sind dafür mindestens zwei Monate vorgesehen. Genauer gesagt muss der Mieter bis zum Ablauf des zweiten Kalendermonats, der auf den Zugang des Schreibens folgt, seine Zustimmung erteilen. Die neue

Miete ist dann für den darauf folgenden Monat zu zahlen. Das klingt komplizierter, als es ist: Geht Ihr Schreiben im Januar beim Mieter ein, muss er bis zum 31. März zustimmen und ab dem 1. April die neue Miete bezahlen.

Nach einem Urteil des OLG Koblenz gilt diese Frist auch dann, wenn Sie in Ihrem Schreiben den Zeitpunkt, ab dem die neue Miete zu zahlen ist, nicht erwähnt haben (RE, WM 1983, S. 132). Dennoch empfehlen wir im Sinne größtmöglicher Klarheit die Frist anzugeben.

 MIETER SCHWEIGT? KÜNDIGEN SIE KLAGE AN.

Lässt Ihr Mieter die Frist verstreichen, ohne sich zu äußern? Dann könnten Sie die Überweisung der nächsten Miete abwarten. Zahlt der Mieter die höhere Miete, dürfte das als Zustimmung zu deuten sein – erst recht, wenn er einen Dauerauftrag ändert (LG Kiel 1993, S. 198). Und doch sollten Sie wissen, dass manche Gerichte eine einmalige Zahlung der höheren Miete nicht als Zustimmung anerkennen (AG Flensburg, WM 1991, S. 356).

Um auf Nummer sicher zu gehen, sollten Sie sich nach Eingang der (höheren) Miete mit dem Mieter in Verbindung setzen und ihn auffordern, Ihnen mitzuteilen, wie Sie seine Zahlung zu verstehen haben. Will er das nicht als Zustimmung verstanden wissen, sollten Sie Klage einreichen, um die Klagefrist einzuhalten. Ist er aber einverstanden, sollten Sie sich das schriftlich bestätigen lassen. Darauf haben Sie Anspruch (LG Wiesbaden, WM 2000, S. 195).

Zwei Monate Klagefrist

Verweigert der Mieter seine Zustimmung, haben Sie noch zwei Monate Zeit, um Klage einzureichen. Halten Sie diese knappe Frist unbedingt ein, denn wenn Sie das nicht tun, ist die Mieterhöhung vom Tisch – auch wenn sie wirksam gewesen wäre. Und was genauso bitter ist: Die nächste Mieterhöhung können Sie erst wieder nach Ablauf eines Jahres stellen!

Alle fünf Fristen

Zur besseren Übersicht haben wir vier Beispiele aufgeführt. Der Beginn eines Mietverhältnisses hat die gleiche Bedeutung wie die „letzte Mieterhöhung". Zusätzlich sind noch Wochenenden und Feiertage zu beachten.

MIETERHÖHUNG

Letzte Miet-erhöhung	Zugang des Schreibens	Mieter darf prüfen bis	Höhere Miete gilt ab	Klagefrist endet am
1.1. Vorjahr	1.–31. Januar	31. März	1. April	31.Mai
1.4. Vorjahr	1.–30. April	30.Juni	1. Juli	31. August
1.6. Vorjahr	1.–30. Juni	31. August	1. September	30. Oktober
1.10. Vorjahr	1.–31. Oktober	31. Dezember	1. Januar	28./29. Februar

MODERNISIERUNG ODER HÖHERE BETRIEBSKOSTEN

Die Fristen beziehen sich nur auf Erhöhungen auf die „ortsübliche Vergleichsmiete". Haben Sie zwischendurch einmal die Miete wegen einer Modernisierung oder wegen höherer Betriebskosten angehoben, so werden die nicht berücksichtigt.

Falle 57: Sie finden keine Vergleichswohnungen

Eigentlich eine praktische Sache: Um Ihre Mieterhöhung zu begründen, verweisen Sie auf drei Wohnungen, die in ihrer Art, Größe, Ausstattung, Beschaffenheit und Lage mit Ihrem Objekt vergleichbar sind. Sie dürfen Vergleichswohnungen aus dem eigenen Bestand angeben, was für die allermeisten Vermieter jedoch nur eine sehr theoretische Möglichkeit darstellen dürfte. Davon abgesehen dürfen Sie die Miete pro Quadratmeter allenfalls auf das Niveau der preisgünstigsten Vergleichswohnung anheben. Bilden Sie einen Durchschnittswert, ist Ihre Mieterhöhung unwirksam.

Doch die eigentliche Schwierigkeit für die meisten Vermieter beginnt viel früher. Es ist nämlich gar nicht so einfach, geeignete Vergleichswohnungen aufzuspüren und dann noch die Höhe der Miete in Erfahrung zu bringen.

Eine schwierige Suche

Woher sollen die Vergleichswohnungen kommen? Wie verschaffen Sie sich die nötigen Informationen über Größe, Ausstattung und Miethöhe? Die Antwort lautet schlicht: Da müssen Sie sich selbst behelfen.

- Die Vergleichswohnungen müssen sich am selben Ort, in derselben Gemeinde oder im selben Stadtteil befinden. Werden Sie dort nicht fündig, wird es auch mal akzeptiert, wenn Sie ein Objekt in einer vergleichbaren Nachbargemeinde angeben.

- Welches Haus, welche Wohnanlage entspricht in etwa derjenigen, in der sich Ihre Mietwohnung befindet? Haben Sie vergleichbare Objekte entdeckt, müssen Sie nun die Fakten klären: Wie groß ist die Wohnung, wie ist die Ausstattung, wie hoch ist die Miete? Das erfahren Sie nur, indem Sie danach fragen. Allerdings ist niemand verpflichtet, Ihnen darüber Auskunft zu erteilen. Und von den dort wohnenden Mietern können Sie für Ihr Anliegen nicht unbedingt besondere Unterstützung erwarten.

- Sie müssen Kompromisse machen: Die betreffenden Wohnungen müssen nicht „gleich", sondern nur vergleichbar sein. Sie dürfen also etwas größer oder etwas kleiner sein. Wohnungen, die um mehr als 30 % kleiner sind, kommen jedoch als Vergleichswohnung nicht infrage.

- Allzu große Unterschiede werden nicht anerkannt: So können Sie nicht teure Apartments heranziehen, um die Miete in einer normalen Wohnung zu erhöhen. Ebenso tabu sind Gewerberäume oder Objekte mit besonderer Nutzung wie etwa eine Wohnung, die zur Unterbringung von Obdachlosen oder Flüchtlingen angemietet wurde (LG Hannover, WM 2000, S. 360).

KNÜPFEN SIE KONTAKTE ZU ANDEREN VERMIETERN

Die zuverlässigsten Informationen bekommen Sie bei denen, die in der gleichen Situation sind wie Sie. Nutzen Sie daher jede Gelegenheit, mit anderen Vermietern in Kontakt zu kommen. In kleineren Gemeinden, wo jeder jeden kennt, ist das am unproblematischsten. Doch auch als Besitzer einer Eigentumswohnung in einer großen Wohnanlage ist es oft nicht schwer, Kontakte zu anderen Vermietern zu finden. Nutzen Sie die nächste Eigentümerversammlung, um andere Vermieter anzusprechen. Vergleichswohnungen dürfen sich nämlich durchaus im selben Haus befinden. Ja, in diesem Fall ist die Vergleichbarkeit besonders gegeben.

An vielen Orten existieren Vermietervereine oder Ortsvereine des Haus- und Grundbesitzervereins. Auch dort können Sie sich über Kontaktmöglichkeiten informieren.

Diese Angaben müssen Sie machen

Wir haben es schon kurz angesprochen: Die Vergleichswohnung muss für Ihren Mieter eindeutig identifizierbar sein.

- Sie müssen also die genaue Adresse angeben, einschließlich Geschoss und genaue Lage.

- Darüber hinaus müssen Sie den Quadratmeterpreis angeben, denn den machen Sie zur Grundlage Ihrer Mieterhöhung.

- Weist die Wohnung irgendwelche Besonderheiten auf (Sonderausstattung, Extras), müssen Sie das ebenfalls angeben (BVerfG, WM 1989, S. 62). Unter Umständen müssen Sie bei einer besser ausgestatteten Wohnung auch einen Abschlag einkalkulieren, die Vergleichsmiete also niedriger ansetzen.

ACHTUNG, NICHT SCHUMMELN!

Stoßen sie bei der Suche nach Vergleichswohnungen ständig auf Hindernisse, mag manchen Vermietern der Gedanke kommen, die eine oder andere fehlende Information, sagen wir, „sinngemäß zu ergänzen". In der Überzeugung: Wenn sie einigermaßen glaubwürdig erdichtet sind, prüft der Mieter diese Angaben doch sowieso niemals nach. Doch davor können wir nur eindringlich warnen: Wenn die Schummelei auffliegt, wird nicht nur Ihre Mieterhöhung nichtig. Sie riskieren auch eine Anzeige wegen Betrugs. Wenn Sie bei Ihrer Suche also gar nicht weiterkommen, dann ist das Sachverständigengutachten immer noch wesentlich günstiger als ein „fauler Trick".

Falle 58: Sie halten die Kappungsgrenze nicht ein

Wenn Sie die Miete auf die „ortsübliche Vergleichsmiete" anheben, müssen Sie darauf achten, die sogenannte „Kappungsgrenze" nicht zu überschreiten. Der Gesetzgeber schreibt in § 558 Abs. 3 BGB nämlich vor, dass Sie die Miete innerhalb von drei Jahren um nicht mehr als 20 % erhöhen dürfen – auch wenn Sie durch Mietspiegel, Gutachten oder Vergleichswohnungen berechtigt wären, die Miete stärker anzuheben. Halten Sie sich nicht an die Kappungsgrenze, kann Ihr Mieter Ihr „Mieterhöhungsverlangen" entsprechend kürzen.

So berechnen Sie die Kappungsgrenze

Als erstes ermitteln Sie die Höhe der Miete, die der Mieter vor drei Jahren gezahlt hat, die Ausgangsmiete. Dabei rechnen Sie von dem Zeitpunkt, ab dem die neue Miete gezahlt werden soll, drei Jahre zurück. Halten Sie sich also an den üblichen Zeitplan (→ Falle 56), rechnen Sie 33 Monate zurück (denn die Mieterhöhung wird ja erst in drei Monaten wirksam).

Dabei betrachten Sie die reine Netto-Miete, also ohne die Vorauszahlungen für die Nebenkosten (LG Berlin, GE 1989, S. 721). Haben Sie eine „Warmmiete" oder „Teilinklusivmiete" vereinbart, so müssen Sie allerdings nicht den Anteil der Nebenkosten herausrechnen, sondern dürfen den vollen Betrag ansetzen (OLG Hamm 4 REMiet 2/84, WM 1983, S. 121). Diesem Betrag stellen Sie die Miete gegenüber, auf die Sie erhöhen wollen. Sie berechnen die Differenz und haben nun den reinen Erhöhungsbetrag. Macht dieser Erhöhungsbetrag mehr als 20 % der Ausgangsmiete aus, so haben Sie die Kappungsgrenze überschritten. Wichtig: Haben Sie die Miete in der Zwischenzeit wegen Modernisierung erhöht, so dürfen Sie diesen Betrag einfach herausrechnen.

KAPPUNGSGRENZE UND MODERNISIERUNG

Herr Reichow will zum 1. September 2006 die Miete auf 600 Euro erhöhen. Vor drei Jahren betrug die Miete noch 480 Euro. Die Differenz beträgt 120 Euro. Das sind 25 % von 480 Euro. Eine solche Mieterhöhung wäre nicht zulässig. Die Kappungsgrenze liegt bei 20 % von 480 Euro, also bei 96 Euro.

Nun hat Herr Reichow aber vor einem Jahr die Miete wegen Modernisierung um 40 Euro auf 520 Euro erhöht. Diese 40 Euro darf Herr Reichow von seinen 120 Euro abrechnen, denn sie sind ja der Modernisierung geschuldet, der „echte" Differenzbetrag ist demnach 80 Euro. Also liegt die geplante Mieterhöhung unterhalb der Kappungsgrenze. Ja, er könnte die Miete sogar auf 616 Euro anheben, wenn das denn der „ortsüblichen Vergleichsmiete" entspricht.

Mieterhöhung ohne Kappungsgrenze

Die Kappungsgrenze ist nur für die Erhöhung auf die „ortsübliche Vergleichsmiete" relevant. Wenn Sie wegen Modernisierungsmaßnahmen (→ Falle 60) oder gestiegener Nebenkosten (→ Falle 61) die Miete erhöhen müssen, hat die Kappungsgrenze für Sie keine Bedeutung. Sie gilt im Übrigen auch nicht für die sogenannten „Fehlbeleger" ehemaliger Sozialwohnungen, also für Mieter, die damals eine Fehlbelegungsabgabe zahlen mussten.

KAPPUNGSGRENZE BEI MIETERWECHSEL

Was gilt, wenn vor drei Jahren noch ein anderer Mieter bei Ihnen wohnte? Dann ist die damalige Miete völlig irrelevant. Maßgeblich ist in diesem Fall die erste Miete, die Ihr aktueller Mieter zu entrichten hatte. Sie darf nicht um mehr als 20 % steigen.

Falle 59: Ihr Mieter stimmt nicht zu

Viele Vermieter fallen aus allen Wolken, wenn ihr Mieter einer Mieterhöhung die Zustimmung verweigert. Was sollen sie jetzt tun? Klage einreichen? Oder es noch einmal im Guten versuchen? Oder die Mieterhöhung zurückziehen, weil sie sich jetzt doch nicht mehr so sicher sind? In eine solche Situation sollten Sie gar nicht erst geraten. Bei jeder Mieterhöhung sollten Sie genau wissen, was zu tun ist, wenn Ihr Mieter nicht zustimmt.

Erst prüfen, dann klagen

Anders als beim Widerspruch gegen die Nebenkostenabrechnung muss Ihr Mieter nicht begründen, warum er seine Zustimmung verweigert. Er muss Ihnen nicht einmal schriftlich antworten, es genügt, wenn er gar nichts tut.

Für Sie ist es in jedem Fall besser, wenn Sie wissen, aus welchen Gründen Ihr Mieter nicht zustimmt. Vielleicht haben Sie ja tatsächlich etwas übersehen. Oder aber Ihr Mieter nennt Gründe, die absolut nicht stichhaltig sind wie etwa: „Sie haben die Mieterhöhung nicht unterschrieben." Dann können Sie dieses Missverständnis ausräumen oder Sie müssen Ihr Recht einklagen.

Bevor Sie Klage einreichen, empfiehlt es sich dringend, die Mieterhöhung noch einmal zu überprüfen. Haben Sie alles richtig gemacht? Dann gibt es keinen Grund, länger zu zögern, wenn Sie zu Ihrem Recht kommen wollen. Klagen Sie!

Und wenn der Mieter teilweise zustimmt?

Es gibt auch den Fall, dass der Mieter Ihre Mieterhöhung nicht in vollem Umfang akzeptiert. Dann stimmt er „teilweise" zu, nämlich nur bis zu einer gewissen Höhe. Hier sollten Sie versuchen herauszubekommen, was hinter diesem „Gegenvorschlag" steckt. Und es hängt natürlich davon ab, auf wie sicheren Füßen Ihre Mieterhöhung steht. Selbstverständlich müssen Sie sich nicht herunterhandeln lassen, wenn Ihr Mieterhöhungsverlangen auf jeden Fall durchgeht, weil das ortsübliche Preisniveau noch höher liegt. Womöglich aber sind Sie besser beraten, wenn Sie mit Ihrem Mieter einen Kompromiss aushandeln, als wenn Sie Ihre Mieterhöhung durch Gerichtsbeschluss nach unten korrigieren müssen.

KLAGEN, ABER NICHT KÜNDIGEN

Wenn Ihr Mieter nicht zustimmt, dann müssen Sie ihn beim Amtgericht auf Zustimmung verklagen. Kündigen können Sie ihm nicht, auch wenn seinen Gründen nicht zuzustimmen ist oder sie nur vorgeschoben sind. Stellt Ihr Mieter jedoch seine Mietzahlungen ein (→ Falle 68) oder lässt sich irgendetwas anderes zuschulden kommen, was eine Kündigung rechtfertigt, dann ist eine Kündigung natürlich schon möglich – aber eben unanhängig davon, ob er der Mieterhöhung zustimmt oder nicht.

Nachbessern vor Gericht

Ziehen Sie vor Gericht und stellen Sie fest, dass Ihr Erhöhungsverlangen doch nicht so lupenrein war wie gedacht, so können Sie nach § 558d Abs. 3 BGB das Erhöhungsverlangen im Rechtsstreit nachholen oder aber die Fehler, die es unwirksam gemacht haben, beheben. Das lohnt sich ganz gewiss, auch wenn die Kosten des Verfahrens bei Ihnen hängen bleiben, denn nicht Ihr Mieter, sondern Sie haben ja nicht ordnungsgemäß die Miete erhöht.

Darüber hinaus hat Ihr Mieter wiederum Zeit, Ihren korrigierten Vorschlag zu prüfen. Die Frist läuft genau wie beim ersten Versuch wiederum bis zum Ablauf des zweiten Monats, der auf den Zugang des verbesserten Angebots folgt. Die neue Miete gilt dann ab dem dritten Monat. Solchen vor Gericht nachgebesserten Mieterhöhungsverlangen wird in aller Regel die Zustimmung erteilt.

Falle 60: Ihr Mieter wehrt sich gegen eine Modernisierung

Wenn Sie eine Maßnahme zur Modernisierung durchführen lassen, können Sie nach § 559 BGB die Miete erhöhen. Davon ausgenommen sind nur Staffelmietverträge, in denen die Mieterhöhungen während der Laufzeit ja nun einmal festgeschrieben sind. Wichtige Voraussetzung für eine Mieterhöhung ist, dass die geplanten baulichen Veränderungen

- den Gebrauchswert der Wohnung erhöhen und

- die Wohnverhältnisse nachhaltig und auf Dauer verbessern oder

- Einsparungen von Energie oder Wasser ermöglichen oder

- wegen besonderer Umständen durchgeführt werden müssen, die Sie nicht zu verantworten haben (z. B. behördliche Auflagen).

Wie bei der Erhöhung auf die ortsübliche Vergleichsmiete, müssen Sie auch hier ein „Mieterhöhungsverlangen" an den Mieter richten. Er muss der Erhöhung also zustimmen. Doch das geschieht nicht immer. Manche Mieter bestreiten, dass die Modernisierung den Gebrauchswert ihrer Wohnung erhöht habe, sie fühlen sich nicht rechtzeitig informiert oder sie machen geltend, dass die Modernisierung für sie eine „unzumutbare Härte" darstellt.

Der Gebrauchswert der Mietsache

Ein typischer Einwand gegen eine Modernisierungsmaßnahme: Die bauliche Veränderung bringe für den Mieter keine Verbesserung. Häufig ist dieses Argument jedoch nicht stichhaltig, denn bei der Modernisierung geht es nicht um die persönlichen Vorlieben des Mieters, sondern um eine Verbesserung nach allgemeineren Maßstäben.

Das heißt beispielsweise, ein älterer Mieter kann nicht den Bau eines Kinderspielplatzes mit dem Argument verhindern, dass er keinen Gebrauchswert für ihn darstelle. Selbstverständlich muss er auch die höhere Miete zahlen. Ebenso wie der Fernsehmuffel, der sich dagegen ausspricht, dass seine Wohnung an das Breitband-Kabelnetz angeschlossen wird.

Objektiv gesehen erhöhen solche Maßnahmen den Wohnwert, und darauf kommt es an. Für eine Wohnung, die besser ausgestattet ist, können Sie eine höhere Miete verlangen. Allerdings gibt es Grenzen: Unzweckmäßigen oder übertriebenen Aufwand kann der Mieter durchaus beanstanden. Ebenso lassen sich Energiesparmaßnahmen kippen, die keine Entlastung bringen. Sie bringen keine Verbesserung, sondern sind einfach überflüssig (LG Berlin, MM 2000, S. 278).

ERHALTUNG DER BAUSUBSTANZ IST KEINE MODERNISIERUNG

Reparaturarbeiten und Maßnahmen, die der Erhaltung der Bausubstanz oder der Verschönerung dienen, werden nicht als Modernisierung anerkannt. Deswegen dürfen Sie nicht die Miete erhöhen.

Anerkannt werden hingegen Maßnahmen zur Wärmedämmung, die Verbesserung des Schallschutzes, der Einbau von Aufzügen, Rollläden, Toiletten, Bädern oder Isolierglasfenstern ebenso wie die Einrichtung eins Spielplatzes oder die Hofbegrünung.

Modernisieren nach der Energieeinsparverordnung

Aus Gründen des Klimaschutzes und um den Energieverbrauch zu senken, gilt seit dem 1. Oktober 2009 die neue Energieeinsparverordnung, kurz EnEV. Auf die können Sie sich berufen, um entsprechende Modernisierungsmaßnahmen zu begründen. Denn Sie sind dazu gesetzlich verpflichtet. Unterlassen Sie die Maßnahmen, kann Ihr Mieter sogar die Miete mindern. Bei der ENEV sind drei Punkte zu beachten:

- Im Haus muss die Decke des obersten Stockwerks oder das Dach mit einer Wärmedämmung versehen sein. Dabei darf der so genannte „Wärmedurchgangskoeffizient" den Wert von 0,24 Watt (qm/K) nicht überschreiten. Stichtag ist der 1. Januar 2012.

- Nachtstromspeicherheizungen, die älter sind als dreißig Jahre, müssen in Gebäuden mit mindestens sechs Einheiten ausgetauscht werden. Für kleinere Häuser gilt diese Bestimmung nicht. Stichtag ist der 31. Dezember 2019.

- Wird die Wärmedämmung erneuert oder lassen Sie die Fenster austauschen, gelten ab sofort strengere Grenzwerte: Sie liegen 30% niedriger als die bisher geltenden. Allerdings können Sie auch durch den Einbau einer neuen Heizungsanlage den Energiebedarf um 30% reduzieren, um den Bestimmungen Genüge zu tun.

Den dritten Punkt muss man sich ganz genau anschauen. Sie sind keineswegs verpflichtet, die Dämmung zu erneuern oder neue Fenster einbauen zu lassen. Aber wenn Sie es tun, dann gelten die neuen Grenzwerte.

Die Mitteilungspflicht des Vermieters

Drei Monate vor dem Beginn der Arbeiten müssen Sie Ihren Mieter über Art, Umfang, Beginn, Dauer und voraussichtliche Kosten der Modernisierung informieren. Dient sie der Energieeinsparung, müssen Sie Ihrem Mieter auseinander setzen, wie hoch die Ersparnis voraussichtlich sein wird (LG Lübeck, WM 1990, S. 499).

Nur wenn Sie Ihrer Mitteilungspflicht nachkommen, besteht für den Mieter „Duldungspflicht", Das heißt, er muss alles unterlassen, was die Arbeiten behindern könnte. Nun finden etliche Modernisierungen statt, ohne dass der Mieter rechtzeitig und/oder im erforderlichen Umfang informiert wurde. Damit gehen Sie jedoch ein hohes Risiko ein. Wenn es Ihr Mieter darauf anlegt, kann er Ihnen das Leben sehr schwer machen. Er lässt die Handwerker nicht in seine Wohnung; immerhin besteht keine „Duldungspflicht". Im Extremfall könnte er die ganzen Bauarbeiten per einstweiliger Verfügung stoppen lassen. Auch wenn das nicht bedeuten muss, dass Sie gezwungen sind, die Modernisierung abzublasen – so wird es doch sehr teuer.

 INFORMIEREN SIE IHREN MIETER RECHTZEITIG UND UMFASSEND

Steht eine Modernisierung an, können Sie sich viel Ärger sparen, wenn Sie die dreimonatige Frist einhalten und möglichst genau erklären, was auf Ihren Mieter zukommt. Diese Erklärung können Sie schriftlich abgeben (→ Falle 55); Ihr Mieter muss sich zu der Ankündigung nicht äußern, er muss der Modernisierung also nicht zustimmen. Wenn Sie nichts von ihm hören – umso besser.

Die „unzumutbare Härte"

Ihr Mieter kann die geplante Modernisierung unterbinden, wenn sie für ihn eine „unzumutbare Härte" darstellt. Dabei sind Ihre Interessen als Vermieter wie auch die Interessen der anderen Mieter dagegen abzuwägen. In der Praxis hat Ihr Mieter vor allem in drei Fällen Aussichten, die Modernisierung zu kippen:

- Die Bauarbeiten sind dem Mieter nicht zuzumuten, weil sie seine Gesundheit beeinträchtigen. Dies gilt in erster Linie für ältere und schwer kranke Mieter. Aber auch Personen, die zum Haushalt des Mieters gehören, müssen hier berücksichtigt werden.

- Die Folgen der Modernisierung sind für den Mieter nachteilig, weil sich beispielsweise der Zuschnitt seiner Wohnung ändert.

- Die zu erwartende Mieterhöhung ist für Ihren Mieter nicht zumutbar, weil er sich dann die Wohnung nicht mehr leisten kann. Eine Luxussanierung gegen den Willen des Mieters soll es nicht geben.

Wiegen diese Argumente schwer genug, dann kann ein einziger Mieter die Modernisierung verhindern, auch wenn alle anderen Hausbewohner die Maßnahmen wünschen. Möglicherweise kommen Sie nur zu Ihrer Modernisierung, wenn Sie dem betreffenden Mieter einen Ausgleich anbieten. Lässt er sich darauf nicht ein, müssen Sie die Modernisierung erst einmal zurückstellen.

Falle 61: Die Kosten der Modernisierung umlegen

Bereits wenn Sie die Modernisierung ankündigen, müssen Sie Ihrem Mieter mitteilen, was ungefähr an Kosten auf ihn zukommt. Dieser Betrag sollte den tatsächlichen Kosten möglichst nahe kommen, denn eine Abweichung von mehr als 10 % (nach oben, versteht sich), verzögert die Mieterhöhung um ganze drei Monate.

Darüber hinaus versuchen Mieter mit drei Argumenten, die Kosten für die Modernisierung zu beanstanden und so die Mieterhöhung noch abzumildern: Die Modernisierung war zu teuer, die Kostenverteilung ist ungerecht oder aber die Modernisierung verdeckt eine Instandsetzungsmaßnahme, die fällig gewesen wäre und für die der Vermieter hätte aufkommen müssen.

Wie legen Sie die Kosten um?

Nach Abschluss der Bauarbeiten richten Sie ein „Mieterhöhungsverlangen" an Ihren Mieter. Darin rechnen Sie ihm die tatsächlich entstandenen Kosten vor. 11 % der Kosten, die das Mietobjekt betreffen, können Sie auf die Jahresmiete umlegen. Sind mehrere Wohnungen Nutznießer der Modernisierung, müssen Sie die Kosten verteilen – und zwar möglichst gerecht, sonst kann Ihr Mieter die Mieterhöhung anfechten.

Wird beispielsweise eine Wohnung mit fünf neuen Fenstern ausgestattet, muss sie anteilig stärker an den Kosten beteiligt werden als eine Wohnung, bei der nur drei oder vier Fenster erneuert wurden. Und beim Einbau eines Fahrstuhls sollten Sie von vornherein die Mieter abgestuft nach dem Stockwerk, das sie bewohnen, belasten. Der Bewohner des Erdgeschosses hat gute Chancen, ganz um eine Mieterhöhung herumzukommen, wenn der einzige Vorteil, den er aus dem Fahrstuhl zieht, darin besteht, in den Keller zu gelangen (LG München, WM 1989, S. 27).

 ZUSCHÜSSE UND GÜNSTIGE DARLEHEN BERÜCKSICHTIGEN

Erhalten Sie von dritter Seite irgendwelche Zuschüsse oder zinsverbilligte Darlehen, müssen Sie das gemäß § 559a BGB von den Kosten abrechnen. Beim Darlehen legen Sie den marktüblichen Zinssatz für erstrangige Hypotheken zugrunde, der gilt, wenn die Modernisierung abgeschlossen wurde. Die Differenz zu Ihrem Darlehen, genauer: das, was Sie in einem Jahr durch den günstigen Kredit sparen, ziehen Sie von den 11 % ab, die Sie auf die Jahresmiete umlegen.

Modernisierung zu teuer?

Als Vermieter sind Sie dem Grundsatz der Wirtschaftlichkeit verpflichtet und dürfen das Geld, das ja Ihr Mieter aufbringen muss, nicht für nutzlose Maßnahmen vergeuden. Auf der anderen Seite sind Sie bei der Auswahl der Handwerksbetriebe frei und keineswegs gezwungen, das günstigste

Angebot wahrzunehmen. Nur wenn die Kosten den Rahmen des Üblichen überschreiten, wird Ihr Mieter die Mieterhöhung erfolgreich anfechten und auf ein Normalmaß absenken können.

Ganz anders liegt der Fall, wenn es nicht um überhöhte Preise geht, sondern die Modernisierungsmaßnahme selbst dem Mieter zu kostspielig erscheint. Dann muss er sie als „unzumutbare Härte" (→ Falle 60) beanstanden. Haben Sie ihn jedoch rechtzeitig und zutreffend über die Modernisierung informiert und der Mieter kommt erst beim „Mieterhöhungsverlangen" auf die Idee, die Maßnahme infrage zu stellen, hat er wenig Aussicht, um die Mieterhöhung herumzukommen.

Modernisierung verdeckt Instandsetzung

Daran denken die wenigsten Vermieter: Sie können die Kosten für eine Modernisierung nicht in voller Höhe ansetzen, wenn ohnehin eine Reparatur oder eine Erneuerung fällig gewesen wäre. Tauschen Sie ein morsches Holzfenster gegen ein modernes Isolierglasfenster aus, dann müssen Sie die Kosten, die für ein neues Holzfenster angefallen wären, abrechnen. Wäre diese Maßnahme allerdings erst in ein paar Jahren fällig, müssen Sie keinen Abzug vornehmen (OLG Hamm, RE, WM 1981, S. 129).

WARTEN SIE NICHT ZU LANGE MIT DER MODERNISIERUNG

Manche Vermieter zögern Modernisierungsmaßnahmen hinaus, weil sie meinen, die Sache lohnt sich erst, wenn die bestehenden Einrichtungen richtig abgenutzt sind. Wie erwähnt ist das gerade nicht der Fall. Auch wenn viele Mieter nicht wissen, dass sie von Ihnen verlangen können, die Kosten für eine Reparatur oder Erneuerung abzuziehen – vermeiden Sie Ärger und lassen Sie die Modernisierungsmaßnahmen nicht zu spät durchführen.

Wann wird die neue Miete fällig?

Haben Sie alles richtig gemacht, muss Ihr Mieter zu Beginn des dritten Monats nach dem Zugang Ihrer Abrechnung die höhere Miete zahlen. Genauer gesagt, handelt es sich bei dieser Abrechnung wiederum um ein „Mieterhöhungsverlangen", das den gleichen Anforderungen unterliegt,

wie wir sie bereits kennen gelernt haben (→ Falle 55). Achten Sie auf
Transparenz und Nachvollziehbarkeit, dann sollte wenig schief gehen.

Haben Sie die Modernisierung nicht rechtzeitig oder gar nicht angekündigt, dann muss der Miete die höhere Miete gemäß § 559b Abs. 2 BGB erst
nach sechs Monaten zahlen. Gleiches gilt für den Fall, wenn die tatsächli-
che Mieterhöhung um mehr als 10 % über dem angekündigten Betrag
liegt.

Falle 62: Mieterhöhung wegen gestiegener Nebenkosten

Vermieter, die eine Inklusiv- oder Teilinklusivmiete vereinbart haben, erhöhen die Miete manchmal mit der Begründung, die Nebenkosten seien
gestiegen. Gelegentlich erfolgt noch der Hinweis, welche Kosten gestiegen
sind (Strom, Gas, Müllgebühren) und in welchem Ausmaß. Aber auch
wenn viele Mieter eine solche Erhöhung hinnehmen, Sie sollten wissen:
Ordnungsgemäß ist sie nicht. Sie können die Miete nicht wegen gestiegener Betriebskosten erhöhen.

Der mühsame Weg zur Mieterhöhung

Wie sollen Sie dann aber die gestiegenen Nebenkosten wieder hereinbe-
kommen? Müssen Sie sie am Ende selbst übernehmen? In Teilen vermutlich schon, denn Sie müssen die üblichen Wege der Mieterhöhung be-
schreiten: Entweder gelingt es Ihnen, eine einvernehmliche Lösung zu
erzielen (→ Falle 53), oder Sie erhöhen auf die „ortsübliche Vergleichsmiete", wobei Ihre Vergleichsobjekte natürlich eine ähnliche Mietstruktur
aufweisen sollten: Die Miete sollte also die gleichen Nebenkosten enthalten. Beauftragen Sie einen Gutachter, wird er gleichfalls den Umstand berücksichtigen, dass bestimmte Nebenkosten in der Miete enthalten sind.
Sie merken schon, ein umständliches, mitunter auch kostspieliges Verfahren, das Sie sich ersparen könnten, wenn Sie über die Nebenkosten jährlich abrechnen oder zumindest eine Pauschale vereinbaren.

Wie Sie die Pauschale erhöhen

Haben Sie eine Nebenkostenpauschale vereinbart, dann können Sie sie bei gestiegenen Nebenkosten erhöhen – allerdings nur unter zwei Voraussetzungen:

- Sie haben in Ihrem Mietvertrag genau aufgeführt, welche Nebenkosten mit der Pauschale abgegolten sind und

- Sie haben im Mietervertrag für die Pauschale einen sogenannten „Erhöhungsvorbehalt" vereinbart.

Sind diese Voraussetzungen nicht gegeben, dürfen Sie nicht erhöhen. Ansonsten gehen Sie so vor wie bei der Erhöhung auf die ortsübliche Vergleichsmiete. Richten Sie an Ihren Mieter ein Schreiben und rechnen Sie ihm möglichst nachvollziehbar vor, welche Nebenkosten sich um welchen Betrag erhöht haben.

Dabei sollten Sie die bisherigen und die aktuellen Nebenkosten einander gegenüberstellen – wie bei einer Nebenkostenabrechnung unter Angabe der Gesamtkosten, dem Schlüssel und den Kosten für den Mieter. Für jede Kostenart, die in die Pauschale eingeht, sollten Sie den Differenzbetrag auflisten und am Ende zu einem Gesamtbetrag zusammenrechnen. Um diesen Betrag können Sie die Pauschale erhöhen, Sie müssen ihn natürlich auf den Monat umrechnen.

Schließlich müssen Sie Ihrem Mieter noch mitteilen, ab wann er die neue Pauschale zu zahlen hat: Mit Beginn des übernächsten Monats nach dem Erhalt Ihres Schreibens. Geht ihm das Schreiben also am 15. April zu, wird die neue Pauschale ab 1. Juni fällig.

Falle 63: Das Sonderkündigungsrecht

Damit sollten Sie immer rechnen, wenn Sie die Miete erhöhen wollen: Ihrem Mieter steht bei jeder Mieterhöhung ein Sonderkündigungsrecht zu. Ausnahme ist der Staffelmietvertrag, bei dem die Mieterhöhungen ja bereits festgeschrieben sind.

Ansonsten gilt: Egal ob Sie die Miete auf die ortsübliche Vergleichsmiete anheben, die Indexmiete anpassen oder wegen einer Modernisierung erhöhen: Ihr Mieter darf bis zum Ablauf des zweiten Monats nach Zugang Ihres Schreibens, des „Mieterhöhungsverlangens", kündigen. Und zwar zum Ablauf des übernächsten Monats. Wenn Ihr Schreiben also am 20. Juni bei Ihrem Mieter eingeht hat er bis zum 31. August Zeit, um zum 31. Oktober zu kündigen.

 ACHTUNG, SONDERKÜNDIGUNG BEI MODERNISIERUNG!

Wenn Sie eine Modernisierung vornehmen, kann Ihr Mieter das Sonderkündigungsrecht bereits in Anspruch nehmen, wenn Sie die Maßnahme ankündigen. Er darf bis zum Ablauf des Monats kündigen, der auf den Zugang Ihres Schreibens folgt – und zwar für den Ablauf des nächsten Monats. Wichtig: Bis Ihr Mieter auszieht, dürfen Sie mit den Bauarbeiten nicht beginnen!

Ihr Mieter zahlt keine höhere Miete

Wenn Ihr Mieter von seinem Sonderkündigungsrecht Gebrauch macht, muss er für die verbleibende Zeit nur die alte Miete zahlen. Und noch etwas sollten Sie wissen: Mit einer Sonderkündigung kommt der Mieter auch aus einem langfristig abgeschlossenen Zeitmietvertrag heraus. Insoweit sollten Sie bei solchen Mietverhältnissen vorher prüfen, ob eine Mieterhöhung wirklich sinnvoll ist. Oder Sie koppeln Ihren Zeitmietvertrag gleich mit einer Staffelmietvereinbarung.

Fallen beim Umgang mit dem Mieter

DARF DER MIETER DIE MIETE EINFACH KÜRZEN?

Im Haus, in dem Frau Hellweg eine Eigentumswohnung besitzt, gibt es eine Dachsanierung. Kaum sind die Gerüste aufgebaut, kürzt der Mieter seine Mietzahlung ohne Ankündigung um 15 %. Frau Hellweg ist schockiert. Darf er das einfach so? Sie stellt ihn zur Rede und erfährt von ihm, dass die Tür zum Balkon nicht richtig schließt, weshalb er im nächsten Monat die Miete nochmals um 10 % kürzen werde. Dies sei sein gutes Recht, behauptet er, denn Frau Hellweg sei für den vertragsgemäßen Zustand der Wohnung verantwortlich. Frau Hellweg weiß nicht recht, ob sie die Miete einklagen soll oder die Mietminderung akzeptieren muss.

Falle 64: Die Mietminderung

Für viele Vermieter ist das ein Thema, mit dem sie sich lieber gar nicht so ausgiebig beschäftigen: die Mietminderung. Denn sie gilt als eine Art Kampfansage von Mieterseite. Solange das Verhältnis zum Mieter einigermaßen intakt ist, scheint es kaum vorstellbar, dass er einen Teil der Miete einfach einbehält. Und so trifft eine Mietminderung die Vermieter fast immer unvorbereitet.

Aber auch auf Mieterseite herrscht große Unsicherheit, wann man die Miete mindern darf und in welchem Ausmaß. Weit verbreitet ist etwa die Ansicht, die Mietminderung sei ein Druckmittel. Der Mieter könne damit den Vermieter dazu bewegen, bestehende Mängel zu beheben. Das trifft jedoch nicht zu. Der Mieter muss mit einer Mietminderung gar nicht drohen. Er muss sie nicht einmal ankündigen.

Ist der „Gebrauch der Mietsache" eingeschränkt?

Zwei Dinge gilt es sorgfältig zu unterscheiden: Das „Zurückbehaltungs-recht", mit dem der Mieter tatsächlich Druck auf Sie ausüben kann, einen Mangel zu beheben (→ Falle 66), und das Recht auf Mietminderung, das ihm nach § 536 BGB zusteht, wenn erhebliche Mängel auftreten, die den „Gebrauch der Mietsache" einschränken.

In diesem Fall muss der Mieter nicht die volle Miete bezahlen. Denn er hat nicht das bekommen, was ihm mietvertraglich zugesichert wurde. Der Mieter ist zwar verpflichtet, Sie über die Mängel umgehend zu informieren, die Mietminderung selbst muss er aber nicht eigens ankündigen. Er kann sofort mindern, sobald er den Mangel feststellt, er muss Ihnen keine Frist setzen.

 DER MIETER HAT SIE NICHT INFORMIERT? KEINE MIETMINDERUNG!

Als Vermieter haben Sie für den „vertragsgemäßen Zustand" der Wohnung zu sorgen. Unterlässt es aber der Mieter, Sie darüber zu informieren, wenn dieser Zustand nicht mehr gegeben ist, hat der Mieter seine vertragliche Pflicht ver-letzt und kann gemäß § 536c BGB kaum noch einen Anspruch auf Mietminde-rung geltend machen. Ausnahmen: Es war ohnehin keine Abhilfe möglich (z. B. bei einer Überschwemmung) oder Sie wissen bereits von dem Mangel.

Sie haben den Mangel gar nicht zu verantworten

Viele Vermieter glauben, sie könnten eine Mietminderung dadurch ab-wenden, wenn sie darlegen, dass sie für den Mangel gar nicht verantwort-lich sind. Doch das ist ein Irrtum. Das Recht zur Mietminderung besteht ganz und gar unabhängig davon, ob Sie für den Mangel Verantwortung tragen. Ja, der Mieter darf sogar mindern, wenn Sie den Mangel gar nicht abstellen können, etwa bei Baulärm in der Nachbarschaft.

Die Voraussetzungen zur Mietminderung

Es sollte jedoch nicht der Eindruck entstehen, als sei die Mietminderung eine Art „Geheimwaffe", mit der Sie der Mieter nach Belieben unter Druck setzen kann, weil es bekanntlich in allen Wohnungen irgendetwas zu beanstanden gibt. Vielmehr müssen vier Voraussetzungen gegeben sein, sonst ist die Mietminderung unzulässig:

- Die Beeinträchtigung muss schon nennenswert sein; Bagatellschäden rechtfertigen keine Mietminderung.

- Der Mieter muss den Mangel im Zweifel nachweisen können. Bloße Behauptungen reichen nicht aus.

- Bei Abschluss des Mietvertrags war der Mangel noch nicht bekannt. Oder Sie haben zugesichert, Abhilfe zu schaffen und dann nichts unternommen bzw. keinen Erfolg gehabt.

- Ihr Mieter darf nicht wegen eines Mangels mindern, den er zuvor widerspruchslos akzeptiert hat. Dieser Punkt gilt mit der Einschränkung, dass Ihr Mieter nach einer Mieterhöhung auch altbekannte Mängel beanstanden darf – allerdings darf er die Miete höchstens um den Betrag der Mieterhöhung mindern (BGH, MDR 1961, S. 683; OLG Hamburg, WM 1999, S. 281).

Das Ausmaß der Mietminderung

Wie stark Ihr Mieter die Miete mindern darf, darauf gibt es leider keine klare Antwort. Es gibt keine verbindlichen Richtlinien, sondern nur eine Fülle von Gerichtsurteilen, die für den konkreten Einzelfall einen bestimmten Prozentsatz als zulässig definiert haben. Allerdings geben diese Urteile nur sehr bedingt Aufschluss darüber, ob die Mietminderung Ihres Mieters angemessen ist.

Manche Mieter haben weit überzogene Vorstellungen davon, wie stark sie mindern dürfen und es wäre fatal, eine solche Mietminderung widerspruchslos hinzunehmen. Daher finden Sie im nächsten Abschnitt eine Liste von Mietminderungsquoten, die von den Gerichten bestätigt oder neu festgelegt wurden. Weil aber über sehr unterschiedliche Objekte geurteilt wurde, kommen manche Ungereimtheiten zustande. So gibt diese Liste nur einen sehr vagen Anhaltspunkt. Um den konkreten Einzelfall zu beurteilen, spielen viele Faktoren mit hinein:

- Die Größe der Wohnung: Lässt sich ein Zimmer in einer Fünf-Zimmer-Wohnung nicht beheizen, fällt die Quote geringer aus als bei einem Ein-Zimmer-Apartment.

- Die Qualität der Mieträume, die Höhe der Miete: Wer günstig wohnt, kann keine überzogenen Ansprüche stellen. Bei einem Luxusapartment kann der Mieter mehr erwarten und deshalb wesentlich eher und drastischer die Miete mindern.

- Die Lage der Wohnung bzw. des Hauses: In einem Kneipenviertel ist Gaststättenlärm „ortsüblich" und rechtfertigt keine Minderung. In einem reinen Wohnviertel ist das anders.

- Jahreszeit: Fällt im Sommer die Heizung aus, kann das unerheblich sein. Herrscht strenger Frost, ist die Beeinträchtigung massiv.

Mietminderungstabelle

Hier nur eine Auswahl typischer Fälle. Weitere finden Sie auf der CD-ROM.

 MIETMINDERUNG

Mangel	Mietminderung
Abwasserinstallation defekt, Austritt von Fäkalien aus WC und Badewanne	38 %
Backofen nicht nutzbar	3–5 %
Bad: undichte Rohre und schwergängige Fenster	10 %
Umfangreiche Bauarbeiten mit Lärm und Dreck in und am Haus; sechs Monate Dauer	22 %
Beheizung während der Heizperiode mangelhaft	5–15 %
Totalausfall der Heizung während der gesamten Heizperiode	100 %
Durchschnittstemperatur nur 15°C	25–30 %
Briefkasten fehlt, Postzustellung nicht möglich	3 %
Kakerlaken und Mäusebefall	10 %

Mangel	Mietminderung
Prostitution im Haus	25 %
Dusche nicht betriebsbereit	16 %
Sehr starke Durchfeuchtung der gesamten Wohnung	93 %
Neubaufeuchtigkeit	0 %
Hohe Feuchtigkeit der Wohnung	20 %
Feuchtigkeit im Schlaf- und Kinderzimmer	10 %
Nitratgehalt im Wasser gesundheitsgefährdend	10 %
Leitungswasser rostig	10 %
Toilette ohne Fenster, Lüftung defekt	5 %
Hausmüllschlucker dauernd defekt	2,5 %
Wasser dringt durch Zimmerdecke (Naturkatastrophe)	30 %
Unbewohnbarkeit der Mietsache	100 %

Wie sollten Sie reagieren?

Hat Ihr Miete die Miete gemindert oder droht er an, das zu tun, sollten Sie rasch reagieren und prüfen: Was ist an der Sache dran? Ist die Mietminderung überhaupt berechtigt? Dazu sollten Sie die folgenden fünf Fragen beantworten:

CHECKLISTE: IST DIE MIETMINDERUNG BERECHTIGT?

	ja	nein
Hat der Mieter Sie über den Mangel informiert? Hätten Sie noch Abhilfe schaffen können, sodass der Mangel gar nicht (und nicht in dem Ausmaß) aufgetreten wäre?	☐	☐
Ist der Mangel tatsächlich so schwerwiegend, dass er eine Mietminderung rechtfertigt? Berücksichtigen Sie Art und Ausstattung Ihres Mietobjekts.	☐	☐

	ja	nein
Vor allem wenn es um Lärmbelästigung geht: Bewegt sich der Mangel nicht im Rahmen des Ortsüblichen?	☐	☐
War der Mangel dem Mieter nicht schon bei Vertragsabschluss bekannt?	☐	☐
Bestand der Mangel schon länger und ist nicht nachvollziehbar, warum der Mieter den Mangel erst jetzt beanstandet?	☐	☐

Kommen Sie zu dem Schluss, dass die Mietminderung nicht berechtigt ist, sollten Sie Ihrem Mieter das mitteilen. Machen Sie ihm deutlich, dass Sie seine Mietminderung nicht akzeptieren und dass er verpflichtet ist, die vereinbarte Miete in voller Höhe zu zahlen. Wie Ihr Schreiben aussehen könnte, erfahren Sie bei Falle 65.

Kann Ihr Mieter den Mangel nicht belegen?

Etwas anders sollten Sie verfahren, wenn Ihr Mieter zwar erhebliche Mängel geltend macht, jedoch den Nachweis schuldig bleibt, dass sie überhaupt bestehen. Tatsächlich lässt sich manche Mietminderung allein dadurch rückgängig machen, dass der Vermieter darauf hinweist, dass der Mieter den Mangel beweisen muss.

Im eigenen Interesse sollten Sie sich jedoch den Argumenten und Beweisen Ihres Mieters nicht verschließen. Das kommt Sie allemal günstiger, als wenn der Mieter diesen Nachweis vor Gericht führt. Sie merken, ob die Mietminderung auf Sand gebaut ist. Doch womöglich kann der Mieter Sie ja auch überzeugen. Dann haben Sie immerhin gute Aussichten, über die Minderung noch zu verhandeln.

Ist die Mietminderung überhöht?

Auch das kommt vor: In der Sache ist die Mietminderung berechtigt, aber sie ist überzogen. Dann ist es ratsam, sich nicht auf einen aussichtslosen Streit über die Mietminderung einzulassen, sondern dem Mieter entgegenzukommen. Erklären Sie ihm, dass der Mangel besteht, er zur Mietminderung berechtigt ist, aber keineswegs in dieser Höhe. Unterbreiten Sie ihm ein Gegenangebot. Dadurch verhindern Sie, dass der Streit eskaliert und die Sache teuer wird. Rein psychologisch wirkt so ein Gegenangebot oft entwaffnend. Sie sollten es aber nur machen, wenn die Mietminderung berechtigt ist.

MIETMINDERUNG IST NICHT RÜCKZAHLBAR

Zwei Dinge sollten Sie wissen: Der Mieter darf die Miete so lange mindern, wie der Mangel besteht. Im Extremfall also bis zum Ende der Mietzeit. Außerdem können Sie den geminderten Betrag nicht zurückverlangen, wenn Sie den Mangel behoben haben.

Falle 65: Die vorgeschobene Mietminderung

Manchmal beanstanden Mieter irgendwelche Mängel, die völlig aus der Luft gegriffen zu sein scheinen. Dafür mag es verschiedene Gründe geben: Ihr Mieter will Sie einfach nur ärgern oder seine aktuelle finanzielle Situation legt ihm einen solchen Schritt nahe.

Nun müssen Sie sich so etwas nicht gefallen lassen. Wenn Sie sich richtig verhalten, wird Ihr Mieter mit seinen taktischen Manövern keinen Erfolg haben. Allerdings dürfen Sie sich nicht aufs Glatteis locken lassen und aus lauter Ärger unbesonnen reagieren. Denn dann riskieren Sie, dass Ihr Mieter womöglich doch sein Ziel erreicht und Sie vermeidbare Kosten zu tragen haben.

Ob vorgeschoben oder nicht – prüfen Sie

Auch wenn Ihnen die Beanstandung allzu fadenscheinig vorkommt, sollten Sie die Begründung Ihres Mieters möglichst zügig und unvoreingenommen prüfen. Vielleicht verbirgt sich ja doch ein Mangel hinter seiner Mietminderung. Erweisen sich hingegen seine Argumente als nicht stichhaltig (→ Falle 64), sollten Sie ihm das ganz sachlich mitteilen und ihn auffordern, die vereinbarte Miete zu bezahlen. Ihr Schreiben könnte beispielsweise so aussehen:

 MUSTER: AUFFORDERUNG ZUR MIETZAHLUNG   CD-ROM

Sehr geehrte Mieter,

am _____ haben Sie Ihre Miete nur unvollständig beglichen und anstatt der mietvertraglich vereinbarten _____ Euro nur _____ Euro überwiesen. Als Begründung haben Sie mir mitgeteilt, dass Sie die Miete mindern, und zwar weil

_____

_____.

Ich kann Ihre Mietminderung jedoch nicht akzeptieren, denn _____

_____

_____

_____

(hier legen Sie die Gründe für Ihre Ablehnung dar, z. B.: „das Recht auf Mietminderung steht Ihnen nach § 536 BGB nur zu, wenn an der Mietsache ein Mangel besteht, der ihre Tauglichkeit zum vertragsgemäßen Gebrauch aufhebt oder mindert. Dies ist jedoch offensichtlich nicht der Fall" oder „Sie waren über den Mangel bereits bei Vertragsabschluss informiert").

Demnach besteht kein Recht zu einer Mietminderung. Vielmehr sind Sie nach § 535 BGB zur Zahlung der vereinbarten Miete verpflichtet. Daher fordere ich Sie auf, den ausstehenden Betrag bis spätestens _____ an mich zu überweisen. Sollte bis dahin die Miete nicht auf meinem Konto eingegangen sein, werde ich sie einschließlich der Verzugszinsen gerichtlich einklagen, wobei Sie die Kosten zu tragen hätten.

Mit freundlichen Grüßen

Verlieren Sie keine Zeit

Überweist der Mieter den ausstehenden Betrag nicht, sollten Sie zügig die Miete einklagen. Denn manchmal geht es dem Mieter einfach nur darum, Sie hinzuhalten und Zeit zu gewinnen. Und doch weisen wir noch einmal darauf hin: Gehen Sie den vermeintlichen Mängeln nach. Nichts wäre ärgerlicher, als wenn Sie vor Gericht erfahren, dass Ihr säumiger Mieter zu Recht die Miete gemindert hat.

VORSICHT, KEIN RECHT AUF KÜNDIGUNG!

Beachten Sie: Wegen einer Mietminderung, die Sie für unberechtigt halten, dürfen Sie nicht kündigen. Zwar ist sogar eine fristlose Kündigung möglich, wenn die Mietminderung offensichtlich nur vorgeschoben ist, um einen Zahlungsverzug zu verdecken, doch sollten Sie sich klarmachen, dass die Gerichte hier andere Maßstäbe anlegen als Sie selbst. Sie riskieren daher, dass Ihre Kündigung für unwirksam erklärt wird.

Falle 66: Der Mieter behält Teile der Miete ein

Viele Mieter und Vermieter wissen es nicht: Unabhängig vom Recht auf Mietminderung kann der Mieter große Teile der Miete „einbehalten", wenn der Vermieter einen Mangel nicht beseitigt. Im Unterschied zur Mietminderung handelt es sich bei diesem „Zurückbehaltungsrecht" um ein Druckmittel, mit dem der Mieter seine (häufig mietvertraglich zugesicherten) Ansprüche durchsetzen darf.

Vermieter in Verzug

Allerdings kann Ihr Mieter nicht einfach so von seinem „Zurückbehaltungsrecht" Gebrauch machen. Vorher muss er Sie über den Mangel informieren und Sie auffordern, ihn innerhalb einer angemessenen Frist zu beseitigen. Erst wenn Sie Ihrer Pflicht nicht nachkommen, darf der Mieter seine monatliche Zahlung drastisch herunterfahren. Der BGH billigt ihm zu, insgesamt eine Summe einzubehalten, die das Dreifache dessen betragen kann, was Sie aufwenden müssten, um den Mangel zu beheben (WM 2003, S. 439). Andere Gerichte halten es für gerechtfertigt, wenn der Mieter das Drei- bis Fünffache einbehält, was im Rahmen einer Mietminderung zulässig wäre. Zwei Voraussetzung müssen dabei jedoch gegeben sein:

- Ihr Mieter kann nur verlangen, dass Sie Ihrer Pflicht zur Instandhaltung nachkommen. Als Vermieter müssen Sie dafür sorgen, dass sich die Mietsache in „vertragsgemäßem Zustand" befindet. Lapidar formuliert: Wenn etwas (ohne Verschulden des Mieters) kaputtgeht, müssen Sie das wieder in Ordnung bringen.

- Sie müssen auch in der Lage sein, den Mangel zu beheben. Die lärmende Discothek im Kellergeschoss mag für eine Mietminderung herhalten; der Mangel berechtigt aber nicht, die Miete zurückzubehalten.

Üblicherweise machen Mieter von ihrem Zurückbehaltungsrecht Gebrauch, wenn ihr Vermieter auf eine Mietminderung nicht reagiert. Die einbehaltene Summe kommt dann gewissermaßen noch „obendrauf", sodass bei gravierenden Mängeln die Mietzahlung auch völlig eingestellt werden kann. So weit sollten Sie es gar nicht kommen lassen, sondern umgehend den Mangel abstellen.

 MANGEL BEHOBEN? MIETE MUSS NACHGEZAHLT WERDEN!

Ist die Wohnung wieder im „vertragsgemäßen Zustand", muss Ihr Mieter die einbehaltenen Beträge nachzahlen. Auch das unterscheidet das Zurückbehaltungsrecht von der Mietminderung, bei der Sie die betreffende Summe nicht zurückerhalten.

Wenn Ihr Mieter zu Unrecht Miete einbehält

Es sind viele Gründe denkbar, weshalb Ihr Mieter zu Unrecht einen Teil der Miete einbehält: Er hat Ihnen den betreffenden Mangel nicht mitgeteilt oder Ihnen nicht ausreichend Zeit gegeben, den Mangel zu beheben; der Mangel ist unerheblich; der Mieter hat den Mangel selbst verschuldet oder er macht überzogene Ansprüche geltend. In solchen Fällen müssen Sie Ihrem Mieter mitteilen, dass er aus den genannten Gründen kein Recht hat, die Miete einzubehalten und dass Sie die betreffende Summe einklagen werden.

Eines sollten Sie jedoch noch wissen: Ihr Mieter kann die Miete auch dann zurückbehalten, wenn er keinen Anspruch auf Mietminderung hat, weil ihm der Mangel schon länger bekannt war (BayOLG RE, WM 1999, S. 392). Maßgeblich ist allein, dass der Mieter Anspruch darauf hat, dass Sie Ihrer Instandhaltungspflicht nachkommen und die Mietsache in einem „vertragsgemäßen Zustand" halten.

Falle 67: Verspätete Mietzahlung

Vielleicht gehören Sie zu den Vermietern, die gute Erfahrungen damit gemacht haben, wenn sie gegenüber ihren Mietern nicht allzu kleinlich sind, sondern ihnen Vertrauen schenken nach der Devise, dass es „aus dem Wald so herausschallt, wie man hineinruft". Gegen dieses Prinzip ist nichts einzuwenden, nur sollten Sie Ihre taktvolle Zurückhaltung aufgeben, wenn es um die Zahlung der Miete geht. Sie sollten sich klarmachen, dass Sie nichts gewinnen, aber sehr viel verlieren können, wenn Sie nicht umgehend reagieren.

Informieren Sie Ihren Mieter

Verspätete Mietzahlung kann die unterschiedlichsten Ursachen haben: Nachlässigkeit, technische Probleme, Mietminderung (→ Falle 64) oder Zahlungsschwierigkeiten. Vielleicht will Ihr Mieter auch einfach mal ausprobieren, ob er seine Zahlungen nicht ein wenig verschieben kann.

Egal was es ist, Sie sollten Ihren Mieter wissen lassen, dass Sie sein Verhalten nicht hinnehmen – auch wenn die Zahlung mit drei, vier Tagen Verspätung bei Ihnen eingeht. Es ist nur von Vorteil, wenn Ihr Mieter den Eindruck gewinnt, dass Sie in dieser Frage sehr aufmerksam sind. Das hat nichts mit Kleinlichkeit zu tun. Immerhin verstößt ein Mieter, der nicht pünktlich zahlt, gegen eine seiner mietvertraglichen Hauptpflichten.

Wenn die Miete schon bei Ihnen eingegangen ist

Am dritten Werktag des Monats muss die Miete bei Ihnen eingegangen sein. So sieht es das Gesetz vor und so steht es in den meisten Mietverträgen. Geht die Miete später bei Ihnen ein, sollte Ihnen das eine kurze Nachricht wert sein, damit solche Gewohnheiten gar nicht erst einreißen. Denn wenn Sie es wiederholt hingenommen haben, dass Ihr Mieter verspätet zahlt, schwächen Sie nur Ihren Anspruch auf pünktliche Mietzahlung.

Um keine Zeit zu verlieren, sollten Sie für solche Fälle ein Standardschreiben bereithalten. Sie brauchen es nur für Ihre Zwecke anzupassen und an Ihren Mieter zu schicken. Der Text könnte etwa folgendermaßen lauten:

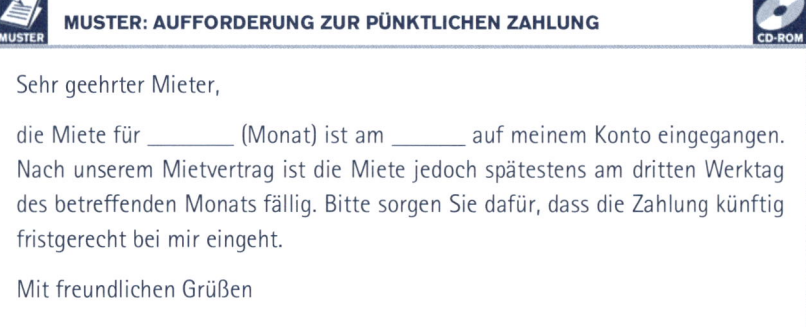

MUSTER: AUFFORDERUNG ZUR PÜNKTLICHEN ZAHLUNG

Sehr geehrter Mieter,

die Miete für _____ (Monat) ist am _____ auf meinem Konto eingegangen. Nach unserem Mietvertrag ist die Miete jedoch spätestens am dritten Werktag des betreffenden Monats fällig. Bitte sorgen Sie dafür, dass die Zahlung künftig fristgerecht bei mir eingeht.

Mit freundlichen Grüßen

Wenn die Miete noch nicht bei Ihnen eingegangen ist

Selbstverständlich brauchen Sie nicht den Zahlungseingang abzuwarten, ja, Sie sollten es gar nicht tun, sondern sich möglichst schnell melden, z. B. mit folgendem Schreiben:

MUSTER: ZAHLUNGSAUFFORDERUNG

Sehr geehrter Mieter,

bis jetzt haben Sie die Miete für _____ (Monat) noch nicht bezahlt. Nach unserem Mietvertrag ist die Miete jedoch spätestens am dritten Werktag des betreffenden Monats fällig. Bitte begleichen Sie umgehend den Betrag, da ich sonst gezwungen bin, Verzugszinsen zu erheben und ein gerichtliches Mahnverfahren einzuleiten.

Mit freundlichen Grüßen

Bleibt die Miete weiterhin aus, kann es ratsam sein, sich direkt mit Ihrem Mieter in Verbindung zu setzen. Möglicherweise kommen Sie um das gerichtliche Mahnverfahren (siehe Falle 68) herum.

Wiederholt unpünktliche Zahlung

Begleicht der Mieter immer wieder seine Miete zu spät, sollten Sie ihm nicht nur die Verzugszinsen in Rechnung stellen, sondern auch die Kündigung androhen. Denn wenn der Mieter ständig verspätet zahlt, ist das eine schuldhafte, nicht unerhebliche Verletzung mietvertraglicher Pflichten. Das rechtfertigt nach § 573b Abs. 2 Ziffer 1 die (ordentliche) Kündigung. In schweren Fällen könnten Sie auch gemäß § 569 Abs. 2 BGB das Mietverhältnis wegen „Unzumutbarkeit" fristlos kündigen. Allerdings sollten Sie zuvor einen letzten „Warnschuss" abgeben, der etwa so aussehen könnte:

 MUSTER: KÜNDIGUNGSANDROHUNG

Sehr geehrter Mieter,

seit mehreren Monaten bezahlen Sie Ihre Miete immer wieder unpünktlich. Dabei habe ich Sie bereits aufgefordert, dafür zu sorgen, dass die Zahlung fristgerecht, nämlich spätestens am dritten Werktag des betreffenden Monats, auf meinem Konto eingeht. Ihr Verhalten stellt eine schwere Verletzung Ihrer mietvertraglichen Pflichten dar. Ich mahne Sie daher, künftig die Miete pünktlich zu begleichen. Sonst bin ich gezwungen, das Mietverhältnis fristlos zu kündigen.

Mit freundlichen Grüßen

Falle 68: Der Mieter zahlt die Miete nicht

Wir haben es schon bei Falle 67 angesprochen: Kommt der Mieter seiner Zahlungsverpflichtung nicht nach, geht es für Sie als Vermieter darum, zügig und besonnen zu handeln. Leiten Sie rechtzeitig alle nötigen Schritte ein, um Ihre Ansprüche zu sichern und den finanziellen Schaden zu begrenzen. Dabei kann es hilfreich sein, zugleich den Kontakt zum Mieter zu suchen, um herauszufinden, was eigentlich hinter seiner schlechten Zahlungsmoral steckt.

Klären Sie die Gründe

Steckt Ihr Mieter vorübergehend in Zahlungsschwierigkeiten? Ist er krank geworden? Wachsen ihm persönliche Probleme über den Kopf? War er für einige Zeit im Ausland und hat sich nicht ausreichend um die Mietzahlungen gekümmert? Damit Sie angemessen reagieren können, sollten Sie die Gründe kennen, warum Ihr Mieter nicht (rechtzeitig) bezahlt hat.

Dabei sollten Sie sich keinen Illusionen hingeben. Wenn Ihrem Mieter finanziell das Wasser bis zum Hals steht, wird er Ihnen das kaum auf die Nase binden. Vielmehr wird er versuchen, Sie zu beschwichtigen. Und doch kann ein persönliches Gespräch sehr nützlich sein. Womöglich finden Sie eine Lösung, die für beide Seiten vorteilhafter ist, als die Sache vor Gericht zu entscheiden.

Das gerichtliche Mahnverfahren

Kommt es zu keiner Einigung und bleibt Ihr Mieter weiterhin die Miete schuldig, haben Sie keine Wahl: Sie leiten ein gerichtliches Mahnverfahren ein. Dazu stellen Sie einen Antrag beim zuständigen Amtsgericht, in dessen Bezirk die Mietwohnung liegt. Eine Ausnahme bildet Baden-Württemberg. Hier gibt es beim Amtsgericht Stuttgart für solche Fälle eine eigene Mahnabteilung.

Für den Antrag füllen Sie ein Formular aus, das Sie in jedem Schreibwarenladen bekommen. Das Amtsgericht leitet den Mahnbescheid an Ihren Mieter weiter, der innerhalb von zwei Wochen Widerspruch einlegen kann. Tut er das nicht, fordert Sie das Gericht auf, einen Vollstreckungsbescheid zu beantragen, was Sie sinnvollerweise auch tun. Haben Sie einen „vollstreckbaren Titel", dann können Sie innerhalb der nächsten dreißig Jahre die betreffende Summe eintreiben.

Legt Ihr Mieter hingegen Widerspruch ein, kommt es zu einem „streitigen Verfahren", anders gesagt, zu einer Gerichtsverhandlung. Wenn dieser Fall eintritt, sollten Sie sich an einen Anwalt wenden, der auf Mietrecht spezialisiert ist.

Erfahrungsgemäß ist es jedoch so, dass ein Mieter, der sich noch am Rande der Zahlungsfähigkeit befindet, kurz zuvor den ausstehenden Betrag begleicht. Doch auch wenn Sie noch einmal an Ihr Geld kommen, so sollten Sie auf jeden Fall erwägen, ob Sie sich nicht besser von Ihrem Mieter trennen und ihm kündigen (→ Falle 69).

Falle 69: Ihr Mieter wird zahlungsunfähig

Eine der größten Unannehmlichkeiten, die auf Sie als Vermieter zukommen kann: Ihr Mieter stellt seine Zahlungen ein, weil er zahlungsunfähig ist. Dann droht ein finanzieller Verlust, der in extremen Fällen den Vermieter ruinieren kann. Daher kommt es darauf an zu handeln, bevor dieser Fall eingetreten ist.

Die fristlose Kündigung

Sobald die Voraussetzungen gegeben sind, sollten Sie daran denken, Ihrem Mieter fristlos zu kündigen. Dazu müssen Sie ihn nicht einmal abmahnen, wie es sonst bei der fristlosen Kündigung üblich ist (→ Falle 88). Fristlos kündigen können Sie, wenn

- Ihr Mieter an zwei aufeinander folgenden Terminen mit der Miete oder einem erheblichen Teil der Miete in Verzug ist

- oder Ihr Mieter über einen Zeitraum von mehr als zwei Terminen mit einem Betrag in Höhe von zwei Monatsmieten in Verzug ist.

Achtung: Nebenkosten gelten als Teil der Miete! Bei Ihrer Berechnung dürfen Sie also nicht nur die Kaltmiete zugrunde legen. Außerdem sollten

Sie Ihre Kündigung auf keinen Fall zu früh aussprechen. Dann wäre sie nämlich unwirksam. Welche formalen Anforderungen Sie beachten müssen, erfahren Sie im Kapitel über die Kündigung.

 LASSEN SIE DIE KÜNDIGUNG VOM GERICHTSVOLLZIEHER ZUSTELLEN

Um den fristgerechten Zugang der Kündigung zu beweisen, genügt es nicht, sie als Einschreiben mit Rückschein an den Mieter zu schicken. Ihr Mieter braucht das Einschreiben einfach nicht anzunehmen oder nicht abzuholen. Der einzige sichere Weg führt über das Amtsgericht. In diesem speziellen Fall ist die Zustellung per Gerichtsvollzieher einmal angemessen. Sie kostet nur unwesentlich mehr als das Einschreiben. Die Kündigung ist aber hieb- und stichfest.

Ihr Mieter kann die Kündigung noch aushebeln

Nach der fristlosen Kündigung sind Sie Ihren Mieter aber noch nicht los. Zum einen müssen Sie ihm eine angemessene Frist einräumen, damit er ausziehen kann. Zwei Wochen gelten als ausreichend. Zum anderen kann er aber auch die fristlose Kündigung dadurch aushebeln, dass er auf einen Schlag den gesamten Mietrückstand und alle bis dahin entstandenen Kosten (für Gericht und Anwalt) bezahlt oder dafür sorgt, dass eine öffentliche Stelle (wie das Sozialamt) dafür aufkommt.

 DOPPELT GEKÜNDIGT HÄLT BESSER

Wenn Sie verhindern wollen, dass Ihr Mieter mit dem erwähnten finanziellen Befreiungsschlag die fristlose Kündigung unterläuft, sollten Sie ihm zusätzlich noch „ordentlich" kündigen (also unter Beachtung der gesetzlichen Kündigungsfrist). Eine solche Kündigung kann Ihr Mieter durch seine Zahlung nicht abwenden.

Wie sieht eine vorsorgliche Kündigung aus?

In Ihr Schreiben, mit dem Sie Ihrem Mieter fristlos kündigen, sollten Sie den folgenden Absatz aufnehmen:

> Vorsorglich kündige ich zusätzlich das Mietverhältnis fristgerecht zum _____.
> Zu dieser Kündigung bin ich nach § 573 Abs. 2 Ziffer 1 BGB berechtigt. Mit Ihrem Verhalten haben Sie Ihre vertragliche Zahlungspflicht erheblich verletzt. Daher habe ich ein besonderes Interesse an einer Beendigung des Mietverhältnisses. In diesem Zusammenhang weise ich Sie darauf hin, dass Ihnen nach § 574 BGB ein Widerspruchsrecht zusteht. Spätestens zwei Monate vor Beendigung des Mietverhältnisses müsste Ihr Widerspruch mir gegenüber erklärt werden. In diesem Fall müssten Sie Ihren Widerspruch im Einzelnen begründen.

Die Räumungsklage

Zieht der Mieter innerhalb der von Ihnen gesetzten Frist nicht aus, sollten Sie beim zuständigen Amtsgericht unverzüglich eine Räumungsklage einreichen. So ein Räumungsverfahren kann dauern. Daher sollten Sie keinen Tag lang damit warten.

Um Kosten zu sparen, die vermutlich ohnehin an Ihnen hängen bleiben, gibt es die Möglichkeit, die Räumungsklage mit der Zahlungsklage zu verbinden. Allerdings sollten Sie bedenken, dass bei einer solchen Kombiklage Ihr Mieter das Verfahren durch allerlei Winkelzüge in die Länge ziehen kann. So kann er behaupten, die Wohnräume seien unbewohnbar, die Miete sei „überhöht" oder er habe eine „Mietminderung" vorgenommen. Auch wenn diese Vorwürfe aus der Luft gegriffen sind, so erfüllen sie doch ihren Zweck: Ihr Mieter gewinnt Zeit und kann länger in der Wohnung bleiben.

Die Zwangsräumung

Hat Ihre Räumungsklage Erfolg, erhalten Sie einen „vollstreckbaren Räumungstitel". Der berechtigt Sie, vom Gerichtsvollzieher eine Zwangsräumung vornehmen zu lassen. Dazu setzt er einen Räumungstermin an und fordert von Ihnen einen Umzugskostenvorschuss oder stellt es Ihnen frei, ein Speditionsunternehmen zu beauftragen.

Alles in allem kann zwischen der fristlosen Kündigung und der Räumung sehr viel Zeit vergehen. Sie haben Monate, vielleicht sogar ein, zwei Jahre keine Miete mehr erhalten und können nun erst wieder Ihr Eigentum in Besitz nehmen, das sich vermutlich in keinem guten Zustand befindet.

 ÜBEN SIE KEINE SELBSTJUSTIZ

Angesichts solcher Aussichten sind manche Vermieter geneigt, die Sache in die eigene Hand zu nehmen und sich auf ihre Weise Recht zu verschaffen. Beispielsweise indem sie die Stromversorgung kappen oder den säumigen Mieter bedrohen. Vor solchen Akten der Selbstjustiz kann nur eindringlich gewarnt werden. Sie sind nicht geeignet, das Verfahren zu beschleunigen und können im Ergebnis dazu führen, dass Sie sich neben den finanziellen Einbußen noch eine Strafanzeige einhandeln.

Falle 70: Untermiete

Wenn Ihr Mieter untervermieten möchte, würden Sie es ihm gestatten? Oder würden Sie Ihre Erlaubnis von bestimmten Bedingungen abhängig machen, den Mietvertrag nachbessern, die Miete oder die Nebenkostenpauschale anheben? Manche Vermieter lassen den Mieter auch eine Verzichtserklärung unterschreiben oder nehmen eine entsprechende Klausel in den Mietvertrag auf.

All das ist nicht zulässig. Unter bestimmten Voraussetzungen hat Ihr Mieter einen Anspruch darauf, Teile der Wohnung unterzuvermieten. Und wenn Sie das unterbinden, kann er seinen Anspruch gerichtlich einklagen.

Die drei Bedingungen

Der Anspruch Ihres Mieters ist allerdings an drei Bedingungen geknüpft.

- Der Mieter muss vorher Ihre Zustimmung einholen.

- Dem Untermieter werden nur Teile der Wohnung überlassen, beispielsweise ein Zimmer. Ihr Mieter bleibt als Hauptmieter dort wohnen.

- Ihr Mieter muss ein „berechtigtes Interesse" an der Untervermietung haben.

Wollen Sie eine Untervermietung verhindern, dann müssen Sie an einem der drei Punkte ansetzen. Denn auch Mieter sind beim Thema Untermiete häufig ahnungslos.

ELTERN, KINDER UND PARTNER SIND KEINE UNTERMIETER

Nimmt der Mieter seine Eltern oder seine Kinder bei sich auf, kann er das einfach tun und muss Sie nicht erst um Erlaubnis fragen (BayOLG RE, WM 1997, S. 603). Das Gleiche gilt für die Lebenspartner (BGH RE, WM 1985, S. 7). Geschwister gelten hingegen als Untermieter (BayOLG RE, WM 1984, S. 13). Allerdings können Sie die Aufnahme der Partner, Eltern oder Kinder untersagen, wenn die Wohnung dadurch überbelegt ist.

Der Mieter muss Sie informieren

Ohne Ihre Erlaubnis darf der Mieter nicht untervermieten. Tut er es dennoch, können Sie ihn abmahnen. Fordern Sie ihn auf, das Untermietverhältnis zu beenden. Setzen Sie ihm dazu eine Frist, beispielsweise zwei Wochen nach Erhalt des Schreibens. Und lassen Sie ihn wissen, dass Sie ihm kündigen, sollte er diese Frist nicht einhalten.

Um Ihre Erlaubnis zu bekommen, muss der Mieter zwei Fragen beantworten:

- An wen will er untervermieten?

- Warum will er untervermieten?

Beides müssen Sie wissen, um eine Entscheidung treffen zu können. Möglicherweise liegt nämlich „in der Person" des Untermieters ein Grund, die Zustimmung zu verweigern. Das ist etwa dann der Fall, wenn es Anhaltspunkte dafür gibt, dass der Untermieter den Hausfrieden stört, oder wenn er ein Gewerbe ausübt, das Ihnen Konkurrenz macht.

 FINANZIELLE VERHÄLTNISSE SIND TABU

Sie brauchen schon schwer wiegende Gründe, um einen Untermieter abzulehnen. Persönliche Antipathien dürfen keinen Ausschlag geben. Ebenso wenig dürfen Sie Ihre Zustimmung verweigern, weil Sie Zweifel haben, ob sich der Untermieter das Zimmer überhaupt leisten kann. Seine finanziellen Verhältnisse gehen Sie nichts an. Auch muss Ihr Mieter Ihnen keine Auskunft darüber geben, wie viel an Untermiete er verlangt.

Hat Ihr Mieter ein „berechtigtes Interesse"?

Nach § 553 Abs. 1 BGB hat Ihr Mieter nur dann Anspruch auf Untervermietung, wenn er ein „berechtigtes Interesse" geltend machen kann, das nach Abschluss des Mietvertrags entstanden ist. Damit sind im Allgemeinen persönliche oder wirtschaftliche Gründe gemeint. Will Ihr Mieter seinen Lebenspartner oder nahe Verwandte aufnehmen oder braucht er das Geld, um seinen Lebensunterhalt zu bestreiten, dann müssen Sie zustimmen.

Ablehnen können Sie hingegen, wenn das „berechtigte Interesse", das Ihr Mieter ins Feld führt, bereits bei Abschluss des Mietvertrags bestand. Wer eine Wohnung anmietet, die seine finanziellen Möglichkeiten übersteigt, hat keinen Anspruch auf Untervermietung.

Bleibt Ihr Mieter in der Wohnung?

Überlässt Ihr Mieter dem Untermieter die komplette Wohnung, handelt es sich eigentlich um keine Untervermietung mehr, sondern um eine Weitervermietung. Und die müssen Sie ihm nicht gestatten, wenn Sie nicht wollen.

Allerdings gibt es Grenzfälle: Wenn der Mieter die Wohnung nur vorübergehend einem Dritten überlässt und sie anschließend wieder bezieht, dann kann er häufig auch einen Anspruch auf Untervermietung erheben. Also wenn er ein Praktikum in einer anderen Stadt macht oder als Student ein

Auslandssemester einlegt. Entscheidend ist, ob die Wohnung „Lebensmittelpunkt" des Mieters bleibt (LG Berlin, WM 1999, S. 483).

Weitere Informationen und Musterschreiben zum Thema „Untermiete" finden Sie übrigens in unserem „Vermieter-Ratgeber" aus dieser Buchreihe.

NOCH ZWEI GRÜNDE, UM ABZULEHNEN

Neben den genannten gibt es noch zwei Gründe, die Sie geltend machen können, um Ihre Zustimmung zu verweigern: Die Wohnräume würden durch die Aufnahme des Untermieters „übermäßig belegt". Dabei dürfen Sie allerdings nicht von Ihrem persönlichen Empfinden ausgehen, sondern müssen die Überbelegung plausibel machen. Zweitens müssen Sie nicht zustimmen, wenn das Mietverhältnis mit dem Hauptmieter ohnehin in Kürze endet.

Falle 71: Ihr Mieter lässt Sie nicht in die Wohnung

Es ist ein grundsätzliches Problem: Die Wohnung, die Sie vermieten, ist Ihr Eigentum. Und doch haben Sie nicht das Recht, die Wohnung eigenmächtig, ohne die Erlaubnis Ihres Mieters zu betreten. Sonst begehen Sie nach § 123 StGB Hausfriedensbruch. Vermieter, die sich mit einem Nachschlüssel Zutritt verschaffen, riskieren eine Anzeige. Außerdem darf der Mieter fristlos kündigen.

Das „berechtigte Interesse" des Vermieters

Auf der anderen Seite kann Sie der Mieter auch nicht dauerhaft aussperren. Zwar gibt es kein allgemeines Besichtigungsrecht; dem Mieter steht es vielmehr zu, in seiner Wohnung in Ruhe gelassen zu werden (BVerfG, WM 2004, S. 80). Und doch muss er Ihnen Zutritt gewähren, wenn Sie ein „berechtigtes Interesse" geltend machen können. Das ist beispielsweise gegeben,

- wenn Sie die Wohnung verkaufen und Interessenten das Objekt zeigen wollen (LG Frankfurt am Main, NZM 2002, S. 696),

- wenn Ihr Mieter bald auszieht und Sie möglichen Nachfolgern die Wohnung zeigen (→ Falle 7),

- wenn Modernisierungsarbeiten anstehen und Sie sich über den Zustand der Mieträume informieren müssen (AG Schöneberg 1987, S. 629),

- wenn Sie Anhaltspunkte dafür haben, dass sich die Wohnung in keinem guten Zustand befindet.

Der letzte Punkt ist etwas heikel: Denn worauf sollte sich Ihr Verdacht stützen, wenn Ihnen gerade die Besichtigung vorenthalten wird – was im Allgemeinen ein sicheres Indiz dafür ist, dass der Mieter nicht gerade pfleglich mit Ihrem Wohneigentum umgeht?

Und doch stehen Ihnen zwei Möglichkeiten offen, Ihre Besichtigung zu begründen: Entweder berufen Sie sich darauf, dass Sie für die Schönheitsreparaturen einen Fristenplan (→ Falle 25) vereinbart haben. Ihr Mieter muss Ihnen demnach die Möglichkeit geben zu kontrollieren, ob er die mietvertraglich vereinbarten Fristen einhält. Oder Sie stützen sich auf Ihr Recht, die Mieträume zu besichtigen, um möglichen Schaden rechtzeitig abwehren zu können. Immerhin billigt das Landgericht Berlin dem Vermieter das Recht zu, den Zustand der Räume alle ein bis zwei Jahre zu kontrollieren (MM 2004, S. 125).

 KÜNDIGEN SIE IHREN BESUCH RECHTZEITIG VORHER AN

Wenn Sie Ihren Mieter überrumpeln, muss er Sie nicht in die Wohnung lassen. Auch dürfen Sie ihn nur zu den üblichen Besuchszeiten behelligen – es sei denn, es entspricht dem Wunsch Ihres Mieters, dass Sie einen solchen Termin wahrnehmen. Seine Interessen müssen Sie in gewissem Maße berücksichtigen. Bietet Ihnen der (berufstätige) Mieter einen Termin am Samstag an, können Sie nicht darauf bestehen, dass die Besichtigung an einem Wochentag stattfinden muss. Die Angaben über die Zeiten finden Sie bei Falle 7.

Sie müssen Ihr Betretungsrecht einklagen

Verwehrt Ihnen der Mieter trotz rechtzeitiger Ankündigung den Zutritt, dann müssen Sie den Weg über die Gerichte gehen – was die Sache kostspielig macht. Wenn Sie Recht bekommen, muss Ihr Mieter dafür aufkommen, worauf Sie ihn vielleicht hinweisen sollten. Kündigen können Sie ihm jedenfalls nicht (AG Erkelenz, WM 1986, S. 251). In dringenden Fällen können Sie sich das Zutrittsrecht auch auf dem Wege der einstweiligen Verfügung verschaffen. Dazu brauchen Sie aber anwaltlichen Rat.

GEFAHR IN VERZUG? SIE DÜRFEN IN DIE WOHNUNG!

Es gibt nur einen Grund, ohne die Erlaubnis Ihres Mieters die Räume zu betreten: Wenn in seiner Abwesenheit Gefahr in Verzug ist, Sie die Wohnung also sofort betreten müssen, um (weiteren) Schaden abzuwenden. Das ist zum Beispiel der Fall, wenn Sie Brandgeruch wahrnehmen oder den begründeten Verdacht haben, dass ein Wasserschaden vorliegt. Dann ist schnelles Handeln gefragt. Sie dürfen in die Wohnung, um die Gefahr abzuwenden. Bei dieser Gelegenheit bekommen Sie zumindest auch einen Eindruck vom Zustand Ihrer Mietwohnung.

Die Sache mit dem Nachschlüssel

Viele Vermieter besitzen von der Mietwohnung noch einen Schlüssel. Was viele nicht wissen: Sofern Sie das nicht mietvertraglich vereinbart haben, dürfen Sie einen solchen Schlüssel gar nicht besitzen. Müssen Sie aus den eben angesprochenen Gründen in die Wohnung, sollten Sie einen Schlüsseldienst beauftragen.

Falle 72: Die verdreckte Wohnung

Eigentlich muss der Mieter mit der Wohnung pfleglich umgehen, er darf sie nicht verdrecken oder gar verwahrlosen lassen. Die Juristen sagen, der Mieter trägt für die Wohnung die „Obhutspflicht". Allerdings ist es außerordentlich schwierig, diese Obhutspflicht auch durchzusetzen. Und so geistert neben dem „Mietnomaden" (→ Falle 8) ein zweites Schreckgespenst durch die Alpträume der Vermieter: Der „Messie", der die Mietsache vermüllt und vergammeln lässt.

Das unterschiedliche Reinlichkeitsbedürfnis

Wenn Ihr Mieter nicht aufräumt und in den Mieträumen keine Ordnung hält, so ist das zunächst einmal seine Sache. Nach Auffassung der Gerichte haben die Menschen nun einmal ein unterschiedliches Bedürfnis nach Reinlichkeit und es steht Ihnen nicht zu, Ihre Vorstellungen zum Maßstab zu machen. Wer im Chaos leben will, der darf das tun.

Allerdings gilt das Recht auf Unordnung auch nicht unbegrenzt. In zwei Fällen dürfen (und sollten!) Sie einschreiten:

- Durch den nachlässigen Umgang mit der Wohnung droht Ihr Eigentum Schaden zu nehmen. Das gilt auch für den Fall, dass der Mieter die Wohnung so vollstellt, dass er sie nicht mehr ausreichend lüften kann.

- Andere Mieter fühlen sich durch die verwahrloste Wohnung belästigt, z. B. durch den Geruch, der aus der Wohnung dringt, oder das Ungeziefer, das angelockt wird.

Mahnen Sie den Mieter

Zeichnen sich solche Tendenzen ab, sollten Sie frühzeitig reagieren und den Mieter abmahnen. Dabei sollten Sie ihn auf seine Obhutspflicht hinweisen und ihn darauf aufmerksam machen, dass er Ihnen gegenüber schadenersatzpflichtig ist. Das gilt nicht nur für den Fall, dass er Ihr Eigentum beschädigt, sondern auch wenn andere Mieter seinetwegen die Miete mindern. Fordern Sie ihn auf, sein Verhalten zu ändern, da Sie sonst gezwungen sind, ihn zu verklagen.

Ist die Situation bereits Besorgnis erregend, sollten Sie ihm außerdem mitteilen, dass er durch sein Verhalten den Hausfrieden nachhaltig stört und dass Sie ihm fristlos kündigen, wenn er sein Verhalten fortsetzt.

Klagen und kündigen Sie

Erst wenn der Mieter auf Ihre Abmahnung nicht reagiert und alles beim Alten bleibt, können Sie nach § 541 BGB auf Unterlassung klagen. Zugleich haben Sie unter Umständen Anspruch auf Schadenersatz, den Sie ebenfalls einklagen können. Und schließlich empfiehlt es sich auch, die „doppelte Kündigung" auszusprechen (→ Falle 69), damit Sie diesen Mieter so schnell wie möglich loswerden.

Die Klage ist ein stumpfes Schwert

Man kann nur hoffen, dass sich Ihr „Messie"-Mieter von diesen Manövern beeindrucken lässt und das Feld räumt. Denn man muss leider sagen, dass Vermieter ihre Ansprüche selten in angemessener Weise durchsetzen können. Nicht zuletzt auch weil die „Messies" in aller Regel nicht zu den finanzstarken Mietern gehören, die Ihre Schadenersatzansprüche überhaupt erfüllen könnten. Dennoch bleibt Ihnen keine Wahl, denn die Alternative hieße, den „Messie" gewähren zu lassen.

Falle 73: Ihr Mieter reinigt das Treppenhaus nicht

Häufig wird der Mieter durch Mietvertrag und Hausordnung dazu verpflichtet, in bestimmten Abständen das Treppenhaus zu reinigen oder auch Teile davon. Kommt er dieser Pflicht nicht nach, neigen einige Vermieter zu einer etwas drastischen Lösung: Sie beauftragen einen professionellen Reinigungsdienst und schicken dem säumigen Mieter die Rechnung. Wenn Ihr Mieter nicht widerspruchslos zahlt, sondern fachkundigen Rat einholt, dann dürften Sie auf den Kosten sitzen bleiben. Denn Sie müssen bei der Durchsetzung Ihrer Ansprüche wieder einmal die Gerichte beschäftigen.

Mahnen Sie

Ist Ihr Mieter seiner Reinigungspflicht nicht nachgekommen, dann sollten Sie ihn mahnen. Schreiben Sie ihm, dass er durch den Mietvertrag und die Hausordnung verpflichtet ist, das Treppenhaus zu reinigen. Dies sei nicht geschehen. Kündigen Sie an, dass Sie gezwungen wären, ihn auf Erfüllung seiner Pflicht zu verklagen, sollte er in Zukunft nicht das Treppenhaus reinigen. Zusätzlich können Sie bereits andeuten, dass Sie sich „erforderlichenfalls" vom Gericht ermächtigen lassen werden, die Reinigung auf seine Kosten von einer Fachfirma ausführen zu lassen. Das Wort „Kündigung" lassen Sie bei Ihrem Schreiben tunlichst weg.

Klagen Sie – notfalls zweimal

Meist dürfte die Mahnung genügen. Erst wenn sie nicht gefruchtet hat, sollten Sie Ihren Mieter wie angekündigt „auf Erfüllung seiner Verpflichtung" verklagen. Und erst wenn Ihr Mieter zum Treppenhausreinigen verurteilt worden ist – und es immer noch nicht tut, können Sie sich vom Gericht die Erlaubnis einholen, die Fachfirma auf Mieterkosten zu beschäftigen.

Wenn Ihr Mieter die Verpflichtung bestreitet

Haben Sie dem Mieter die Pflicht zur Treppenhausreinigung im Mietvertrag auferlegt (womöglich sogar individuell unter den „sonstigen Vereinbarungen"), dürfte er sie kaum kippen können. Auch wenn sie in der Hausordnung festgelegt ist, die Bestandteil des Mietvertrags ist, kann er sich der Pflicht nicht so einfach entziehen. Problematisch wird es jedoch, wenn sie nur in der „normalen Hausordnung" auftaucht (→ Falle 75). Insgesamt kommt es auf zwei Faktoren an:

- Wie ortsüblich ist es, dass die Hausbewohner selbst das Treppenhaus reinigen? In Baden-Württemberg ist etwa die „Kehrwoche" allgemein verbreitet.

- Wie umfangreich sind die Reinigungspflichten? Sie können Ihrem Mieter keine weit reichenden Pflichten auferlegen, wenn sie im Mietvertrag „versteckt" sind (→ Falle 22) oder gar nicht dort auftauchen.

IHR MIETER VERREIST? ER MUSS FÜR EINE VERTRETUNG SORGEN

Ist Ihr Mieter nicht da, wenn er eigentlich mit dem Putzen an der Reihe wäre?

Dann muss er für eine Vertretung sorgen oder mit anderen Hausbewohnern tauschen. Allerdings hat das Amtsgericht Dortmund erklärt, dass dies nicht gilt, wenn der Mieter seinen vierzehntägigen Sommerurlaub verbringt. Bei einer derart kurzen Abwesenheit, noch dazu in der Urlaubszeit, sei dem Mieter nicht zuzumuten, nach einer Vertretung zu suchen.

Falle 74: Ihr Mieter macht Musik

„Musik wird störend oft empfunden, weil sie mit Geräusch verbunden", reimte schon Wilhelm Busch. Das gilt insbesondere für Musik, die in Mehrfamilienhäusern ausgeübt wird oder aus den Lautsprecherboxen der Stereoanlage dringt. Hausbewohner fühlen sich gestört und beschweren sich beim Vermieter, der z. B. gegen das enervierende Geklimpere einschreiten soll.

Doch so einfach ist das nicht. Denn dem Bedürfnis nach Ruhe auf der einen Seite steht auf der anderen Seite das Recht auf Entfaltung der musikalischen Talente gegenüber – sogar wenn diese Talente gar nicht vorhanden sein sollten. Das sorgfältige Abwägen und Ausbalancieren der Interessen tut also not.

Die Ruhezeiten sind einzuhalten

Ein erster Anhaltspunkt: Die allgemeinen Ruhezeiten müssen eingehalten werden. Das steht eigentlich auch in jeder Hausordnung: Mittags zwischen 13 und 15 Uhr sowie zwischen 22 und 7 Uhr müssen die Musikinstrumente schweigen oder dürfen nur in Zimmerlautstärke betrieben werden, was nur bei elektronischen Instrumenten möglich sein dürfte.

Das Gleiche gilt natürlich auch für die Stereoanlage. Wer während der Ruhezeiten die Regler aufdreht, kann Ärger bekommen, unter Umständen auch eine Anzeige wegen Ruhestörung.

Wie lange darf Ihr Mieter spielen?

Sie sollten wissen: Ein totales Verbot zu musizieren ist unwirksam, auch wenn das so in der Hausordnung steht (BGH, WM 1998, S. 738). Vielmehr muss im konkreten Einzelfall abgewogen werden, wie sich widerstreitende Interessen ausgleichen lassen. Dabei ist einmal das Instrument, dann sind aber auch die örtlichen Gegebenheiten zu berücksichtigen wie die Umgebungsgeräusche und die Art des Hauses. Handelt es sich um eine ruhige Wohnanlage, in der viele Senioren wohnen, gelten andere Maßstäbe als in einem Haus mit jüngeren Bewohnern. Als Anhaltspunkte können die folgenden Urteile dienen, in denen die Gerichte die zulässigen Spielzeiten definiert haben:

- Der Mieter darf „mindestens" zwei Stunden täglich musizieren (OLG Hamm, NJW 1981, S. 465) und „höchstens" drei (BayOLG, NJWE-MietR WM 1996, S. 12).

- Saxophon und Klarinette dürfen höchstens zwei Stunden am Tag gespielt werden, am Sonntag nur eine Stunde (OLG Karlsruhe, NJW-RR 1989, S. 1179).

- Klavierspielen in einem hellhörigen Mietshaus darf nicht länger als 90 Minuten am Tag dauern (AG Frankfurt, WM 1997, S. 431).

Weisen Sie Ihren Mieter auf sein Verhalten hin

Der erste Schritt, wenn Ihr Mieter zu laut und/oder zu lange Musik macht: Sie teilen ihm das mit, am besten schriftlich. In dieser Mitteilung können Sie ihn auch auf das zulässige Maß hinweisen. Vielleicht ist das ja auch in der Hausordnung festgelegt (→ Falle 75).

 VERSUCHEN SIE EINE EINIGUNG HERBEIZUFÜHREN

In manchen Fällen müssen Sie gar nicht mahnen und warnen, sondern können die Einigung den betroffenen Mietern überlassen. Dabei empfiehlt es sich, dass Sie als „ehrlicher Makler" zwischen den widerstreitenden Parteien vermitteln. Das Ergebnis sollten Sie fixieren und nach Möglichkeit in die Hausordnung aufnehmen.

Wenn sich Ihr Mieter über die Vorgaben hinwegsetzt

Hält sich Ihr Mieter nicht an die vereinbarten Zeiten, sollten Sie ihn abmahnen. Weisen Sie ihn darauf hin, dass sein Verhalten andere Hausbewohner stört und den Hausfrieden gefährdet. Kündigen Sie an, dass Sie auf Unterlassung klagen werden, wenn er sein Verhalten fortsetzt. Je nach Ausmaß und Schwere seiner musikalischen Belästigungen können Sie ihn auch abmahnen und ihm die fristlose Kündigung in Aussicht stellen (→ Falle 88).

ACHTUNG, BERUFSMUSIKER!

In manchen Fällen lassen sich Berufsmusiker oder Klavierlehrer im Mietvertrag ausgedehnte Spielzeiten garantieren. Dann müssen Sie darauf achten, dass Sie nicht zwischen die Fronten geraten und Ihnen die ruhebedürftigen Bewohner die Miete mindern, während die Musiker von „Schadensersatzansprüchen" sprechen. Im Allgemeinen wird aber von den Gerichten den Profimusikern eine längere Spielzeit zugestanden, erst recht wenn sie mietvertraglich vereinbart ist, von drei Stunden täglich bis zu neun Stunden am Werktag und sechs Stunden am Wochenende (ein Extremfall: LG Flensburg, DWW 1993, S. 102). Aber: Auch Profis müssen sich an die Ruhezeiten halten!

Falle 75: Die Hausordnung

Die Hausordnung soll dafür sorgen, dass sich das Zusammenleben aller Bewohner möglichst spannungsfrei gestaltet. Üblicherweise sind hier die Ruhezeiten festgelegt, die Regelungen über die Haus- und Treppenreinigung, Fragen der Tierhaltung, Abstellmöglichkeiten für Fahrräder und Kinderwagen, die Nutzung von Gemeinschaftseigentum wie Waschküche, Speicher, Keller, Speicher oder Trockenböden.

Solange sich alle an die Hausordnung halten, gibt es keine Probleme. Doch immer wieder einmal wird gegen die Hausordnung verstoßen. Und das hat in der Regel eine der folgenden Ursachen:

- Die Hausordnung ist untauglich. Die Regelungen verbessern das Zusammenleben nicht und sollten geändert werden.

- Sie haben die Regelungen mit Ihrem Mieter nicht wirksam vereinbart. Er ist an die Hausordnung nicht gebunden.

- Ihr Mieter ist ein Grobian und nimmt auf die Hausgemeinschaft keine Rücksicht.

Wie gut ist Ihre Hausordnung?

Zwei typische Schwächen von Hausordnungen: Die einen verlieren sich viel zu sehr im Detail, sie versuchen alles zu regeln. Keiner durchschaut mehr die Regelungen; also hält sich auch keiner mehr daran. Eine Hausordnung aber muss übersichtlich sein und sich auf die wichtigsten Grundsätze beschränken.

Die andere Schwäche: Die Hausordnung ist rigide und/oder willkürlich. Wenn die Hausordnung anfängt, den Bewohnern vorzuschreiben, wann Besuch empfangen werden darf und bis wann der wieder gegangen sein muss, dann hat sie ihren Zweck verfehlt. Schikanöse Bestimmungen haben im Ernstfall keine Bedeutung. Ihr Mieter muss sich nicht daran halten. Und es gibt noch einen dritten Fall, in dem Sie Verstöße gegen die Hausordnung hinnehmen müssen: Wenn Ihr Mieter besonders „schutzwürdige Interessen" geltend machen kann.

 AUF „SCHUTZWÜRDIGE INTERESSEN" RÜCKSICHT NEHMEN

Familien mit kleinen Kindern müssen ihren Kinderwagen irgendwo abstellen können. Ältere oder behinderte Mieter haben ihre eigenen, schutzwürdigen Ansprüche, die Sie nicht einfach durch eine Hausordnung aushebeln können, nach dem Motto: „Das ist Ihr Problem, wie Sie damit zurechtkommen."

Die Hausordnung als Bestandteil des Mietvertrages

Viele Vermieter neigen zu der Ansicht, sie müssten die Hausordnung mietvertraglich vereinbaren, sonst seien die Regelungen nicht wirksam.

Das ist im Prinzip gar nicht so falsch. Tatsächlich hat die Hausordnung, die Sie nicht im Mietvertrag vereinbaren, sondern einseitig „erlassen", die geringste Bindewirkung. Solche Hausordnungen dürfen nur solche Regelungen umfassen, die zur Aufrechterhaltung der Ordnung im Haus erforderlich sind.

Doch in vielen Fällen reicht das für eine Hausordnung völlig aus. Obendrein gibt es zwei gute Gründe, die Hausordnung nicht zum Bestandteil des Mietvertrags zu machen:

■ Sie können die Hausordnung nicht mehr einseitig ändern. Das kann vor allem dann Probleme bereiten, wenn Sie eine Eigentumswohnung besitzen, eine eigene Hausordnung im Mietvertrag vereinbaren, die im einen oder anderen Punkt der Hausordnung der Eigentümergemeinschaft widerspricht. Maßgeblich für den Mieter ist die Hausordnung des Mietvertrags.

■ Wollen Sie Ihrem Mieter besondere Verpflichtungen auferlegen (Treppenreinigung, Gartenarbeit, Schneeschippen), dann ist es nicht unbedingt mit einer Bestimmung in der Hausordnung getan. In solchen Fällen sollten Sie ohnehin eine individuelle Klausel in Ihrem Mietvertrag vorsehen, damit die Regelung wirksam ist.

Verstöße ahnden

Hält sich Ihr Mieter nicht an die Hausordnung, dann sollten Sie möglichst umgehend darauf hinweisen. Erfahrungsgemäß erreichen Sie dadurch am meisten. Bleiben Sie höflich, dramatisieren Sie nichts, drohen Sie nicht gleich mit Gericht und Kündigung, sondern machen Sie unmissverständlich klar, dass Sie den Verstoß nicht hinnehmen.

Setzt der Mieter sein Verhalten fort, dürfen Sie ihm das nicht durchgehen lassen. Schicken Sie ihm ein Schreiben, in dem Sie ihn auffordern, sein Verhalten zu ändern. In einigen Fällen müssen Sie ihm eine Frist setzen, etwa wenn er ein Haustier wieder abschaffen soll (→ Falle 77). Kündigen Sie ihm an, dass Sie eine Unterlassungsklage gegen ihn anstrengen werden, sollte er weiterhin gegen die Regelung verstoßen. In einigen Fällen sollten Sie Ihren Mieter abmahnen und eine fristlose Kündigung in Aussicht stellen (→ Falle 88).

Falle 76: Gerümpel und herrenlose Fahrräder

Hausmeister großer Wohnanlagen kennen häufig das Problem: Neben den Mülltonnen stapelt sich Sperrmüll, in den Hausfluren werden diverse Gegenstände abgestellt und die Abstellplätze für Fahrräder werden von betagten Drahteseln blockiert, die schon lange nicht mehr in Gebrauch sind.

Die beherzte Entsorgung des Gerümpels kann Probleme schaffen: Plötzlich melden sich die Altbesitzer vermeintlicher „Fahrradleichen" und fordern die Rückgabe. Und die Holzbretter, die der Hausmeister kurz entschlossen auf den Sperrmüll gefahren hat, sollen nach Angaben des vormaligen Besitzers Bestandteil eines wertvollen Regals gewesen sein. Deshalb fordert er als Ersatz ein neuwertiges Regal.

Eine Frage des Eigentums

Grundsätzlich gilt: Was dem Mieter gehört, dürfen Sie nicht ohne Weiteres fortschaffen. Auf der anderen Seite sind Haus- oder Kellerflure keine Abstellplätze. Schränken die Gegenstände die Passierbarkeit ein, sollten sie auf jeden Fall weggeräumt werden – nur nicht unbedingt auf den Müllplatz.

■ Lässt sich der Besitzer ermitteln, sollten Sie ihn auffordern, die Gegenstände zu entfernen. Setzen Sie ihm eine Frist und stellen Sie ihm eine Unterlassungsklage in Aussicht.

■ Lässt sich der Besitzer nicht ermitteln, sollten Sie den Gegenstand mit der Aufforderung versehen, ihn zu entfernen, da er sonst entsorgt werden muss.

■ Für offensichtlichen Sperrmüll gilt: Lässt sich der Verursacher ermitteln, sollten Sie ihn auffordern, den Müll innerhalb einer Frist zu entsorgen. Andernfalls müssten Sie klagen. Anonymen Sperrmüll lassen Sie fortschaffen. Die Kosten können Sie leider nicht auf die Hausbewohner umlegen.

WAS TUN MIT HERRENLOSEN FAHRRÄDERN?

Besonderen Ärger bereiten die alten Fahrräder, die niemandem zu gehören scheinen. Hier müssen Sie aufpassen, dass Sie die Räder nicht zu schnell fortschaffen, sondern die Exemplare erwischen, auf die keiner mehr Anspruch erhebt. Eine Möglichkeit besteht darin, dass der Hausmeister alle Kandidaten mit einem Klebeband versieht und die Hausbewohner aufgefordert werden, bis zu einer gewissen Frist das Klebeband zu entfernen – wenn sie das Fahrrad noch nutzen wollen. Im praktischen Einsatz hat sich dieses Verfahren bewährt, aber Sie sollten wissen, ganz rechtssicher ist es nicht.

Die „Fahrradleichen" sollten Sie übrigens nicht auf den Sperrmüll schaffen. Melden Sie sie vielmehr bei der nächsten Polizeiinspektion. Die Räder werden auf Diebstahl überprüft, in den Fahrradkeller der Polizei geschafft und schließlich versteigert, wenn sich kein Besitzer ermitteln lässt.

Falle 77: Ihr Mieter will sich ein Haustier anschaffen

Kommt Ihr Mieter auf die Idee, sich einen Hund oder einen Zwerghasen anzuschaffen, muss er Sie um Erlaubnis fragen? Und können Sie ihm diese Erlaubnis verweigern? Müssen Sie Ihre Entscheidung begründen? Viele Vermieter wissen das nicht und handeln sich Nachteile ein. Beispielsweise wenn sie einem Mieter die Erlaubnis erteilen, obwohl sie es nicht müssten, und damit allen anderen Mietern den Anspruch verschaffen, ebenfalls ein solches Haustier anzuschaffen.

Was steht im Mietvertrag?

Maßgeblich ist, was Sie im Mietvertrag vereinbart haben. Nur im Rahmen einer individuellen Vereinbarung (→ Falle 23) können Sie die Tierhaltung generell untersagen. Als Klausel in einem Formularmietvertrag (→ Falle 22) wäre ein solch rigides Verbot unwirksam, weil von diesem Verbot auch Kleintiere betroffen wären, die keinen Einfluss auf die Beziehung zwischen Mieter und Vermieter haben wie Zierfische, Hamster oder Wellensittiche (BGH, NJW 1993, S. 1061). Die Folge: Der Mieter dürfte sich die üblichen Haustiere anschaffen, sofern ihre Haltung nicht zu unzumutbaren Belästigungen des Vermieters oder der anderen Bewohner führt.

Steht hingegen im Mietvertrag, dass keine Hunde und Katzen angeschafft werden dürfen, so muss sich der Mieter daran halten. Er kann sich nicht darauf berufen, dass ihn das Verbot an der freien Entfaltung seiner Persönlichkeit hindert (BVerG, WM 1981, S. 77). Mögliche Ausnahme: ein Blindenhund (BGH, WM 1995, S. 447).

Zustimmung des Vermieters erforderlich

Steht im Mietvertrag, dass Ihr Mieter Sie vorher um Erlaubnis fragen muss, so gilt das auch. Bei Tieren, die ohne Erlaubnis angeschafft werden, können Sie verlangen, dass sie wieder abgeschafft werden (LG Göttingen, WM 1991, S. 536). Setzen Sie Ihrem Mieter eine Frist und stellen Sie eine Unterlassungsklage in Aussicht. Kündigen können Sie Ihrem Mieter nicht.

Ein wichtiger Punkt: Sie können Ihrem Mieter die Zustimmung nicht willkürlich vorenthalten. Halten andere Mieter im Haus einen Hund, müssen Sie die Zustimmung erteilen, wenn nicht gewichtige Gründe dagegen sprechen (LG Berlin 1987, S. 213). Etwas anders ist die Sache zu beurteilen, wenn Sie Besitzer einer Eigentumswohnung sind. Dann haben Sie ja keinen Einfluss auf die Vertragsgestaltung der anderen Vermieter. Doch ist die Frage der Tierhaltung meist in der Hausordnung oder der Teilungserklärung geregelt.

Eine Ablehnung sollten Sie begründen können, denn nach Auffassung vieler Gerichte kann der Mieter davon ausgehen die Zustimmung zu bekommen, wenn keine stichhaltigen Gründe dagegen sprechen (LG Hamburg, WM 1998, S. 378).

Ist im Mietvertrag keine Klausel zur Tierhaltung enthalten, muss der Mieter nach Auffassung der meisten Gerichte dennoch um Erlaubnis fragen, bevor er sich Hund oder Katze anschafft (OLG Hamm, NJW 1981, S. 1626; anderer Ansicht AG Köln, MDR 1997, S. 344).

HUND IST NICHT GLEICH HUND

Besondere Vorsicht ist geboten, wenn der Mieter um Erlaubnis bittet, sich einen Hund anzuschaffen. Da vom Zwergpinscher bis zu Dobermann und Dogge die unterschiedlichsten Exemplare gemeint sein können, sollten Sie sich erkundigen, was für eine Art von Hund angeschafft werden soll. Bei „Mischlingen" können Sie Ihre Zustimmung auf Hunde einer bestimmten Größe begrenzen.

Können Sie die Erlaubnis widerrufen?

Haben Sie Ihrem Mieter erlaubt, ein Haustier zu halten, so muss er sicherstellen, dass die anderen Hausbewohner nicht belästigt werden. Verunreinigt ein Hund wiederholt das Treppenhaus, fühlen sich Bewohner von einem Hund bedroht (LG Hamburg, WM 1999, S. 453) oder setzt ein Vogel zu ausgedehnten schrillen Pfeifkonzerten an (OLG Düsseldorf, WM 1990, S. 122), können Sie die Zustimmung widerrufen und den Mieter auffordern, das Tier wieder abzuschaffen. Allerdings sollten die Beeinträchtigungen schon erheblich sein und den Hausfrieden stören (→ Falle 78). Die Situation muss vielmehr so sehr eskaliert sein, dass die weitere Tierhaltung „unzumutbar" geworden ist.

Doch bis dahin ist es meist ein langer Weg. Verstöße müssen Sie anmahnen und den Mieter auffordern, für „Unterlassung" zu sorgen (→ Falle 78). Erst wenn der Mieter nichts unternimmt, können Sie die Erlaubnis widerrufen.

Wenn Sie ihm die Erlaubnis entziehen, müssen Sie eine (ausreichende) Frist setzen, bis wann er das Tier abgeschafft haben muss. Stellen Sie eine Unterlassungsklage in Aussicht. Eine fristlose Kündigung kommt nur in schweren Fällen in Betracht: Etwa wenn das Tier gefährlich ist und der Mieter trotz Aufforderung nichts dagegen unternimmt (LG Berlin 1995, GE 1995, S. 621).

VORSICHT, STILLSCHWEIGENDE DULDUNG!

Erfahren Sie, dass ein Mieter ohne Ihre Erlaubnis Tiere hält oder dass ein Tier den Hausfrieden massiv stört, sollten Sie unverzüglich reagieren. Nehmen Sie die Tierhaltung erst einmal hin, kann das als stillschweigende Zustimmung aufgefasst werden. Ebenso schwächen Sie Ihre Position, wenn Sie Verstöße nicht konsequent ahnden. Ihr Mieter kann sich auf den Standpunkt stellen, dass Sie nicht plötzlich Dinge beanstanden können, die Sie vorher hingenommen haben.

Falle 78: Was dürfen Tiere?

Wenn Ihr Mieter Tiere hält, dann ist er für sie auch verantwortlich. Er muss dafür sorgen, dass andere Hausbewohner nicht durch sie belästigt oder gar geschädigt werden. Was unter einer Belästigung zu verstehen ist, darüber gehen die Ansichten erwartungsgemäß weit auseinander. Während die Tierbesitzer ihren Lieblingen weit reichende Entfaltungsmöglichkeiten zubilligen, fühlen sich andere Hausbewohner bereits beim Anblick eines dösenden Dackels bedroht.

Hunde und Katzen

Problem Nummer eins bei Hunden: das Bellen. Dem dürfen sie keineswegs nach Lust und Laune nachgehen, wie viele Hundebesitzer glauben. Vielmehr kann ausgiebiges Bellen durchaus als Lärmbelästigung gelten, in extremen Fällen sogar als Körperverletzung (AG Hannover, ZMR 1965, S. 223). Die Gerichte urteilen uneinheitlich, erlauben das Bellen nur in der Zeit von 8 bis 13 Uhr sowie von 15 bis 19 Uhr, wobei allenfalls zehn Minuten Dauergebell zulässig sein soll (OLG Hamm, WM 1990, S. 123). Andere Gerichte sind da weniger streng und lassen erst das regelmäßige dauerhafte Gebell von insgesamt zwei Stunden Dauer am Tag als Lärmbelästigung gelten.

BELLO ALLEIN ZU HAUS

Manche Hundebesitzer lassen ihren Liebling regelmäßig über mehrere Stunden in der Wohnung zurück. Einige Hunde bellen bei solchen Gelegenheiten ausgiebig, wovon der Besitzer nicht unbedingt etwas ahnt, wenn er zurückkommt. In solchen Fällen können Sie den Hundehalter auf die Lärmbelästigung aufmerksam machen. Wenn er nichts dagegen unternimmt, droht ihm nicht nur eine Unterlassungsklage. Auch die leidtragenden Mieter können ihn wegen Lärmbelästigung anzeigen. Dann muss er mit einer empfindlichen Geldbuße rechnen.

Auch wenn Hunde immer wieder andere Hausbewohner anspringen, ihr „Geschäft" an Orten hinterlassen, wo sie es nicht tun dürfen (z. B. im Haus, auf dem Spielplatz, auf den Grünflächen), ist eine Mahnung am Platz. Ebenso wenig dürfen Hunde in fremde Wohnungen eindringen. Und wenn ein Hund zubeißt, können Sie Ihre Erlaubnis, den Hund zu halten, zurückziehen und den Mieter auffordern, das Tier abzuschaffen.

Bei Katzen sind Beschwerden weit weniger häufig; aber Katzen dürfen auch mehr als Hunde, zum Beispiel frei herumlaufen. Eine Aufsichtspflicht wie für Hunde gibt es bei Katzen nicht. Werden Katzen in der Wohnung gehalten, so sorgt vor allem ein Problem für Beschwerden: Der mitunter sehr penetrante Katzengestank, der in extremen Fällen sogar eine fristlose Kündigung rechtfertigt (LG Berlin, NJW-RR 1997, S. 395).

Vögel

Normales Vogelgezwitscher müssen die Hausbewohner hinnehmen, nicht aber stundenlanges schrilles Pfeifen, wie es manche Papageien von sich geben. Kann der Vogelhalter den Lärm nicht auf ein erträgliches Maß zurückfahren, muss er seine gefiederten Freunde abschaffen.

Bedrohlich wirkende Tiere

In einigen Fällen ist es ausreichend, wenn die Tiere auf andere Hausbewohner bedrohlich wirken, um den Haltern die Erlaubnis wieder zu entziehen. So etwa bei einem Dobermann, bei dem das Landgericht Hamburg feststellte, es sei „nicht erforderlich", dass der Hund auch wütend knurre

(WM 1999, S. 453). Unangenehm ist es allerdings für Sie, wenn Sie dem
Mieter vorher ausdrücklich die Haltung eines Dobermanns (nicht eines
„Hundes") gestattet haben. Dann trifft Sie gewissermaßen ein Mitverschul-
den.

 GERATEN SIE NICHT ZWISCHEN DIE FRONTEN

Wichtige Warnung: Lassen Sie sich bei der oftmals aufgeladenen Auseinandersetzung um die Haustiere nicht von einer Seite instrumentalisieren. Vertrauen
Sie nicht zu sehr auf die Aussagen mancher Hausbewohner. Wenn Sie den Mieter verklagen müssen, brauchen Sie stichhaltige Beweise. Die sollten Sie unter
Umständen einfordern, bevor Sie tätig werden. Davon abgesehen können die
betreffenden Mieter selbst gegen den Störenfried klagen, wenn sie der Ansicht
sind, dass der Hund aus dem dritten Stock zu häufig bellt.

Und doch können Sie sich auch nicht aus der Verantwortung stehlen: Offensichtliche Verstöße gegen den Mietvertrag oder die Hausordnung und rück-
sichtsloses Verhalten auf Kosten der Hausgemeinschaft dürfen Sie nicht durchgehen lassen.

Falle 79: Nachbarschaftsstreit

Tiere sind nicht die einzigen Anlässe, weswegen Mieter untereinander in
Streit geraten. Der eine regt sich darüber auf, dass jemand seine Zigaret-
tenkippen ins Treppenhaus wirft, der andere klagt über die ständigen
Bohrgeräusche aus der Nachbarwohnung, ein Dritter beschwert sich, dass
die Familie aus dem zweiten Stock ständig auf ihrem Balkon grillt, und die
Wohngemeinschaft aus dem Erdgeschoss hat alle anderen gegen sich, weil
sie immer wieder lautstarke Partys steigen lässt.

Nicht immer müssen Sie sich einmischen

Als Vermieter sollten Sie ein Interesse daran haben, dass die Hausbewohner gut miteinander auskommen – und das nicht nur weil dadurch die

Wohnqualität deutlich steigt. Ihre Mieter können auch die Miete mindern, wenn Sie gegenüber rücksichtslosen Hausbewohnern nicht tätig werden. Auf der anderen Seite ist es nicht immer hilfreich, wenn Sie sich in einen Nachbarschaftsstreit einmischen. Vor allem in zwei Fällen sollten Sie sehr zurückhaltend sein: Wenn persönliche Aversionen im Spiel zu sein scheinen und wenn nicht ganz klar ist, was überhaupt vorgefallen ist. Bevor Sie ein mahnendes Schreiben an den Mieter richten, sollten Sie ihm immer erst Gelegenheit geben, zu den Vorwürfen Stellung zu nehmen. Davon abgesehen können Sie den Mieter, der sich beschwert, darauf hinweisen, dass er selbst klagen kann.

Was muss toleriert werden, was nicht?

Manches Verhalten mag zwar die Hausbewohner stören, doch muss es in einem gewissen Ausmaß hingenommen werden. In anderen Fällen ist es umgekehrt: Dem Störenfried ist gar nicht bewusst, dass sein Verhalten nicht zulässig ist.

- Nächtliches Babygeschrei muss hingenommen werden – es sei denn, die Eltern haben es zu verantworten, z. B. weil sie nicht in der Wohnung sind.

- Kinderlärm ist in Grenzen zu tolerieren: Während der Ruhezeiten (13–15 Uhr, 22–7 Uhr) müssen die Eltern darauf achten, dass andere Bewohner nicht gestört werden. Aber Unruhe „infolge des normalen Spiel- und Bewegungstriebes" kann nicht beanstandet werden (LG Heidelberg, WM 1997, S. 38).

- Tabak- und haushaltsübliche Kochgerüche müssen hingenommen werden, auch wenn sie ins Treppenhaus oder durch gekippte Fenster in andere Wohnungen dringen.

- Grillen auf dem Balkon ist nur zulässig, wenn dadurch andere Bewohner nicht unzumutbar belästigt werden. Dringt Qualm in deren Wohnung, kann schon bei zehnminütigem Grillen ein Bußgeld fällig sein.

- Der Gebrauch von elektrischen Werkzeugen wie einer Bohrmaschine ist außerhalb der Ruhezeiten gestattet. Nur wenn ständig gebastelt wird, weil der Mieter in seiner Wohnung eine Hobbywerkstatt eingerichtet hat, ist das nicht hinzunehmen.

■ Baden, Duschen und der Betrieb von Haushaltsmaschinen ist gestattet, auch nach 22 Uhr. Es sei denn, die Geräuschentwicklung ist zu stark.

■ Geburtstagsfeiern oder Partys müssen nach 22 Uhr auf Zimmerlautstärke heruntergeregelt werden. Als Vermieter sollten Sie allerdings erst tätig werden, wenn Ihr Mieter wiederholt lautstark bis in den späten Abend hinein feiert.

■ Stellt ein Mieter Zimmerpflanzen im Treppenhaus ab oder lagert er einen Satz Reifen kurzzeitig im Gemeinschaftskeller, so ist das zwar nicht zulässig, doch kommt es darauf an, die Verhältnismäßigkeit zu wahren.

■ Fahrräder im Hausflur müssen entfernt werden, nicht jedoch ein Kinderwagen, wenn keine anderen Abstellmöglichkeiten zu Verfügung stehen.

Falle 80: Die Parabolantenne

Was tun Sie, wenn Ihr Mieter auf seinem Balkon eine „Satellitenschüssel", eine sogenannte Parabolantenne, montiert? Und wie reagieren Sie, wenn er Sie um Erlaubnis bittet, eine solche Schüssel an der Fassade anzubringen? Bei diesem Thema sind mehrere Fallstricke zu beachten. Nicht selten werden die Streitigkeiten zwischen Mieter und Vermieter vor Gericht entschieden.

Zwei Grundrechte im Konflikt

Im Kern der Auseinandersetzung stehen sich zwei Grundrechte gegenüber, zwischen denen jeweils abgewogen wird: Dem Recht des Hauseigentümers, über sein Eigentum verfügen zu können, und dem Recht des Mieters auf freien Zugang zu allen üblichen Informationsquellen. Kann Ihr Mieter einen besonderen Bedarf an den Programmen geltend machen, die er mit der Antenne empfängt, müssen Sie die Montage in der Regel erlauben. Stellt die Montage hingegen einen erheblichen Eingriff in die Bausubstanz dar, kann auch anders entschieden werden, zumal wenn das Gebäude denkmalgeschützt ist und sich der Mieter auch aus anderen Quellen hinreichend informieren kann.

Wann müssen Sie die Montage gestatten?

Die technische Entwicklung verläuft rasant, so dass einige Urteile der Vergangenheit mittlerweile überholt sein dürften. Doch an den Grundprinzipien hat sich nichts geändert. Und um die soll es hier gehen. So müssen Sie Ihrem Mieter die Montage der Schüssel gestatten, wenn die folgenden vier Bedingungen erfüllt sind (vgl. BVerG, WM 1993, S. 299):

- Das Haus verfügt über keinen Breitbandkabelanschluss oder eine Gemeinschafts-Parabolantenne (Ausnahmen, siehe unten).

- Die Antenne wird fachmännisch montiert.

- Die Montage stellt keinen erheblichen Eingriff in die Bausubstanz dar und beeinträchtigt nicht nenneswert das Erscheinungsbild.

- Der Mieter trägt alle anfallenden Kosten und Gebühren.

Ihr Mieter muss Sie um Erlaubnis fragen

Als Vermieter dürfen Sie bestimmen, wo die Schüssel angebracht wird (OLG Hamm, RE, WM 1993m, S. 658), doch müssen Sie darauf achten, dass dieser Ort auch zum Empfang der gewünschten Programme geeignet ist, was Ihre Wahlfreiheit häufig einschränkt.

Zwar ist Ihr Mieter gehalten, Sie vor der Montage um Erlaubnis zu fragen; doch kann es vorkommen, dass auch eine Schüssel bleiben darf, die Sie nicht genehmigt haben, wenn nämlich für den Vermieter nur unerhebliche Beeinträchtigungen entstanden sind (LG Karlsruhe, WM 1991, S. 563).

Kann Ihr Mieter ein besonderes Interesse geltend machen?

In manchen Fällen werden Sie einer Installation kaum widersprechen können: Wenn nämlich Ihr Mieter mit der Parabolantenne Programme empfangen kann, auf die er in besonderer Weise angewiesen ist: Wenn ein ausländischer Mieter Programme aus seinem Heimatland empfangen will oder jemand aus beruflichen Gründen auf den Empfang bestimmter Programme angewiesen ist, die er eben nur über die Satellitenantenne beziehen kann. Aber auch in diesen Fällen muss der Mieter alle Kosten übernehmen und Sie vorher um Erlaubnis bitten.

Wenn Sie die Montage gestatten müssen

Öfter, als ihnen lieb ist, müssen Vermieter die Montage der Schüssel erlauben. Anstatt sich in eine oftmals langwierige juristische Auseinandersetzung zu verstricken, sollten Sie daher versuchen, die Beeinträchtigung in Grenzen zu halten:

- Bestimmen Sie einen Platz, der möglichst unauffällig ist. Denken Sie aber an den störungsfreien Empfang.

- Verpflichten Sie den Mieter, Sie vom Haftungsrisiko für Schäden freizustellen. Wenn also beispielsweise die Antenne herunterfällt und jemanden verletzt, muss Ihr Mieter die Haftung übernehmen.

- Verlangen Sie für die spätere Entfernung der Schüssel eine Kaution, die den voraussichtlichen Kosten entspricht (zulässig nach einem Urteil des OLG Karlsruhe, RE, WM 1993, S. 487).

Falle 81: Ihr Mieter ist für längere Zeit abwesend

Sie haben mit Ihrem Mieter etwas zu klären: Handwerker, der Bezirksschornsteinfeger oder der Ablesedienst wollen in die Wohnung, aber Ihr Mieter ist nicht da. Was ist da zu tun? Dürfen Sie einfach in die Wohnung? Wie lange müssen Sie seine Abwesenheit hinnehmen? Dürfen Sie ihm vielleicht sogar kündigen und neu vermieten, wenn er sich längere Zeit nicht blicken lässt?

Die Obhutspflicht des Mieters

Im Prinzip besteht für den Mieter keine Anwesenheitspflicht. Er darf sich auch für längere Zeit entfernen, beispielsweise für eine ausgedehnte Reise, eine Kur, einen Auslandsaufenthalt, ein Auslandssemester oder dergleichen. Während dieser Zeit darf er einen Verwandten oder Bekannten aufnehmen, der auf die Wohnung aufpasst, ohne dass dadurch ein Untermietverhältnis (→ Falle 70) begründet würde.

Zugleich aber darf Ihr Mieter die Wohnung nicht einfach so zurücklassen. Als Mieter hat er für sie eine Obhutspflicht übernommen. Er muss dafür Sorge tragen, dass die Wohnung während seiner Abwesenheit keinen Schaden leidet.

- Vorhersehbare Schäden muss er abwenden. Das heißt vor allem, dass er sicherstellen muss, dass die Wasserrohre und Heizungen nicht einfrieren.

- Er muss jemandem den Schlüssel aushändigen, der sich in gewissen Zeitabständen um die Wohnung kümmert: Freunde oder Nachbarn, es muss nicht der Vermieter sein.

- Vermieter, Verwalter oder Hausmeister, unter Umständen auch Nachbarn müssen darüber informiert werden, wo der Schlüssel hinterlegt ist (BGH, WM 1972, S. 25).

- Seine mietvertraglichen Verpflichtungen wie Treppenreinigung oder Winterdienst muss er weiterhin erfüllen, z. B. in dem er jemanden damit beauftragt.

- Er darf nicht „abtauchen", sondern muss dafür sorgen, dass er erreichbar bleibt (Nachsendeantrag, Hinterlassen seiner Adresse, Benennung eines Bevollmächtigten).

Wenn der Mieter seine Obhutspflicht verletzt

Kommt der Mieter den genannten Pflichten nicht nach, müssen Sie reagieren. Dabei gebietet der grundgesetzlich garantierte Schutz der Wohnung, dass Sie die Räume nicht einfach so betreten dürfen, sondern nur wenn Gefahr in Verzug ist (→ Falle 71). Doch macht sich der Mieter schadenersatzpflichtig, wenn er niemanden darüber informiert, wo er den Schlüssel hinterlegt hat (LG Düsseldorf, NJW 1960, S. 2101).

Bei einem Wasserrohrbruch muss er für den Schaden aufkommen, wenn er sich um das drohende Einfrieren der Leitungen nicht gekümmert hat. War der Schaden jedoch nicht absehbar oder ist entstanden, obwohl er sich ausreichend bemüht hat, ihn abzuwenden, können Sie Ihren Mieter nicht dafür haftbar machen.

Hat der Mieter niemanden beauftragt, seine mietvertraglich vereinbarten Pflichten zu übernehmen wie die Treppenreinigung, den Winterdienst oder die Gartenarbeit, müssen Sie im Allgemeinen nicht über die Gerichte gehen (→ Falle 73), sondern können die betreffenden Arbeiten auf seine Kosten erledigen lassen.

Mieter nicht mehr erreichbar?

Heikel wird die Sache, wenn Sie den Mieter nicht mehr erreichen, und zwar über einen längeren Zeitraum. Wenn Ihr Mieter von seinem Urlaubsort nicht zurückruft, lässt sich das in der Regel verschmerzen. Was aber, wenn der Mieter völlig abtaucht, wenn irgendwann nicht einmal mehr seine Miete bei Ihnen eingeht?

Zunächst sollten Sie wissen, dass Sie auch dann nicht ohne Weiteres in die Wohnung hineindürfen. Das Mietverhältnis besteht weiterhin, der Mieter hat nicht gekündigt und ist nach wie vor verpflichtet, die Miete zu bezahlen, wie er auch alle Kosten tragen muss, die Ihnen durch sein Verhalten entstanden sind.

Zwar können Sie ihm wegen massiver Verletzung seiner Obhutspflicht kündigen, doch diese Kündigung (die den Mieter ohnehin nicht erreicht) berechtigt Sie noch nicht, die Wohnung gleich wieder in Besitz zu nehmen. Wie Sie im konkreten Fall vorgehen, das sollten Sie mit einem Rechtsanwalt abstimmen. Es kann nur eindringlich davor gewarnt werden, die Sache selbst in die Hand zu nehmen, die Wohnung räumen zu lassen und neu zu vermieten.

Falle 82: Ihr Mieter erkrankt schwer

Wie ist es um Ihre Ansprüche bestellt, wenn Ihr Mieter schwer erkrankt? Was ist zu tun, wenn er für unbestimmte Zeit in einer Klinik oder einem Sanatorium bleiben muss und seiner Obhutspflicht nicht nachkommen kann? Können Sie dann das Mietverhältnis beenden oder müssen Sie es hinnehmen, dass sich der Mieter nicht um seine Wohnung kümmern kann? Und schließlich: Dürfen Sie das Mietverhältnis beenden, wenn der Mieter an einer ansteckenden Krankheit leidet?

Eine zwiespältige Situation

Zunächst einmal sollten Sie wissen, dass Ihre Ansprüche nicht dadurch außer Kraft gesetzt werden, dass Ihr Mieter erkrankt. Im Prinzip muss er weiterhin seine Pflichten erfüllen, also unter Umständen auch für die Treppenreinigung und den Winterdienst sorgen.

Zugleich ist von Ihnen aber auch ein Mindestmaß an Rücksichtnahme zu erwarten. Die Situation unterscheidet sich grundlegend von der eben angesprochenen (→ Falle 81). Der Mieter vernachlässigt ja nicht schuldhaft seine Obhutspflicht, sondern ist unter Umständen nicht mehr in Lage, ihr nachzukommen. Im konkreten Einzelfall wird abzuwägen sein, was zu tun ist. Häufig ist es sinnvoll, sich mit den Angehörigen in Verbindung zu setzen. Ihr Mieter kann jemanden bevollmächtigen, der dann Ihr Ansprechpartner ist.

In manchen Fällen sollten Sie darüber hinaus erwirken, dass Sie berechtigt sind, die Wohnung zu betreten, wenn das erforderlich sein sollte (Handwerker, Ablesedienst etc.). Andernfalls müsste sich Ihr Mieter darum kümmern. Denn um es nochmals zu sagen: Ihre Ansprüche aus dem Mietvertrag bleiben bestehen.

Kündigung wegen Krankheit ausgeschlossen

Wegen einer Krankheit dürfen Sie Ihrem Mieter nicht kündigen, auch nicht wenn er unter einer ansteckenden Krankheit leidet oder sich andere Mieter durch das Gebrechen Ihres Mieters gestört fühlen. Davon abgesehen ist der erkrankte Mieter verpflichtet, niemanden zu gefährden. Sollte er

„schuldhaft" jemanden in Gefahr bringen, müssen Sie ihn abmahnen. Unter Umständen kommt auch eine fristlose Kündigung in Betracht. Aber für die ist dann sein unverantwortliches Verhalten, nicht aber die Krankheit ausschlaggebend.

Eine schwere Erkrankung des Mieters (oder einer Person, die zu seinem Haushalt gehört) kann dazu führen, dass Sie eine ansonsten wirksame Kündigung (→ Falle 86) nicht aussprechen können, weil sich der Mieter auf die Sozialklausel berufen kann, der zufolge eine Kündigung für ihn eine „unzumutbare Härte" darstellen würde.

 WANN SIE DAS MIETVERHÄLTNIS BEENDEN KÖNNEN

Kommt Ihr Mieter seinen Verpflichtungen nicht mehr nach, dann müssen Sie das nicht hinnehmen. Sie können ihm kündigen. In besonders eklatanten Fällen ist sogar eine fristlose Kündigung möglich. Doch sollten Sie daran interessiert sein, das Mietverhältnis einvernehmlich aufzulösen. Denn im Fall des Falles werden Sie wenig Freude haben, wenn Ihr Mieter seine Wohnung nicht räumt und Sie gegen einen schwer kranken Menschen eine Zwangsräumung erwirken wollen.

Fallen bei der Kündigung

Herr Frenkel hat mit seinem Mieter einen Zeitmietvertrag geschlossen. Doch zwei Jahre vor Ablauf der Vertragszeit ändert sich dessen Verhalten. Ständig beschwert er sich über angebliche Lärmbelästigung durch Herrn Frenkel und seine Familie. Zunächst reagiert Herr Frenkel gelassen, doch dann geht bei ihm die fristlose Kündigung seines Mieters ein. Der Mietvertrag könne nicht fortgesetzt werden, steht da, weil die Störung nicht mehr zumutbar und das Vertrauensverhältnis zerstört sei. Herr Frenkel weiß nicht recht, wie er auf diese Kündigung reagieren soll.

Falle 83: Die Formalitäten

Eine Kündigung, die den formalen Anforderungen nicht entspricht, ist unwirksam. Das gilt unabhängig davon, ob Sie kündigen oder Ihr Mieter. Grundlegend für die Kündigung von Wohnraum sind drei Bedingungen:

- Die Kündigung muss schriftlich erfolgen und sie muss unterzeichnet sein.

- Die Kündigung muss von allen an alle gerichtet sein. Wenn Sie als Vermieter kündigen, müssen alle, die im Vertrag als Vermieter genannt sind, die Kündigung aussprechen. Und alle, die laut Mietvertrag Mieter sind, müssen die Kündigung bekommen.

- Die Kündigung muss (stichhaltig) begründet werden. Ausnahmen: Sonderkündigungsrecht (→ Fälle 63, 84, 89, 90, 92) und ordentliche Kündigung durch den Mieter (→ Falle 86).

Schriftform allein genügt nicht

Im Unterschied zu anderen Mitteilungen an Ihren Mieter (Nebenkostenabrechnung, Mieterhöhung) ist bei einer Kündigung die Schriftform nicht ausreichend. Vielmehr müssen alle Vermieter/Mieter die Kündigung unterschrieben haben. Fehlt nur eine Unterschrift, ist die Kündigung unwirksam.

 EIN WÜTENDES „HIERMIT KÜNDIGE ICH!" GILT NICHT

Wenn Ihnen Ihr Mieter ein wütendes „Hiermit kündige ich!" entgegenschleudert, stellt das keine Kündigung dar. Will er tatsächlich kündigen, muss er das schriftlich tun. Das sollten Sie bedenken und keine voreiligen Schlüsse ziehen. Die Kündigungsfrist (→ Falle 84) beginnt auch erst zu laufen, wenn die Kündigung schriftlich vorliegt. Denn ein Mietvertrag kann nicht mündlich gekündigt werden.

Sie müssen die Kündigung begründen

Als Vermieter müssen Sie Gründe nennen, warum Sie die Kündigung aussprechen (Ausnahme: Sonderkündigungsrecht). Immerhin muss Ihr Mieter nachprüfen können, ob Ihre Kündigung überhaupt gerechtfertigt ist. Lassen Sie die Gründe weg, muss Ihr Mieter das Schreiben nicht weiter beachten.

Und Gründe, die Sie vergessen haben zu erwähnen, können Sie für diese Kündigung nicht mehr geltend machen. Sie müssten erneut kündigen. Etwas anderes gilt, wenn nach der Kündigung neue Gründe entstehen. Die dürfen Sie schon noch einbringen.

Was sollte Ihre Kündigung noch enthalten?

Über die drei genannten Basisanforderungen hinaus ist es ratsam, weitere Punkte zu beachten:

- Erwähnen Sie, um welche Art von Kündigung es sich handelt: eine Eigenbedarfskündigung, eine Verwertungskündigung, eine Sonderkündigung oder eine fristlose Kündigung.

- Erwähnen Sie, zu welchem Termin Sie kündigen bzw. bis wann der Mieter spätestens ausgezogen sein muss.

- Weisen Sie bei einer ordentlichen Kündigung darauf hin, dass dem Mieter nach § 574 BGB ein Widerspruchsrecht zusteht. Dabei muss der Widerspruch spätestens zwei Monate vor Ende der Mietzeit schriftlich vorliegen, worauf Sie Ihren Mieter aufmerksam machen sollten, sonst riskieren Sie, dass Ihr Mieter erst Widerspruch einlegt, wenn es zum Gerichtsverfahren kommt.

Falle 84: Die Kündigungsfristen

Wenn nicht gerade fristlos gekündigt wird, müssen die gesetzlichen Kündigungsfristen eingehalten werden. Doch was geschieht, wenn die Kündigung nicht rechtzeitig eingeht? Muss dann nochmals gekündigt werden? Oder bleibt die Kündigung wirksam und verschiebt sich nur entsprechend? Außerdem wissen viele Vermieter nicht, was eigentlich für Verträge gilt, die vor dem 1. September 2001 geschlossen wurden, vor dem Inkrafttreten der Mietrechtsreform, bei der sich die Fristen geändert haben. Gelten die neuen Fristen auch für die „Altverträge"?

Asymmetrische Fristen

Vor September 2001 galten für Mieter und Vermieter dieselben Fristen. Das hat sich nun geändert. Im Normalfall sind folgende Fristen zu beachten:

- Für Mieter gilt durchgängig die dreimonatige Kündigungsfrist. Sie können bis zum dritten Werktag eines Monats zum Ablauf des übernächsten Monats kündigen.

- Für Vermieter verlängert sich diese Frist um drei Monate, wenn das Mietverhältnis bereits fünf Jahren besteht. Nach achtjähriger Mietdauer muss er mit einer neunmonatigen Frist kündigen.

MASSGEBLICH IST DER ZUGANG DER KÜNDIGUNG

Die Kündigung muss dem Vertragspartner spätestens am dritten Werktag des Monats zugehen, damit der Monat noch „mitzählt". Im Allgemeinen zählt der Samstag nicht als Werktag. Aber Achtung, manche Gerichte werten ihn doch als Werktag, aber nur wenn er der erste oder zweite Werktag wäre (LG Aachen, WM 2004, S. 32).

Abweichende Fristen

In fünf Fällen können auch kürzere oder längere Fristen gelten.

- Macht der Mieter von seinem Sonderkündigungsrecht bei einer Miet-erhöhung (→ Falle 63) Gebrauch, kann er bis zum Ablauf des zweiten Monats nach Zugang des Schreibens zum Ablauf des übernächsten Monats kündigen.

- Ein Sonderkündigungsrecht mit verkürzter Frist kann der Mieter auch in Anspruch nehmen, wenn Sie eine Modernisierung ankündigen: Er kann bis zum Ablauf des nächsten Monats zum Ende des dann folgenden Monats kündigen.

- Möblierte Zimmer können bis zum 15. jedes Monats zum Monatsende gekündigt werden. Für möblierte Apartments, die nicht Teil der Vermieterwohnung sind, gelten hingegen die gesetzlichen Kündigungsfristen.

- Haben Sie in Ihrem Mietvertrag längere als die gesetzlichen Fristen vereinbart, muss sich der Vermieter daran halten. Von kürzeren Fristen profitiert allein der Mieter.

- Als Vermieter einer Einliegerwohnung oder einer Wohnung in einem Zweifamilienhaus, das Sie selbst bewohnen, steht Ihnen ein Sonderkündigungsrecht zu. Machen Sie davon Gebrauch, müssen Sie die Kündigung nicht begründen. Zum Ausgleich verlängert sich die gesetzliche Kündigungsfrist um drei Monate.

Was gilt bei „Altverträgen"?

Bei Verträgen, die vor dem 1. September 2001 geschlossen wurden, muss sich der Mieter womöglich an die alten, längeren Kündigungsfristen halten, aber nur, wenn diese Fristen im Vertrag auch erwähnt sind (was meist der Fall ist). Nach einem Urteil des BGH genügt es sogar, wenn diese Fristen in einer Fußnote auftauchen, auf die im Vertragstext hingewiesen wird (WM 2004, S. 273, 275). Verweist der Vertrag hingegen nur allgemein auf „die gesetzlichen Fristen", so kann der Mieter die dreimonatige Frist in Anspruch nehmen.

Wenn die Frist nicht eingehalten wird

Erreicht das Kündigungsschreiben den Vertragspartner nicht fristgerecht, so ist die Kündigung dadurch nicht unwirksam. Vielmehr verschiebt sich das Ende des Mietverhältnisses entsprechend, also um einen Monat.

ANNAHME VERWEIGERT? FRIST GILT ALS EINGEHALTEN!

Ein Vertragspartner kann den fristgerechten Zugang einer Kündigung nicht dadurch verhindern, dass er schlicht die Annahme verweigert. Tut er dies „unberechtigterweise", dann gilt die Kündigung ab diesem Zeitpunkt als zugegangen (OLG Düsseldorf 1995, S. 585).

Falle 85: Eigenbedarf

Zu Unrecht steht sie in dem Ruf, eine Art „Geheimwaffe" des Vermieters zu sein, um unliebsame Mieter loszuwerden. Dabei erfüllt die Kündigung wegen Eigenbedarfs einen ganz anderen Zweck. Sie verschafft Ihnen die Möglichkeit, Ihr Wohneigentum selbst zu nutzen, wenn Sie es benötigen. Wenn Sie diesen Bedarf nur vortäuschen, kann Sie das sehr teuer zu stehen kommen. Außerdem müssen Sie damit rechnen, dass der Mieter versucht, die Kündigung mit der „Sozialklausel" zu kippen (→ Falle 87).

Voraussetzungen für eine Eigenbedarfskündigung

Wegen Eigenbedarfs dürfen Sie kündigen, wenn drei Bedingungen erfüllt sind:

- Sie benötigen die Mieträume für sich selbst, für eine Person, die zu Ihrem Haushalt gehört, oder für einen Familienangehörigen, der Ihnen nicht allzu fern steht.

- Die Räume werden auch weiterhin zu Wohnzwecken gebraucht. Geschäftsräume dürfen Sie nicht dort einrichten.

- In Ihrem Kündigungsschreiben müssen Sie klar und nachvollziehbar darlegen, warum der Eigenbedarf entstanden ist.

 VORSICHT BEI ABSEHBAREM EIGENBEDARF!

War der Eigenbedarf schon bei Abschluss des Mietvertrags absehbar und haben Sie es unterlassen, Ihren Mieter darauf hinzuweisen, kann er die Kündigung anfechten, weil sie gegen „Treu und Glauben" verstößt (BVerG, WM 1989, S. 114).

Pflegepersonal und Cousinen

Sie können Eigenbedarf für Hausangestellte oder Pflegekräfte beanspruchen, auch wenn die (noch) nicht zu Ihrem Haushalt gehören. Ein Typischer Fall: Der Vermieter kann absehen, dass er in naher Zukunft Pflege benötigt.

Bei den Familienangehörigen ist maßgeblich, dass Sie dieser Person gegenüber eine „sittliche Verantwortung für ihren Wohnbedarf" tragen (LG Münster, Urteil vom 22.11.1990, Az. 8 S 334/90). Das können Geschwister, Schwiegereltern, Stiefkinder, Großeltern und Enkel sein, im Einzelfall aber auch für die Cousine, wenn zu ihr eine enge Verbindung besteht. Für den Schwager, die Schwägerin oder die geschiedene Ehefrau kann kein Eigenbedarf geltend gemacht werden.

In jedem Fall müssen Sie in Ihrem Kündigungsschreiben angeben, welche Art von verwandtschaftlicher Beziehung Sie mit der Person verbindet.

Dass Sie für einen „Familienangehörigen" die Wohnung brauchen, begründet keinen Eigenbedarf.

Diese Gründe werden anerkannt

Ihren Wohnbedarf müssen Sie vernünftig und nachvollziehbar begründen. Wesentliche Dinge dürfen Sie nicht verschweigen. Nach Möglichkeit sollte erkennbar werden, warum Sie ausgerechnet diese Wohnung benötigen. Als berechtigt gelten die folgenden Gründe:

- Scheidung oder Trennung von Eheleuten; einer der Partner braucht die Wohnung.

- Ein Wohnungswechsel wird aus beruflichen Gründen notwendig.

- Wegen Familienzuwachs ist die alte Wohnung zu klein geworden.

- Wegen persönlicher wirtschaftlicher Schwierigkeiten muss der Vermieter seine Kosten senken und eine kleinere Wohnung beziehen.

- Der Vermieter braucht die Wohnung, weil sie näher an seiner (neuen) Arbeitsstelle liegt.

- Der Vermieter hat den Wunsch, in die Nähe seiner Tochter zu ziehen, bzw. die Tochter soll in seine Nähe ziehen.

- Das eigene Kind will seinen eigenen Hausstand gründen.

- Die Schwiegermutter soll aus der Wohnung des Vermieters in eine eigene Wohnung ziehen.

- Aus gesundheitlichen Gründen muss der Vater seine alte Wohung aufgeben und in eine Erdgeschosswohnung ziehen.

Wenn der Eigenbedarf entfällt

Besondere Vorsicht ist geboten, wenn sich die Sache in die Länge zieht und der Eigenbedarfsgrund wegfällt, zum Beispiel weil Ihre Tochter, für die Sie gekündigt haben, mittlerweile eine andere Wohnung gefunden hat und nicht mehr einziehen möchte. Dann müssen Sie das Ihrem Mieter mitteilen und Ihre Kündigung zurücknehmen. Will der Mieter dennoch ausziehen, ist das seine Sache. Sie haben aber Ihrer Informationspflicht genüge getan.

Ihr „Eigenbedarfsgrund" muss tatsächlich einziehen

Räumt der Mieter die Wohnung, dann können Sie nicht frei darüber verfügen und einen neuen Mieter aufnehmen. Ebenso sollten Sie sich hüten, die Wohnung an jemanden zu verkaufen, der die Wohnung für sich nutzen will. Sie müssen Ihren Eigenbedarf auch tatsächlich in Anspruch nehmen, und zwar für eine nennenswerte Dauer. Es genügt nicht, eine gewisse Anstandspflicht verstreichen zu lassen, um dann die Wohnung neu zu vermieten.

Eigenbedarf vorgeschoben – die Folgen

Stellt sich im Nachhinein heraus, dass Sie den Eigenbedarf nur vorgeschoben haben, kann Sie der Mieter auf Schadenersatz verklagen. Bekommt er Recht, müssen Sie ihm sämtliche Kosten, die ihm durch den Umzug entstanden sind, ersetzen. Sogar die Kosten für den Detektiv, den er auf Sie angesetzt hat, kann er sich erstatten lassen. Außerdem droht Ihnen ein Strafverfahren wegen Betrugs.

 EIGENBEDARF NACH KAUF

Erwerben Sie eine Wohnung, die gerade in eine Eigentumswohnung umgewandelt wurde, müssen Sie eine Kündigungssperre von drei, in Ballungsgebieten sogar von zehn Jahren beachten. Aber diese Sperre gilt nur für umgewandelte Wohnungen. Kaufen Sie hingegen eine Eigentumswohnung, in der ein Mieter wohnt, können Sie ganz normal wegen Eigenbedarfs kündigen – allerdings erst wenn Sie im Grundbuch eingetragen sind. Sonst ist die Kündigung unwirksam.

Falle 86: Die ordentliche Kündigung

Neben der Eigenbedarfskündigung gibt es noch zwei weitere Möglichkeiten für den Vermieter, das Mietverhältnis „ordentlich", das heißt unter Beachtung der gesetzlichen Frist, zu kündigen: Weil er an „einer angemessenen wirtschaftlichen Verwertung des Grundstücks gehindert" wird. Und weil der Mieter seine mietvertraglichen Pflichten „nicht unerheblich" schuldhaft verletzt. Beide Kündigungen sind jedoch in der Praxis nicht ganz einfach durchzusetzen.

Die Verwertungskündigung

Würden Sie „durch die Fortsetzung des Mietverhältnisses an einer angemessenen wirtschaftlichen Verwertung des Grundstücks gehindert" und dadurch „erhebliche Nachteile" erleiden, dann kommt für Sie die Verwertungskündigung gemäß § 573 Abs. 2 Ziffer 3 BGB in Betracht. Befindet sich etwa auf einem Grundstück in guter Lage ein altes baufälliges Haus, durch das Sie nur geringe Mieteinnahmen erzielen, könnte dieser Fall gegeben sein. Allerdings hat das Bundesverfassungsgericht klargestellt, dass der wirtschaftliche Nachteil „erheblich" sein muss und Sie keinen Anspruch darauf haben, aus dem Eigentum den größtmöglichen wirtschaftlichen Nutzen zu ziehen (WM 1991, S. 663).

In Ihrem Kündigungsschreiben sollten Sie Folgendes darlegen:

CHECKLISTE: INHALT DER VERWERTUNGSKÜNDIGUNG ✓

	ja	nein
Sie haben die Absicht, das Haus/die Wohnung in anderer Weise zu verwerten als durch Vermietung.	☐	☐
Welchen Anlass gibt es für diese Absicht (z. B. Schaffung neuen Wohnraums, Tilgung von Verbindlichkeiten, Auflösung einer Erbengemeinschaft, Verkauf infolge von Scheidung)?	☐	☐

	ja	nein
Die beabsichtigte Verwertung ist unter Berücksichtigung aller Umstände angemessen.	☐	☐
Das bestehende Mietverhältnis verhindert die beabsichtigte Verwertung.	☐	☐
Ihnen entstehen erhebliche Nachteile, wenn das Mietverhältnis fortbesteht.	☐	☐

 LASSEN SIE SICH GUT BERATEN

Eine Verwertungskündigung ist keine einfache Angelegenheit, die Sie ohne Weiteres allein bewältigen. Die Mieter von derart unwirtschaftlichen Objekten berufen sich in aller Regel auf die Sozialklausel. Ohne einen versierten Rechtsanwalt werden Sie nicht auskommen.

Schuldhafte Pflichtverletzung des Mieters

Wenn Ihr Mieter „schuldhaft" gegen seine mietvertraglichen Pflichten verstößt, können Sie ihm mit Verweis auf § 573 Abs. 2 Ziffer 1 BGB ordentlich kündigen. Wenn er immer wieder unpünktlich seine Miete zahlt (→ Falle 68), seine Obhutspflicht vernachlässigt (Falle 72, 81), den Hausfrieden erheblich stört oder Hausbewohner belästigt, dann ist eine solche Kündigung zulässig, wobei Sie Ihren Mieter in aller Regel vorher abmahnen müssen, damit die Kündigung wirksam wird.

Im Grunde handelt es sich um die mildere Version einer fristlosen Kündigung (→ Falle 87), die den wirklich schweren Fällen vorbehalten ist. Um wirklich sicher zu gehen, sollten Sie Ihre fristlose Kündigung daher immer mit der ordentlichen Kündigung absichern. Als „vorsorgliche Kündigung" (→ Falle 69) sozusagen.

CHECKLISTE: WAS MUSS IN DIE KÜNDIGUNG HINEIN? ✓ CHECK

	ja	nein
Legen Sie dar, worin die Pflichtverletzung Ihres Mieters besteht.	☐	☐
Wenn Sie ihn bereits in dieser Sache gemahnt haben, sollten Sie das erwähnen.	☐	☐
Weisen Sie darauf hin, dass der Mieter mit seinem Verhalten seine mietvertraglichen Pflichten erheblich verletzt hat.	☐	☐
Erwähnen Sie, dass Sie deshalb ein „berechtigtes Interesse" an der Beendigung des Mietverhältnisses haben.	☐	☐
Wie bei allen ordentlichen Kündigungen sollten Sie den Hinweis auf das Widerspruchsrecht (→ Falle 83) nicht vergessen.	☐	☐

Falle 87: Ihr Mieter beruft sich auf die Sozialklausel

Was bei der Modernisierung (→ Falle 60) zu beachten ist, das gilt ebenso für die Kündigung: Der Mieter kann ihr nach § 574 Abs. 1 BGB widersprechen, wenn sie für ihn eine „unzumutbare Härte" bedeutet, die „auch unter Würdigung der berechtigten Interessen des Vermieters nicht zu rechtfertigen" ist.

Der Sinn dieser Regelung liegt auf der Hand: Alte und sozial schwache Mieter sollen davor geschützt werden, von hartherzigen Vermietern auf die Straße gesetzt zu werden. In der Praxis berufen sich jedoch auch Mieter auf die Sozialklausel, deren Schutzbedürftigkeit nicht unmittelbar ins Auge sticht. Aber wenn sie der Kündigung mit Hinweis auf die „unzumutbare Härte" widersprechen, erreichen sie zumindest eines: Dass sich das Verfahren in die Länge zieht und sie in der Wohnung bleiben dürfen.

Angemessener Ersatzwohnraum nicht zu beschaffen

Es genügt nicht, einfach nur auf die Sozialklausel zu verweisen. Ihr Mieter muss im Einzelnen begründen, warum die Kündigung für ihn eine „unzumutbare Härte" darstellt. Als mögliche Motive kommen in Betracht: Das hohe Alter, die Anzahl der Kinder, das geringe Einkommen, die Krankheit oder Pflegebedürftigkeit des Mieters oder einer Person, die in seinem Haushalt lebt, die Lage auf dem Wohnungsmarkt oder aber eine anstehende wichtige Prüfung (mit dem Argument lässt sich die Kündigung allerdings nur verschieben, nicht kippen).

Im Kern geht es darum, dass dem Mieter nicht zugemutet werden kann, sich eine neue Unterkunft zu suchen. Nicht zuletzt auch, weil er vermutlich keine finden wird. Unmissverständlich heißt es in § 574 Abs. 2 BGB: „Eine Härte liegt auch vor, wenn angemessener Ersatzwohnraum nicht beschafft werden kann."

Mieter auf erfolgloser Wohnungssuche

Diese Regelung führt zu der etwas grotesken Konstellation, dass Ihr Mieter häufig gerade dann in der Wohnung bleiben darf, wenn seine Bemühungen um neuen Wohnraum nicht von Erfolg gekrönt sind. Naheliegenderweise befeuert das nicht gerade seinen Ehrgeiz, knappen Wohnraum zu ergattern. Und so haben sich auch schon Vermieter für ihre Mieter auf Wohnungssuche begeben. Allerdings sollten Sie wissen: Die Regelung, wonach eine Kündigung im Sinne der Sozialklausel nur dann wirksam war, wenn der Vermieter zumutbaren Ersatzwohnraum zuwies, ist mit der Mietrechtsreform 2001 abgeschafft worden.

Manche Gerichte haben die Ansicht vertreten, dass es in Gebieten mit angespannter Lage auf dem Wohnungsmarkt nahezu unmöglich sei, innerhalb der gesetzlichen Kündigungsfrist geeigneten Wohnraum zu finden und dem Mieter daher ein angemessener Zeitrahmen zugestanden werden müsse (AG Freiburg, WM 1991, S. 102). Demnach müssten Sie Ihrem Mieter beispielsweise zwei Jahre geben, eine Wohnung zu finden (AG Stuttgart 1991. S. 103).

VERLANGEN SIE NACHWEISE

Ihr Mieter ist verpflichtet, sich „ernsthaft" um Wohnraum zu bemühen. Wenn er behauptet, er habe sich erfolglos um eine Wohnung bemüht, sollten Sie darauf bestehen, dass er Nachweise erbringt.

Es wird abgewogen

Mit der Sozialklausel lassen sich nicht wenige Kündigungen aushebeln. Und doch wird sie von manchen Mietern auch überschätzt. Denn die Gründe, die der Mieter anführt, müssen nachprüfbar und nachweisbar sein. Darüber hinaus genügen auch gute Gründe nicht, wenn die Gründe des Vermieters besser sind.

Wollen Sie Ihren 82-jährigen schwer kranken Vater in der Wohnung unterbringen und kündigen auf Eigenbedarf, dann muss unter Umständen auch das Rentnerehepaar ausziehen, das schon 20 Jahre dort lebt. Maßgeblich ist der konkrete Einzelfall. Sind die Interessen gleichrangig, wird in der Regel dem Eigenbedarfswunsch stattgegeben (vgl. LG Berlin, GE 1991, S. 521).

WEISEN SIE AUF DAS WIDERSPRUCHSRECHT HIN!

In Ihrem Kündigungsschreiben sollten Sie unbedingt darauf hinweisen, dass Ihr Mieter das Recht hat, gegen die Kündigung Widerspruch einzulegen. Denn legt Ihr Mieter innerhalb der Frist keinen Widerspruch ein, kann er sich nicht mehr auf die Sozialklausel berufen! Ihre Formulierung könnte folgendermaßen lauten:

Gegen diese Kündigung steht Ihnen ein gesetzliches Widerspruchsrecht zu. Als Mieter sind Sie berechtigt, nach §§ 574, 574a-c BGB dieser Kündigung zu widersprechen und die Fortsetzung des Mietverhältnisses zu verlangen, wenn die Beendigung des Mietverhältnisses für Sie oder Ihre Familie eine Härte bedeuten würde, die auch unter Würdigung meiner Interessen nicht zu rechtfertigen ist. Ihr Widerspruch muss mir bis spätestens zwei Monate vor Ende der Mietzeit schriftlich vorliegen und ist im Einzelnen zu begründen.

Wann gilt die Sozialklausel nicht?

- Bei einem Zeitmietvertrag (nach neuem Recht),

- wenn der Mieter selbst gekündigt hat oder

- wenn eine fristlose Kündigung gegen den Mieter berechtigt ist, d. h. auch bei einer ordentlichen Kündigung wegen „schuldhafter Pflichtverletzung des Mieters".

Falle 88: Die fristlose Kündigung

Verstößt eine Vertragspartei massiv gegen die mietvertraglichen Pflichten, kann die andere Partei das Mietverhältnis fristlos kündigen, also auch Ihr Mieter. Allerdings wird in der Praxis das Recht auf fristlose Kündigung manchmal stark überschätzt. Ein Vermieter, der sich über seinen Mieter zwei-, dreimal „richtig geärgert" hat, kann ihn ebenso wenig vor die Tür setzen, wie ein Mieter aus einem Mietvertrag herauskommt, weil er sich durch den Hund des Vermieters gestört fühlt.

Nur massive Pflichtverletzungen kommen in Betracht

Es muss schon einiges zusammenkommen, das Vertrauensverhältnis zwischen Mieter und Vermieter nachhaltig zerrüttet sein, ehe eine Vertragspartei fristlos kündigen kann. Und noch etwas: Der Verstoß muss „schuldhaft" sein. Wenn Sie aus Rache das Auto Ihres Mieters demolieren, kommt für ihn eine fristlose Kündigung durchaus in Betracht. Wenn Sie hingegen nicht ganz sicher einparken und dabei versehentlich den Wagen Ihres Mieters beschädigen, kann er daraus kein Recht zur fristlosen Kündigung ableiten.

Und selbstverständlich muss derjenige, der fristlos kündigt, die Pflichtverletzung auch nachweisen. Mit der bloßen Behauptung: „Herr Hommel hat versucht, mich mit dem Rasenmäher zu überfahren", wird niemand durchdringen.

Abmahnung erforderlich

Wenn wir von groben Fällen absehen, so geht in aller Regel einer fristlosen Kündigung eine Abmahnung voraus. Eine wichtige Ausnahme ist ein ausreichend großer Zahlungsrückstand bei der Miete (→ Falle 69) oder wenn eine Vertragspartei die andere tätlich angreift. Da müssen Sie nicht noch mahnen. Ansonsten aber gilt der Dreiklang: Abmahnen, auf Unterlassung klagen, fristlos kündigen. Folgende Punkte sollten Sie in die Abmahnung aufnehmen:

- Bezeichnen Sie den Verstoß genau. Pauschale Anschuldigungen („erhebliche Lärmbelästigung") reichen nicht aus.

- Nehmen Sie Bezug auf den Mietvertrag. Es stärkt Ihre Position, wenn Sie auf eine Klausel im Mietvertrag verweisen können, gegen die Ihr Mieter verstoßen hat.

- Fordern Sie Ihren Mieter auf, sein Handeln zu unterlassen. Sagen Sie ausdrücklich, was Sie von Ihrem Mieter erwarten: dass er sein Haustier wieder abschafft, sein Schlagzeugspiel unterlässt oder dem Untermieter kündigt.

- Setzen Sie eine (ausreichende) Frist. In manchen Fällen wird das nicht nötig sein. Ist die Frist zu kurz bemessen, wird die Abmahnung dadurch nicht unwirksam.

- Weisen Sie Ihren Mieter darauf hin, was geschieht, wenn er sein Verhalten fortsetzt: Sie erheben Unterlassungsklage oder kündigen ihm fristlos.

Die Fristen einer fristlosen Kündigung

Ganz so fristlos ist eine fristlose Kündigung allerdings nicht. Zwar ist im Prinzip das Mietverhältnis mit „sofortiger Wirkung" beendet. Doch müssen

Sie Ihrem Mieter ausreichend Zeit einräumen, seine Siebensachen zusammenzupacken und auszuziehen. Setzen Sie ihm daher eine ausreichende Frist (z. B. zwei Wochen nach Erhalt des Schreibens) und fordern Sie ihn auf, die Wohnung „in einem vertragsgemäßen Zustand mit sämtlichen Schlüsseln" an Sie zurückzugeben. Weisen Sie ihn außerdem darauf hin, dass Sie ohne weitere Ankündigung Räumungsklage erheben, wenn der Mieter die Frist nicht einhält.

Falle 89: Der Zeitmietvertrag

Einen Zeitmietvertrag müssen Sie nicht kündigen. Er läuft über die vereinbarte Zeit und dann muss Ihr Mieter ausziehen. Er kann sich nicht einmal auf die Sozialklausel berufen (→ Falle 87). Und vorzeitig kündigen kann er ihn auch nicht. So weit die Theorie. In der Praxis stehen viele Vermieter vor dem Problem, dass ihr Mieter dann doch früher aus dem Vertrag ausscheiden möchte, der gerade Weg einer ordentlichen Kündigung ihm aber versperrt ist. Daher sind manche Mieter versucht, auf mehr oder minder krummen Pfaden eine Kündigung zu erreichen.

Die Sonderkündigungsrechte

Noch einigermaßen kalkulierbar ist die Sache, wenn Ihr Mieter von einem Sonderkündigungsrecht Gebrauch macht. Das Sonderkündigungsrecht verschafft ihm die Möglichkeit, vorzeitig aus dem Mietvertrag auszuscheiden. Einige dieser Sonderkündigungsrechte haben wir bereits an anderer Stelle angesprochen:

- das Sonderkündigungsrecht bei einer Mieterhöhung (Falle 63),

- das Sonderkündigungsrecht, wenn eine Modernisierung angekündigt wird (Falle 60),

- das Sonderkündigungsrecht, wenn Sie die Untervermietung verweigern (Falle 70),

- das Sonderkündigungsrecht bei Staffelmietverträgen: Der Mieter kann frühestens zum Ablauf des vierten Jahres kündigen,

- die Härtefallregelung, die zwar nicht zur Kündigung berechtigt, aber dem Mieter ermöglicht, vorzeitig aus dem Vertrag herauszukommen.

Als Härtefälle gelten etwa, wenn der Mieter aus beruflichen Gründen in eine andere Stadt ziehen muss (LG Berlin, GE 1989, S. 415), wenn er aus gesundheitlichen Gründen eine altersgerechte Wohnung benötigt oder in ein Pflegeheim muss (LG Hildesheim, ZMR 2000, S. 679). Auch wenn sich seine Familie vergrößert hat und die Wohnung zu klein geworden ist, kann ein Härtefall vorliegen (AG Schöneberg, MM 2004, S. 127). Aber ein solcher Härtefall berechtigt ihn nicht eigentlich zur Kündigung, sondern er „darf" einen Nachmieter stellen.

Der Irrtum mit dem Nachmieter

Weit verbreitet ist der Irrtum, dass ein Mieter aus einem Zeitmietvertrag ausscheiden kann, wenn er drei Nachmieter vorschlägt. Das ist nicht der Fall. Es sei denn, Sie haben es mietvertraglich so vereinbart oder Ihr Mieter hat ein „berechtigtes Interesse", vorzeitig aus dem Mietvertrag herauszukommen (BGH, WM 2003, S. 204), eben weil ein „Härtefall" vorliegt.

Findet der Mieter keinen Nachmieter, bleibt er an den Mietvertrag gebunden. Und wenn er gar nicht berechtigt ist, einen Nachmieter zu stellen, dann hilft ihm auch ein gefundener Nachmieter nichts. Allerdings dürfen Sie Ihre Position nicht ausnutzen und am Mietvertrag festhalten, wenn Sie spielend leicht einen Ersatzmieter finden könnten (LG Duisburg, WM 1999, S. 691).

Darf Ihr Mieter doch kündigen?

In manchen Zeitmietverträgen finden sich Klauseln, in denen von den gesetzlichen Kündigungsfristen die Rede ist. Vielleicht haben Sie vergessen, sie zu streichen, vielleicht ist Ihnen auch ein Irrtum unterlaufen. Vermutlich ahnen Sie schon, dass in diesem Fall die Missverständlichkeit zu Ihren Lasten geht und der Mieter ganz normal, mit dreimonatiger Frist kündigen kann.

Taktische Spielchen

Ist Ihr Vertrag jedoch wasserdicht, dann profitieren Sie nicht unbedingt davon. Ihr Mieter könnte sich nämlich versucht sehen, auf seine Weise aus dem Vertrag herauszukommen: Zum Beispiel, indem er von Ihnen die Erlaubnis erbittet unterzuvermieten (→ Falle 70). Damit sein Kalkül aufgeht, müssen Sie ihm die Untermiete untersagen. Also wird er versuchen, genau das zu erreichen und Ihnen entsprechende Kandidaten präsentieren. Sie wiederum könnten sein Manöver durchkreuzen, indem Sie einfach zustimmen. Kurzum, es entwickeln sich taktische Spielchen, die niemandem helfen und Ihr Verhältnis nur belasten.

Die fristlose Kündigung

Noch unangenehmer wird die Sache, wenn Ihr Mieter versucht, mit einer fristlosen Kündigung aus dem Vertrag herauszukommen. Entweder indem er Ihnen irgendeine Verfehlung andichtet, die ihn zur fristlosen Kündigung berechtigt. Oder besonders fatal: Indem er sich so benimmt, dass Sie ihm fristlos kündigen. Mit solchen Manövern kann sich Ihr Mieter erheblichen Schaden zufügen. Das Problem ist nur: Er schadet Ihnen womöglich auch. Daher raten wir Ihnen: Wenn es irgendwie möglich ist, versuchen Sie sich auf eine einvernehmliche Lösung zu einigen – und trennen Sie sich.

Der Mietaufhebungsvertrag

Sie können Ihrem Mieter ein Stück entgegenkommen und ihn vorzeitig aus dem Vertrag entlassen. Dafür sollten Sie sich aber auch gewisse Vorteile sichern. Machen Sie sich klar, dass Ihr Mieter eigentlich verpflichtet ist, die Miete bis zum vereinbarten Zeitpunkt zu entrichten. Was kann er Ihnen anbieten, wenn Sie ihn davon freistellen? Die Antwort fällt individuell ganz unterschiedlich aus. Mietern, denen finanziell das Wasser bis zum Hals steht, können und sollten Sie keine nennenswerte Entschädigung abverlangen. Aber ein Entgegenkommen dürfen Sie schon erwarten.

Es ist unbedingt zu empfehlen, den Mietaufhebungsvertrag schriftlich zu fixieren. Für beide Vertragsparteien ist er bindend. In aller Regel werden Sie das neue Datum der Vertragsauflösung festlegen und die Konditionen, unter denen Sie bereit sind, den Vertrag vorzeitig zu beenden. Außerdem muss er von allen unterzeichnet werden, die den Mietvertrag miteinander geschlossen haben, sonst gilt er nicht als aufgehoben.

Falle 90: Ihr Mieter kündigt nicht richtig

Wollen Sie Ihrem Mieter kündigen, dann müssen Sie eine ganze Reihe von Bedingungen erfüllen, sonst ist Ihre Kündigung unwirksam. Im Prinzip gilt das auch, wenn Ihr Mieter kündigt. Auch er muss dafür sorgen, dass alle Mieter gegenüber allen Vermietern die Kündigung erklären, dass die Kündigung schriftlich erfolgt, alle unterzeichnet haben und dass fristgerecht gekündigt wird. Und wenn er von einem Sonderkündigungsrecht Gebrauch macht oder Ihnen gar fristlos kündigt, dann muss er weitere Anforderungen beachten, Ihnen womöglich stichhaltige Gründe für die Kündigung nennen.

Die Frage ist nun: Wie sollen Sie sich verhalten, wenn Ihrem Mieter ein Fehler unterläuft und er nicht richtig kündigt? Viele Vermieter meinen: Gar nichts. Immerhin sei das ja Angelegenheit des Mieters. Er würde Sie vermutlich auch nicht dabei unterstützen, eine wirksame Eigenbedarfskündigung auszuformulieren. Und doch haben Sie nicht viel davon, wenn Ihr Mieter eine wirksame Kündigung nicht zustande bringt, aber fest davon überzeugt ist, er könne jetzt ausziehen.

Sorgen Sie für klare Verhältnisse

Kündigt Ihr Mieter nicht richtig, dann entsteht ein unguter Schwebezustand, der Ihnen nicht recht sein kann. Zwar bleibt Ihr Mieter an den Mietvertrag gebunden, nur wird er seine Planung so ausrichten, als hätte er Ihnen wirksam gekündigt. Auf der anderen Seite können Sie auch nicht sicher sein, dass er tatsächlich auszieht, denn eigentlich besteht das Mietverhältnis ja fort. Kurzum, Sie sollten für klare Verhältnisse sorgen und Ihrem Mieter mitteilen, dass seine Kündigung nicht wirksam ist. Ihr Schreiben könnte beispielsweise so aussehen:

MUSTER: HINWEIS AUF UNWIRKSAME KÜNDIGUNG

Sehr geehrter Mieter,

in Ihrem Schreiben vom _____ teilen Sie mir mit, dass Sie das Mietverhältnis fristgerecht zum _____ kündigen. Nun ist für eine wirksame Kündigung erforderlich, dass alle Mieter die Kündigung unterzeichnen. Das ist bei Ihnen nicht der Fall. Daher ist Ihre Kündigung unwirksam. Wollen Sie wirksam kündigen, dann schicken Sie mir eine entsprechende Erklärung, die von allen Mietern unterzeichnet ist. Die Fristen würden sich in diesem Fall entsprechend verlängern.

Mit freundlichen Grüßen

Ebenso sind Sie gut beraten, umgehend auf eine „fristlose Kündigung" zu reagieren, die nicht berechtigt ist – oder die einen Formfehler aufweist. Je nach Interessenlage sollten Sie die Kündigung zurückweisen oder darauf bestehen, dass Ihr Mieter wirksam kündigt. Ihr Brief könnte beispielsweise so lauten:

 MUSTER: FRISTLOSE KÜNDIGUNG UNBERECHTIGT – ABLEHNUNG

Sehr geehrter Mieter,

am _____ haben Sie unser Mietverhältnis fristlos gekündigt mit der Begründung,   .

Ich weise Sie darauf hin, dass eine fristlose Kündigung nur zulässig ist, wenn ein wichtiger Grund vorliegt, der die Fortsetzung des Mietverhältnisses unzumutbar macht. Nur schwere Verstöße gegen die mietvertraglich vereinbarten Fristen rechtfertigen eine fristlose Kündigung. Dies ist ganz offensichtlich nicht der Fall. Daher kann ich Ihre fristlose Kündigung nicht akzeptieren.

Mit freundlichen Grüßen

Oder Sie nehmen die Kündigung an, fordern aber, dass Ihr Mieter wirksam kündigt. Denn er könnte es sich ja noch einmal anders überlegen.

 MUSTER: BESTEHEN AUF WIRKSAMER KÜNDIGUNG

Sehr geehrte Mieter,

am _____ haben Sie mir gegenüber erklärt, dass Sie unser Mietverhältnis fristlos kündigen möchten. Dies ist jedoch nicht möglich, da Sie weder eine stichhaltige Begründung dafür angegeben haben noch Ihre Kündigung schriftlich vorliegt. Ich schlage daher vor, dass Sie unser Mietverhältnis ordentlich zum_____ schriftlich kündigen.

Mit freundlichen Grüßen

SIE BRAUCHEN PLANUNGSSICHERHEIT

Als Vermieter haben Sie ein besonderes Interesse daran, dass alles seinen geordneten Gang geht, denn wenn Sie gewinnbringend vermieten wollen, dann müssen Sie Planungssicherheit haben. Bestehen Sie daher darauf, dass wirklich alle Mieter das Kündigungsschreiben unterzeichnen, dass die Fristen eingehalten werden und die Kündigung an alle Vermieter gerichtet ist.

Falle 91: Die stillschweigende Verlängerung

Sie haben Ihrem Mieter gekündigt, er hat er keinen Widerspruch dagegen eingelegt oder dieser ist abgelehnt worden. Dann muss Ihr Mieter die Wohnung räumen und „in vertragsgemäßem Zustand" an Sie zurückgeben (siehe nächstes Kapitel). Tut er das nicht, dürfen Sie ihn nicht aus der Wohnung hinauskomplimentieren oder gar die Wohnung eigenmächtig räumen. Ja, Sie dürfen die Räume ohne seine Einwilligung nicht einmal betreten.

Vielmehr müssen Sie innerhalb von zwei Wochen Räumungsklage erheben. Das heißt, die Klage muss Ihrem Mieter innerhalb dieser Frist zugestellt werden. Halten Sie diese Frist nicht ein, nehmen Sie es widerspruchslos hin, dass der Mieter weiter wohnen bleibt, riskieren Sie, dass sich das Mietverhältnis „stillschweigend" auf unbestimmte Zeit verlängert. Der alte Mietvertrag wird einfach fortgesetzt – zu den ursprünglichen Bedingungen.

So verhindern Sie die stillschweigende Verlängerung

Zwei Wochen sind schnell vorbei. Wenn Sie von vornherein ausschließen wollen, dass sich das Mietverhältnis verlängert, fügen Sie bereits in Ihrem Kündigungsschreiben den folgenden Absatz hinzu:

> Einer Fortsetzung des Mietverhältnisses über den Kündigungszeitpunkt hinaus gemäß § 545 BGB wird bereits heute widersprochen.

Bei einer fristlosen Kündigung sind Sie mit dieser Formulierung auf der sicheren Seite (OLG Hamburg, RE, WM 1981, S. 205). Bei einer ordentlichen Kündigung empfiehlt es sich, der Verlängerung noch einmal ausdrücklich zu widersprechen, wenn der Mieter den Auszugstermin verstreichen lässt. Manche Gerichte sind der Ansicht, dass die Kündigungsfrist von drei Monaten (oder länger) zu lang ist, als dass der Ausschluss der Verlängerung noch Bestand hat – zumal wenn sich der Vermieter während dieser Zeit nicht geäußert hat (BayOLG, RE, WM 1981, S. 253).

Der Mieter muss weiterhin zahlen

Solange der Mieter die Wohnung nicht an Sie zurückgegeben hat, muss er weiterhin Miete zahlen. Er kann sich nicht auf den Standpunkt stellen, dass er die Wohnung ja schon längst geräumt hat und es „Ihre Schuld" sei, das nicht bemerkt zu haben. Allerdings können Sie Ihren Mieter auch nicht unbegrenzt haftbar machen (wobei eine ganz eigene Frage ist, ob Sie diese Mietrückstände überhaupt eintreiben können). Hat Ihr Mieter die

Wohnung „offensichtlich" geräumt, dürfen Sie sie auch wieder in Besitz nehmen.

ACHTUNG, VERLÄNGERUNG GILT AUCH BEI MIETERKÜNDIGUNG!

Sie sollten wissen, dass sich der Mietvertrag ebenfalls stillschweigend verlängert, wenn der Mieter gekündigt hat, aber den Räumungstermin um zwei Wochen überschreitet. Das gilt natürlich nicht, wenn der Mieter bereits ausgezogen ist, aber noch Schönheitsreparaturen ausführen muss.

Ist Ihr Mieter zwei Wochen nach Ablauf des Mietverhältnisses noch immer nicht ausgezogen, sollten Sie ihm mitteilen, dass sich der Vertrag gemäß § 545 BGB verlängert hat – vorausgesetzt, Sie wollen das überhaupt. Wenn nicht, schlagen Sie einen „Mietaufhebungsvertrag" vor (→ Falle 89).

Falle 92: Wenn der Mieter verstirbt

Nach dem Tod des Mieters endet nicht schlagartig das Mietverhältnis. Vielmehr besteht es fort. Nur wissen viele Vermieter nicht, wie sie sich verhalten sollen. Muss gekündigt werden? Und wenn ja, wem? Müssen die Mitbewohner, die nicht Mieter sind, die Wohnung räumen? Oder haben sie Anspruch darauf, dass sie in den Mietvertrag eintreten? Und welche Rechte und Pflichten haben die Erben?

Überlebende Mitmieter

Haben Sie mit mehreren Personen den Mietvertrag abgeschlossen, liegt der Fall recht einfach: Beim Tod eines Mieters wird das Mietverhältnis mit den anderen Mietern fortgesetzt. Innerhalb eines Monats können sie den Vertrag mit einer Frist von drei Monaten kündigen, also mit der normalen gesetzlichen Kündigungsfrist – ganz so, als würden sie ordentlich kündigen. Nur bei Zeitmietverträgen ist dieses Sonderkündigungsrecht also relevant.

Mitbewohner treten in den Vertrag ein

Wer mit dem verstorbenen Mieter in einem gemeinsamen Haushalt gelebt hat, kann in den Mietvertrag eintreten, der unter den gleichen Bedingungen fortgeführt wird. Allerdings gibt es ein abgestuftes Verfahren, wer als Erstes zum Zug kommt.

- An erster Stelle tritt der Ehepartner oder der eingetragene Lebenspartner in das Mietverhältnis ein. Dies gilt nicht, wenn kein gemeinsamer Haushalt besteht.

- An zweiter Stelle können die Kinder, die im Haushalt leben, in das Mietverhältnis eintreten.

- An dritter Stelle folgen andere Familienangehörige oder Personen, die mit dem Mieter einen auf Dauer angelegten gemeinsamen Haushalt geführt haben.

Die Betreffenden müssen ihren Eintritt nicht ausdrücklich erklären. Vielmehr läuft die Sache andersherum: Innerhalb eines Monats, nachdem sie vom Tod des Mieters erfahren haben, müssen sie erklären, dass sie nicht in das Mietverhältnis eintreten wollen. Dann gilt dieser Eintritt als nicht erfolgt und das Mietverhältnis gilt als beendet.

Die Erben

Setzt niemand den Mietvertrag fort, treten die Erben in das Mietverhältnis ein. Sie müssen dann auch für die noch ausstehende Miete aufkommen.

Auch die Erben haben ein Sonderkündigungsrecht, das aber mit einer Frist von drei Monaten genau einer ordentlichen Kündigung entspricht. Wie bei den Mitmietern ist es also nur bei Zeitmietverträgen interessant. Bleibt noch hinzuzufügen, dass die Erben dieses Recht spätestens einen Monat, nachdem sie vom Tod des Mieters erfahren haben und davon, dass kein anderer das Mietverhältnis fortsetzt, ausüben müssen. Ansonsten müssen sie kündigen, wie es der Mietvertrag vorsieht.

SIE HABEN EIN SONDERKÜNDIGUNGSRECHT

Auch als Vermieter haben Sie nach dem Tod Ihres Mieters ein Sonderkündigungsrecht, das Sie innerhalb eines Monats beanspruchen müssen. Die Frist beträgt ebenfalls drei Monate. Dieses Recht besteht nur gegenüber den Mitbewohnern, die in den Vertrag eintreten, und den Erben. Und den Mitbewohnern können Sie auch nur dann kündigen, wenn „in der Person des Eingetretenen ein wichtiger Grund vorliegt", wie § 563 Abs. 4 BGB festlegt.

Diesen wichtigen Grund müssen Sie in Ihrer Kündigung nennen. Es geht darum, plausibel zu machen, dass Ihnen nicht zugemutet werden kann, mit dieser Person einen Mietvertrag zu schließen: Ist die Person zahlungsunfähig, drogenabhängig, pflegt einen zweifelhaften Lebenswandel oder ist sie mit Ihnen persönlich verfeindet, wird Ihnen nicht zuzumuten sein, sie als Mieter zu übernehmen.

Üben Sie gegenüber den Erben das Sonderkündigungsrecht aus, müssen Sie keine Gründe nennen.

Fallen beim Auszug des Mieters

WOHNUNG NICHT VOLLSTÄNDIG GERÄUMT

> Der Mietvertrag mit Herrn Jonda ist in der vergangenen Woche abgelaufen. Eigentlich müsste er doch die Wohnung langsam mal übergeben, denkt seine Vermieterin, Frau Mehlis. Sie hat allerdings nichts von ihm gehört. Daher beschließt sie, nach dem Rechten zu sehen. Tatsächlich hat Herr Jonda die Wohnung größtenteils geräumt. Es befinden sich noch einige kaputte Möbelstücke und verdreckte Handtücher darin. Und seine wuchtige Einbauküche hat er auch hinterlassen. Die Schlüssel hat er beim Hausmeister eingeworfen, zusammen mit einem Schreiben, in dem er seine Bankverbindung mitteilt und um zügige Überweisung der Kaution bittet. Frau Mehlis muss sich erst einmal setzen.

Falle 93: Ihr Mieter zieht vorzeitig aus

Meist vergehen zwischen der Kündigung und dem Ende der Mietzeit einige Monate. In dieser Zeit kann sich der Mieter nach einer neuen Behausung umsehen. Vielleicht wird er schneller fündig als gedacht und hat nur noch einen Gedanken: Ich will aus meiner alten Wohnung so schnell wie möglich raus.

Er räumt die Wohnung, gibt die Schlüssel zurück und verlangt von Ihnen, dass Sie ihm für die verbleibende Zeit die Miete erlassen. Müssen Sie sich darauf einlassen? Oder muss Ihr Mieter in jedem Fall bis zum Ablauf der vertraglich vereinbarten Zeit bezahlen?

Wie lange muss der Mieter bezahlen?

Im Prinzip ist Ihr Mieter verpflichtet während der gesamten Laufzeit des Mietvertrags die Miete zu bezahlen, ob er die Wohnung nutzt oder nicht (→ Falle 81). Er kann Ihnen also nicht einfach die Schlüssel in die Hand drücken und sagen: Danke, ich brauche die Wohnung nicht mehr. Auf der anderen Seite dürfen Sie aber auch nicht vor Ablauf der Mietzeit die Wohnung wieder in Besitz nehmen, sie renovieren lassen und vielleicht sogar vermieten. Wie also sollten Sie sich verhalten, um auf Ihre Ansprüche nicht zu verzichten?

Rückgabe erforderlich

Zunächst einmal gilt es zu klären: Ist Ihr Mieter tatsächlich ausgezogen? Dazu genügt es nicht, dass er eine leere Wohnung zurücklässt, sondern er muss Ihnen den „Besitz an der Wohnung zurückgegeben" haben, anders gesagt: Es muss eine Übergabe (→ Falle 95) stattgefunden haben, mit sämtlichen Schlüsseln. Eine solche Übergabe können Sie nicht einfach ablehnen. Aber solange sie nicht stattgefunden hat, kann Ihr Mieter über die Wohnung noch uneingeschränkt verfügen, er unterliegt der „Obhutspflicht" (→ Falle 81). Und er muss weiterhin Miete zahlen.

Leerstand nicht erlaubt

Hat er Ihnen die Wohnung zurückgegeben, ist er noch nicht von seiner Pflicht entbunden, weiterhin die Miete zu zahlen. Allerdings dürfen Sie auch nicht tatenlos abwarten, bis der Mietvertrag endet und die letzte Miete eingegangen ist. Vielmehr sind Sie verpflichtet, sich darum zu kümmern, die Wohnung so bald wie möglich weiterzuvermieten. Wenn Sie die Weitervermietung „arglistig unterlassen", kann sich Ihr Mieter weigern, weiterhin zu zahlen.

Gelingt es Ihnen jedoch nicht, einen Mieter zu finden, der eine Miete in gleicher Höhe bezahlt, muss Ihr Ex-Mieter bis zum Ende der Laufzeit für die Miete aufkommen.

  ACHTUNG, KEINE MIETE BEI RENOVIERUNG

Lassen Sie die Wohnung umbauen oder von Grund auf renovieren, haben Sie keinen Anspruch mehr auf die Mietzahlungen. Das gilt allerdings nicht, wenn Sie lediglich die „Schönheitsreparaturen" durchführen lassen.

Ihr Mieter zahlt für den Monat, in dem er auszieht

Eines sollten Sie noch wissen: Wenn Ihr Mieter zu Anfang des Monats auszieht und Ihnen die Wohnung zurückgibt, so haben Sie Anspruch auf die Miete für den gesamten Monat.

Falle 94: Der Mieter wirft die Schlüssel in Ihren Postkasten

Nach Beendigung des Mietverhältnisses ist Ihr Mieter verpflichtet, die Mietsache „in vertragsgemäßem Zustand" an Sie „zurückzugeben". Allerdings haben manche Mieter eine ganz eigene Art der Rückgabe: Sie ziehen aus und werfen die Schlüssel einfach in den Briefkasten des Hausmeisters oder Vermieters.

Wie sollen Sie darauf reagieren? Nun, das hängt ein bisschen davon ab, zu welcher Gelegenheit der Einwurf erfolgt. Soll er die Kündigung ersetzen? Oder die Rückgabe? Und in welchem Zustand befinden sich die Mieträume? Davon wird abhängen, wie Sie weiter vorgehen.

Kündigung per Schlüsseleinwurf

Eine Kündigung muss schriftlich erfolgen (→ Falle 83). Insoweit ist der Schlüsseleinwurf keine wirksame Kündigung. Der Mietvertrag gilt weiterhin und Ihr Mieter muss weiterhin Miete zahlen. Verfügen Sie über irgendeine Adresse, unter der Sie Ihren Mieter erreichen, sollten Sie ihm das mitteilen und ihn auffordern, wirksam, das heißt: schriftlich und unter Einhaltung der üblichen Frist zu kündigen. Solange die wirksame Kündigung nicht vorliegt und das Mietverhältnis damit beendet wird, haben Sie im Prinzip Anspruch auf die Miete.

Allerdings müssen Sie nicht die schriftliche Kündigung abwarten, wenn das Verhalten des Mieters als Kündigung aufgefasst werden kann. Können Sie Ihren Mieter nicht erreichen oder reagiert er nicht, sollten Sie die Wohnung wieder in Besitz nehmen, mögliche Renovierungsarbeiten vornehmen lassen und die Wohnung wieder anbieten. Von Ihrem Mieter können Sie noch einen erklecklichen Teil der Miete verlangen, denn er hat eigentlich nicht wirksam gekündigt und keine Kündigungsfristen beachtet. Jedoch gilt auch hier: Wenn Sie die Wohnung wieder vermietet haben, können Sie nicht doppelt Miete kassieren.

Schlüsseleinwurf statt Übergabe

Der Fall „Schlüsseleinwurf statt Übergabe" kommt schon häufiger vor und nicht immer muss böse Absicht dahinter stecken. Manche Mieter meinen, es sei Sache des Vermieters, die Übergabe zu arrangieren. Und wenn sie nichts von Ihnen hören, dann wissen sie sich nicht anders zu helfen als auf diese Art. Das ist nun ein Problem für Ihren Mieter, denn der Schlüsseleinwurf ist keine zulässige Art der Rückgabe; es sei denn, Sie haben genau das abgesprochen (LG Berlin, GE 2003, S. 1431).

Solange der Mieter die Wohnung aber nicht zurückgegeben hat, haben Sie Anspruch auf die Miete. In der Praxis dürfte dieser Anspruch auf ein, zwei Monatsmieten zusammenschmelzen, denn Sie dürfen nicht einfach abwarten, wenn es offensichtlich ist, dass Ihr Mieter auf diese Weise die Mietsache zurückgeben wollte.

Der Zustand der Mieträume

Häufig sind die Mieträume in keinem guten Zustand (→ Falle 96). Das gilt es unbedingt zu dokumentieren. Je nachdem, ob Ihr Mieter Ihnen noch eine Adresse hinterlassen hat (oder nur seine Bankverbindung), sollten Sie ihn auffordern, die Schäden zu beheben. Oder Sie beauftragen einen Handwerksbetrieb, der die Wohnung wieder in einen „vertragsgemäßen Zustand" bringt. Halten Sie genau fest, welche Renovierungsarbeiten erforderlich waren und wann die Arbeiten durchgeführt wurden. Dies alles könnten Sie brauchen, wenn sich Ihr Mieter eines Tages zurückmeldet, um zu erfahren, was es denn mit seiner Kaution auf sich hat und warum Sie die noch immer nicht überwiesen haben.

SPRECHEN SIE IHREN MIETER RECHTZEITIG AN

Zwar sind Sie im Recht und können gegenüber dem Mieter Ihre Ansprüche geltend machen, dennoch bringt so eine verunglückte Übergabe viel Ärger mit sich. Den können Sie sich häufig ersparen, indem Sie auf den Mieter zugehen und eine Übergabe vereinbaren, wenn der Termin näher rückt, an dem das Mietverhältnis enden soll.

Falle 95: Der Übergabetermin

Ihr Mieter ist verpflichtet, Ihnen die Wohnung zurückzugeben. Doch bis wann? Vielfach ist es üblich, dass die Rückgabe in den letzten Tagen vor Ablauf der Mietzeit stattfindet. Und manche Vermieter bestehen sogar darauf. Immerhin beginnt nach Ablauf der Mietzeit häufig schon ein neues Mietverhältnis. Und der neue Mieter hat doch ein Recht darauf, gleich einzuziehen.

Allerdings verpflichtet § 546 Abs.1 BGB den Mieter in klaren Worten, „die Mietsache nach Beendigung des Mietverhältnisses zurückzugeben". Das heißt, die Mieträume müssen nicht am letzten Tag zurückgegeben werden, sondern erst am darauf folgenden Tag.

Manche Gerichte vertreten die Ansicht, der Mieter müsse am Morgen ausziehen (AG Köln, WM 1985, S. 265), andere Gerichte gestehen dem Mieter zu, am ersten Werktag die Wohnung zurückzugeben (OLG Hamm, WM 1981 S. 40), während der Bundesgerichtshof wiederum den letzten Tag des Mietverhältnisses als Räumungstermin ins Spiel gebracht hat (WM 1989, S. 141). Doch sollten Sie davon ausgehen: Übergibt Ihnen der Mieter die Wohnung am Tag nach Ablauf des Mietverhältnisses, ist das noch rechtzeitig.

Muss Ihr Mieter mit Ihnen einen Übergabetermin vereinbaren?

Wie sich die Rückgabe gestaltet, das bleibt Ihnen überlassen. Im Allgemeinen vereinbart der Mieter mit Ihnen eine förmliche Übergabe, bei der Sie mit dem Mieter gemeinsam die Wohnung begehen und überprüfen, ob sich die Mietsache im vertragsgemäßen Zustand befindet. Falls erforderlich, lesen Sie gemeinsam die Zählerstände ab und Sie als Vermieter nehmen sämtliche Schlüssel (→ Falle 99) entgegen.

Es ist durchaus in beiderseitigem Interesse, dass ein solcher Termin zustande kommt. Doch sollten Sie wissen, dass eine solche förmliche Übergabe keineswegs verpflichtend ist. Es genügt, wenn Ihr Mieter Ihnen am Tag nach Beendigung des Mietverhältnisses die Schlüssel übergibt. Bis dahin muss er allerdings die Wohnung vollständig geräumt haben und die Schönheitsreparaturen, zu denen er mietvertraglich verpflichtet ist (→ Falle 25), müssen bis dahin ebenfalls erledigt sein.

 LASSEN SIE SICH NICHT ÜBERRUMPELN!

Vor allem Vermieter, die im selben Haus wohnen, müssen damit rechnen: Am Abend, bevor das Mietverhältnis endet, erscheint der Mieter und will jetzt „die Übergabe" hinter sich bringen. Darauf sollten Sie sich nicht einlassen. Nehmen Sie die Schlüssel entgegen und kündigen Sie an, dass Sie sich morgen selbst ein Bild vom Zustand der Wohnung machen werden.

Worauf müssen Sie bei der Übergabe achten?

Wir müssen unterscheiden zwischen einer förmlichen Übergabe und der Rückgabe der Mietsache. Die Rückgabe können Sie Ihrem Mieter nicht verweigern. Es genügt, wenn er Ihnen die Schlüssel überreicht und die Wohnung geräumt hat. Davon zu unterscheiden ist die förmliche Übergabe, bei der Sie womöglich ein Übergabeprotokoll erstellen (→ Falle 96) und den Mieter von weiteren Forderungen freistellen. Auf eine solche Übergabe sollten Sie sich nur einlassen, wenn Sie feststellen können, in welchem Zustand sich die Wohnung befindet.

- Eine Übergabe sollte immer bei Tageslicht stattfinden. Die Qualität von Malerarbeiten lässt sich sonst nicht überprüfen.

- Stellen Sie sicher, dass genügend Zeit zu Verfügung steht. Eine Übergabe unter Zeitdruck sollten Sie nicht akzeptieren.

- Nehmen Sie eine Kamera und eine starke Taschenlampe mit.

- Überprüfen Sie alle technischen Einrichtungen und Geräte (von der WC-Spülung, den Wasserhähnen, den Abflüssen, der Heizung über die Rollläden bis zum Herd in der Küche).

- Sehr hilfreich kann es sein, wenn Sie einen Handwerker hinzuziehen können, der Ihnen im Bedarfsfall auch als Zeuge zu Verfügung steht.

VERSPÄTETE RÜCKGABE? NUTZUNGSENTSCHÄDIGUNG DURCH MIETER

Hat Ihr Mieter die Frist nicht eingehalten und die Mietsache verspätet an Sie zurückgegeben, können Sie von ihm eine Nutzungsentschädigung verlangen. Die Höhe der Entschädigung beträgt mindestens eine Monatsmiete. Sie können aber auch die ortsübliche Vergleichsmiete beanspruchen, was vor allem dann infrage kommt, wenn die bisherige Miete sehr niedrig war.

Die Nutzungsentschädigung können Sie im Übrigen auch verlangen, wenn Ihr Mieter die Wohnung nicht im vertragsgemäßen Zustand zurückgibt und sich deshalb die Vermietung verzögert.

Falle 96: Das Übergabeprotokoll

Viele Vermieter schwören auf das Übergabeprotokoll und legen großen Wert darauf, dass so ein Protokoll erstellt wird, wenn ihr Mieter die Wohnung zurückgibt. Was sie nicht wissen: Mit so einem Protokoll können sie sich gravierende Nachteile einhandeln. Das sollten Sie wissen, bevor Sie ein solches Protokoll erstellen und unterschreiben.

Der Zustand der Mietsache soll dokumentiert werden

Die Grundidee ist einfach und überzeugend: Wenn der Mieter einzieht, wird ein Protokoll erstellt, in dem Raum für Raum der Zustand festgehalten wird: Die Ausstattung und vor allem die Mängel. Dadurch haben beide

Parteien eine verlässliche Grundlage, um später Ansprüche geltend zu machen – oder zurückzuweisen (wenn der Mangel nämlich schon bestand).

Beide Seiten haben also ein Interesse an einem solchen Protokoll. Doch wechseln die Parteien ihr Verhalten: Beim Einzug ist es der Mieter, der nach mehr oder minder verborgenen Mängeln Ausschau hält, beim Auszug übernimmt diese Rolle der Vermieter. Halten Sie also die Augen offen und sorgen Sie dafür, dass alles, was Ihnen auffällt, ins Protokoll aufgenommen wird. Sind Sie sich über einen Mangel einig, sollten Sie festhalten, bis wann er behoben werden soll und von wem. Unter Umständen erklärt sich Ihr Mieter ja schon bereit, dass ein Handwerker mit den Arbeiten beauftragt wird.

Wenn der Mieter nicht unterschreiben will

Unter Umständen gibt es Meinungsverschiedenheiten, ob ein Mangel überhaupt besteht. Ihr Mieter ist vielleicht der Ansicht, er habe „malermäßig" renoviert, während Sie das Ergebnis seiner Bemühungen nicht einmal „mäßig" finden. Machen Sie sich klar: Wenn Ihr Mieter damit droht, das Protokoll nicht zu unterschreiben, dann stellt das kein besonders starkes Druckmittel dar. Zwar müssen Sie den Mangel dokumentieren und unter Umständen ein Beweissicherungsverfahren durchführen. Doch ist es eigentlich Ihr Mieter, der stärker von dem Übergabeprotokoll profitieren kann als Sie.

Nur für protokollierte Schäden verantwortlich

Die Gerichte haben entschieden, dass Sie gegenüber Ihrem Mieter nur die Schäden geltend machen können, die Sie im Protokoll aufgenommen haben (AG Lörrach, WM 1997, S. 282, LG Braunschweig WM 1997, S. 470). Alle Mängel, die Ihnen später auffallen, müssen Sie demnach auf eigene Kosten beseitigen.

Allerdings erkennt der Mieter alle protokollierten Mängel an, wenn er das Übergabeprotokoll unterzeichnet (LG Berlin, GE 1998, S. 618). Insoweit haben auch Sie als Vermieter ein Interesse daran, dass ein solches Protokoll zustande kommt. Aber nicht um jeden Preis. Sie sollten wissen: Verweigert eine Seite die Unterschrift, steht die andere Seite so da, als hätte die Übergabe nicht stattgefunden. Mängel, die Sie bis dahin nicht entdeckt haben, könnten Sie auch später noch geltend machen.

SO PROFITIEREN SIE VOM PROTOKOLL

Vielleicht meinen Sie, das Klügste wäre, vorsichtshalber das Protokoll gar nicht zu unterschreiben. Doch damit tun Sie sich womöglich auch keinen Gefallen. Immerhin haben Sie mit dem Protokoll eine Grundlage, um Ihre Ansprüche geltend zu machen. Alle Mängel, die Sie ohne Anerkenntnis Ihres Mieters feststellen, müssten Sie ja auch erst einmal beweisen. Insoweit lautet die Empfehlung nicht: Verzichten Sie auf das Übergabeprotokoll. Sondern: Überprüfen Sie sorgfältig den Zustand der Wohnung (→ Falle 95) und unterzeichnen Sie das Protokoll nur, wenn alle Mängel erfasst sind, die Sie geltend machen wollen.

Falle 97: Die Räume befinden sich in einem schlechten Zustand

Manche Vermieter fallen aus allen Wolken, wenn sie ihre Wohnung nach ein paar Jahren Gebrauch wieder in Empfang nehmen: Die Wohnzimmertapete ist fleckig, die Kacheln im Badezimmer sind angebohrt, der Teppichboden lässt seine ursprüngliche Färbung nur noch an den Rändern erkennen, die Fensterscheiben sind verdreckt und auf dem Küchenboden befinden sich fette Klebstoffwürste, wo der Mieter seine PVC-Auslegware frisch abgerissen hat. Und während der Vermieter noch um Fassung ringt, erklärt der Mieter, den Badezimmerschrank würde er Ihnen für 100 Euro überlassen.

Bereiten Sie sich vor

Damit Sie sich von solchen Schreckerlebnissen nicht überwältigen lassen, sollten Sie sich auf den Übergabetermin gut vorbereiten. Sie sollten vorher wissen, in welchem Zustand Ihr Mieter die Räume übergeben muss und was Sie von ihm verlangen können. Es kann nämlich durchaus sein, dass eine Wohnung, die in Ihren Augen ziemlich vernachlässigt ausschaut, rechtlich nicht zu beanstanden ist. Es kommt ganz darauf an, was Sie in Ihrem Mietvertrag vereinbart haben.

Normale Abnutzung

Haben Sie in Ihrem Mietvertrag keine wirksame Klausel vereinbart, die dem Mieter die Schönheitsreparaturen auferlegt (→ Falle 25), können Sie nur bescheidene Ansprüche stellen. Formulierungen wie „die Wohnung ist besenrein zu übergeben" oder „die Mieträume sind bei Auszug in bezugsfertigem Zustand zu übergeben" verpflichten Ihren Mieter allenfalls dazu, vor dem Auszug mit Staubsauger und Putzlappen tätig zu werden.

Renovieren muss er nicht. Alle Abnutzungsspuren die auf einen „normalen, vertragsgemäßen Gebrauch" zurückgehen, sind nicht zu beanstanden und müssen von Ihrem Mieter auch nicht beseitigt werden. Allerdings gehen die Ansichten darüber weit auseinander, was unter einem „normalen, vertragsgemäßen Gebrauch" zu verstehen ist.

■ Hat Ihr Mieter im Badezimmer die Fliesen angebohrt, um einen Schrank aufzuhängen, ist dies ein vertragsgemäßer Gebrauch. Er muss keine neuen Fliesen verlegen (BGH, WM 1993, S. 109) – es sei denn, er hat „übermäßig viele Dübel" angebracht (LG Göttingen, WM 1990, S. 199).

■ Bohrlöcher muss Ihr Mieter nur verschließen, wenn Sie ihm die Schönheitsreparaturen übertragen haben (OLG Frankfurt, WM 1992, S. 56).

■ Parkett und Teppichböden nutzen sich im Laufe der Jahre ab. Solange sie nicht übermäßig beansprucht oder gar beschädigt sind, können Sie sie nicht beanstanden.

■ Verfärben sich die Fugen zwischen den Fliesen, entspricht das normaler Abnutzung. Die Fugenmasse muss nicht erneuert werden (AG Köln 1995, S. 312).

Übermäßige Beanspruchung und Beschädigung

Für übermäßige Beanspruchung und Schäden, die Ihr Mieter verursacht hat, muss er im Prinzip aufkommen. Für Flecken im Teppich und auf der Tapete, beschädigten Fußboden (Pfennigabsätze!), abgeplatzte Emaille oder zerkratzte Türen dürfen Sie ihn zur Kasse bitten. Allerdings müssen Sie einen mehr oder minder großen Betrag vom Neuanschaffungspreis abziehen. Und wenn die Nutzungsdauer lang genug war, muss Ihr Mieter unter Umständen gar nichts bezahlen. So hat das Landgericht Wiesbaden geurteilt, dass ein Parkettfußboden alle 15 bis 20 Jahre ohnehin abgeschliffen werden muss und ein PVC-Boden eine Lebensdauer von neun bis zehn Jahren hat (WM 1991, S. 540).

Auch die Verhältnismäßigkeit gilt es zu beachten: Ein kleiner Riss im Teppichboden berechtigt Sie nicht, vom Mieter eine komplette Erneuerung zu verlangen (LG Köln, WM 1988, S. 302).

Die Schönheitsreparaturen

Im Unterschied zu anderen Reparaturen, bei denen ein akuter Schaden behoben wird, beseitigen Schönheitsreparaturen die Spuren normaler Abnutzung, die sich aus dem Mietgebrauch ergeben. Haben Sie die Schönheitsreparaturen auf Ihren Mieter übertragen (→ Falle 25), muss er die folgenden Arbeiten übernehmen: Bohrlöcher schließen, Räume kalken, das Streichen von Decken, Wänden, Fußböden, Fenstern, Fensterbänken, Türen, Heizungskörpern und Rohren. Und wenn die Räume tapeziert sind, gehört auch das Tapezieren dazu.

Fenster und Türen muss der Mieter nur von innen streichen. Für sämtliche Außenarbeiten sind Sie als Vermieter zuständig. Auch gehört die Reinigung des Teppichbodens nicht zu den Schönheitsreparaturen. Wollen Sie den Mieter dazu verpflichten, müssen Sie das in einer individuellen Klausel (→ Falle 23) mit ihm vereinbaren.

Hat sich Ihr Mieter an den Fristenplan gehalten?

Im Allgemeinen werden dem Mieter die „laufenden Schönheitsreparaturen" übertragen. Einzelne Räume müssen nach einer bestimmten Frist renoviert werden, wobei diese Fristen nicht starr fixiert sein dürfen, sondern nur einen Anhaltspunkt dafür liefern sollen, in welchen Abständen Ihr Mieter renovieren soll.

Zwar ist es in der Praxis fast immer so, dass der Mieter die Schönheitsreparaturen erst kurz vor seinem Auszug durchführt. Dies ist jedoch keineswegs zwingend. Hat er renoviert, als die Schönheitsreparaturen fällig waren, ist das nicht zu beanstanden. Sie haben keinen Anspruch auf eine zusätzliche Schlussrenovierung. Allerdings muss Ihr Mieter seine Renovierung im Zweifel nachweisen können.

Wie gut muss Ihr Mieter renovieren?

Häufiger Streitpunkt: die mangelnde Qualität der Schönheitsreparaturen. Vor allem wenn der Mieter kurz vor dem Auszug alle Renovierungsarbeiten auf einen Schlag ausführt, ist die handwerkliche Sorgfalt nicht immer zufriedenstellend. Doch Ihr Mieter hat einen Anspruch darauf, selbst zu renovieren – sogar wenn Sie ihn mietvertraglich dazu verpflichtet haben, Fachkräfte einzuschalten.

Immerhin darf er nicht herumstümpern, sondern muss seine Arbeiten „fachmännisch" erledigen, wenn auch keineswegs auf dem Niveau professioneller Handwerker. Was Sie erwarten dürfen, ist eine „fachmännische Ausführung in mittlerer Art und Güte (BGH, WM 1988, S. 294).

 FORDERN SIE IHREN MIETER AUF, DIE MÄNGEL ZU BESEITIGEN

Haben Sie etwas zu beanstanden, dürfen Sie nicht gleich die Handwerker kommen lassen. Vielmehr müssen Sie Ihrem Mieter Gelegenheit geben, Arbeiten nachzuholen und die Mängel selbst zu beseitigen. Hierzu müssen Sie ihm eine Frist setzen (→ Musterschreiben siehe Falle 99). Solange sich die Weitervermietung verzögert, können Sie von ihm eine Nutzungsentschädigung (→ Falle 95) verlangen.

Vorsicht, Verjährung!

Bei der Durchsetzung Ihrer Ansprüche dürfen Sie keine Zeit verlieren. Die Verjährungsfrist beträgt nach § 548 BGB nur sechs Monate. Allerdings sollten Sie zur Deckung Ihrer Unkosten (z. B. Handwerkerrechnungen, Nutzungsentschädigung) auf die Kaution (→ Falle 101) zurückgreifen. Dazu ist sie ja gedacht.

Wenn der Mieter trotz unwirksamer Klausel renoviert

Ist die Klausel über die Schönheitsreparaturen in Ihrem Mietvertrag unwirksam? Dann ist es keineswegs zu Ihrem Vorteil, wenn der Mieter dennoch renoviert. Er kann nämlich später von Ihnen Kostenersatz für seine Leistung verlangen, die er gar nicht hätte erbringen müssen. Im Klartext heißt das: Sie müssen ihm das Material ersetzen und die Lohnkosten. Hat er selbst renoviert, müssen Sie ihn für die entgangene Freizeit angemessen entschädigen – und auch mögliche Helfer, die er in Anspruch genommen hat (vgl. BGH, Urteil vom 27. Mai 2009, Az. VIII ZR 302/07).

Daher der dringende Rat: Spekulieren Sie nicht darauf, dass die unwirksame Klausel schon keiner entdecken wird, sondern legen Sie gleich die Karten auf den Tisch und informieren Sie den Mieter, dass er nicht renovieren muss. Ansonsten haben Sie sich ungerechtfertigt bereichert und müssen den entsprechenden Wert zurückzahlen (vgl. § 812 Abs.1, § 818 Abs.2 BGB).

Falle 98: Der Mieter hat seine Einbauküche nicht entfernt

„Die Einbauküche überlasse ich Ihnen", erklärt der Mieter jovial. „Sagen wir, für 500 Euro?" Dabei wollen Sie das kunststoffbeschichtete Ungetüm gar nicht in der Wohnung haben. Nicht mal, wenn der Mieter Ihnen 500 Euro dafür anbieten würde.

Einbauten müssen entfernt werden

Zur Rückgabe gehört, dass die Wohnung vollständig geräumt ist und alle Einbauten entfernt sind. Solange das nicht der Fall ist, hat der Mieter die Wohnung nicht ordnungsgemäß zurückgegeben (LG Köln, NJW-RR 1996,

S. 1480). Wegen „Vorenthaltung des Besitzes" können Sie unter Umständen sogar weiter Miete von ihm verlangen, bis er die Einbauten entfernt. Hat er Einbauten von seinem Vormieter übernommen, muss er sie ebenfalls beseitigen und darf sie nicht mit dem Argument zurücklassen, er habe sie übernommen und folglich gehörten sie zur Wohnung. Erst recht nicht, wenn er die Gegenstände seinem Vormieter abgekauft hat. Nur wenn er die Wohnung bezogen hat, ohne zu wissen, dass bestimmte Einbauten von seinem Vormieter stammen, ist er für diese Einbauten nicht verantwortlich.

Kein Anspruch auf Entschädigung

Will der Mieter für seine Einbauten entschädigt werden, hat er schlechte Karten. Soweit der Mieter die Einbauten im eigenen Interesse und nicht etwa in Ihrem Auftrag vorgenommen hat, brauchen Sie für seine Hinterlassenschaften gar nichts zu zahlen. Das sollten Sie zumindest mal im Hinterkopf haben, wenn Ihr Mieter für seine hochwertige Vollholzküche die Rechnung präsentiert.

Wie sollten Sie reagieren?

Nun sind nicht alle Einbauten geschmacklos, störend oder unbrauchbar. Sie sollten von Fall zu Fall abwägen und mit Ihrem Mieter verhandeln.

- Einrichtungsgegenstände, die Sie in der Wohnung nicht gebrauchen können, sollten Sie nicht dulden. Bestehen Sie darauf, dass der Mieter sie entfernt.

- Bei Einbauten, die gebrauchsfähig sind, aber keine nennenswerte Aufwertung Ihrer Wohnung darstellen, können Sie anbieten, die Gegenstände kostenlos zu übernehmen. Das kommt Ihren Mieter meist wesentlich billiger, als wenn er den ursprünglichen Zustand wiederherstellen müsste. Aber denken Sie daran: Sobald Sie die Gegenstände übernehmen, werden die Teil der Mietsache und Sie sind für deren Instandhaltung verantwortlich. Im Zweifel also lieber entfernen lassen.

- Für Einbauten, die eine echte Aufwertung Ihrer Wohnung darstellen, sollten Sie eine angemessenen Entschädigung anbieten. Berücksichtigen Sie den Aufwand, den Sie Ihrem Mieter ersparen. Drücken Sie allerdings nicht zu sehr den Preis, sonst könnte der Mieter Ihr Angebot aus Trotz ausschlagen.

DER VORTEIL, WENN SIE ZAHLEN

Denken Sie daran, dass der Mieter im Prinzip noch sechs Monate lang Anspruch hat, seine Einrichtungen zu entfernen. Der Anspruch erlischt, sobald Sie für die Übernahme etwas bezahlt haben.

Bauliche Veränderungen

Anders als die Einbauten sind die baulichen Veränderungen zu beurteilen, die der Mieter mit Ihrer Erlaubnis durchgeführt hat: Wanddurchbruch, Kürzen von Türblättern, um Teppichboden zu verlegen, oder der Einbau eines neuen Fensters. Hier können Sie nicht verlangen, dass alles wieder rückgängig gemacht wird – es sei denn, Sie haben das mit Ihrem Mieter so vereinbart. Aber auch bei baulichen Veränderungen kann der Mieter nur dann Anspruch auf Erstattung seiner Kosten anmelden, wenn er sie Ihretwegen durchgeführt hat.

Hat der Mieter bauliche Veränderungen ohne Ihre Zustimmung vorgenommen, sind diese rechtswidrig. Sie haben Anspruch darauf, dass sie rückgängig gemacht werden. Behauptet Ihr Mieter, Sie hätten Ihre Zustimmung doch erteilt, muss er das beweisen. Weigert er sich, die baulichen Veränderungen zu beseitigen, haben Sie Anspruch auf Schadenersatz – es sei denn, Sie wollen die betreffenden Räume ohnehin umgestalten.

Ausnahme: Bauliche Veränderung in der DDR

In den östlichen Bundesländern gelten andere Regelungen, wenn Ihr Mieter die baulichen Veränderungen noch zur DDR-Zeit vorgenommen hat. Dann muss er die Veränderungen meist nicht mehr rückgängig machen, denn für ihn maßgeblich sind die Bestimmungen des Zivilgesetzbuchs der DDR (BGH, WM 1999, S. 334).

Falle 99: Die Schlüssel sind nicht vollzählig

Besondere Bedeutung für die Rückgabe haben die Schlüssel. Stellen Sie fest, dass ein Schlüssel fehlt, gibt es ein Problem. Dürfen Sie ohne Weiteres auf seine Kosten die Schlösser auswechseln lassen? Und was ist, wenn Ihr Mieter bestreitet, von Ihnen die betreffende Anzahl von Schlüsseln erhalten zu haben?

Eine Schlüsselfrage

Die Rückgabe der Wohnung ist eng verbunden mit der Rückgabe der Schlüssel – aller Schlüssel. Auch die Keller-, Briefkasten- und Hoftorschlüssel müssen an Sie zurückgegeben werden. Ebenso muss der Mieter alle Schlüssel herausgeben, die er selbst hat nachmachen lassen. Unterlässt er das, macht er sich unter Umständen strafbar. Auf diesen Punkt sollten Sie Ihren Mieter eindringlich hinweisen. Er ist nicht berechtigt, einen Schlüssel zurückzubehalten. Hat er einen Schlüssel verloren und nachmachen lassen, so muss er Ihnen das ebenfalls anzeigen.

Nachgemachte Schlüssel

Händigt Ihr Mieter Ihnen die Schlüssel aus, die er hat nachmachen lassen, müssen Sie ihm die Kosten erstatten. Haben Sie jedoch keine Verwendung für die neuen Schlüssel, sollten Sie die Schlüssel in Gegenwart Ihres Mieters unbrauchbar machen oder Ihren Mieter auffordern, das in Ihrer Gegenwart zu tun.

Wie viele Schlüssel?

Im Allgemeinen findet sich im Mietvertrag und/oder im Übergabeprotokoll verzeichnet, welche Schlüssel Sie in welcher Anzahl Ihrem Mieter überlassen haben. Ist das nicht der Fall oder sind die Angaben widersprüchlich, dürfte es Ihnen schwer fallen zu beweisen, dass ein Schlüssel fehlt.

Worauf haben Sie Anspruch?

Solange der Mieter einen Schlüssel zurückbehält, gilt die Mietsache noch nicht als zurückgegeben. Anders liegt der Fall, wenn der Schlüssel nicht auffindbar ist, der Mieter ihn verloren hat oder er ihm gestohlen wurde. Dann muss der Mieter den Schlüssel ersetzen. Darüber hinaus werden Sie ihm auch die Kosten auferlegen können, wenn Sie ein neues Schloss einbauen lassen – was natürlich anzuraten ist.

Allerdings kann sich Ihr Mieter diesem Anspruch entziehen, wenn er nämlich beweisen kann, dass der verlorene Schlüssel keinen Schaden anrichten kann. Beispielsweise weil er während einer Bootsfahrt ins Wasser gefallen ist und nun am Grunde eines Flusses ruht (LG Mannheim 1977, S. 121) oder weil sich am Schlüssel kein Hinweis auf den Besitzer bzw. die Wohnung findet (LG Berlin 1988, S. 411).

Tischt Ihnen der Mieter irgendeine wenig überzeugende Geschichte auf, sollten Sie ihn darauf hinweisen, dass die Kosten für ein neues Schloss überschaubar sind. Sollte sich seine Geschichte aber als unwahr herausstellen, muss er nicht nur für den Schaden aufkommen, sondern er macht sich auch des Betrugs schuldig – und das ist eine Straftat.

VORSICHT, GENERALSCHLÜSSEL!

Bei einer Zentralschließanlage müssen unter Umständen alle Schlösser ausgetauscht werden, was sehr teuer ist. Die Kosten können Sie nur dann in voller Höhe auf Ihren Mieter umlegen, wenn Sie schon bei der Übergabe der Schlüssel auf diese Gefahr hingewiesen haben. Ist das aber der Fall, dann muss der Mieter auch für sehr hohe Kosten aufkommen (AG Witten, ZMR 2003, S. 507).

Musterschreiben bei Beanstandungen

Haben Sie etwas zu beanstanden (ungenügende Schönheitsreparaturen, nicht entfernte Einbauten oder fehlende Schlüssel), sollten Sie Ihrem Mieter einen Brief schicken, der so aussehen könnte:

MUSTER: BEANSTANDUNG

Sehr geehrte Mieter,

nach der Übergabe der Wohnung habe ich festgestellt, dass sich die Räume nicht in ordnungsgemäßem Zustand befinden. Nach § ____ unseres Mietvertrags sind Sie jedoch verpflichtet, die Schönheitsreparaturen zu übernehmen sowie die Mietsache vollständig geräumt und sauber zurückzugeben.

Im Einzelnen habe ich Folgendes zu beanstanden:

(...)

(...)

(...)

Ich fordere Sie auf, (die Schäden in Ordnung zu bringen/die Einbauküche vollständig zu entfernen/das Wohnzimmer neu zu tapezieren).

Ich setze Ihnen gemäß § 326 BGB eine Frist bis (zwei Wochen nach Erhalt des Schreibens), die betreffenden Leistungen ordnungsgemäß zu erbringen. Den Wohnungsschlüssel können Sie jederzeit bei mir/beim Hausmeister abholen. Nach Ablauf der Frist werde ich weitere Leistungen von Ihnen ablehnen, die Arbeiten auf Ihre Kosten ausführen lassen und diese Kosten als Schadenersatz geltend machen. Zu diesen Kosten gehört auch ein Gutachten, das ich im Rahmen eines Beweissicherungsverfahrens von einem Sachverständigen anfertigen lassen werde, um den Zustand der Räume festzuhalten, außerdem sämtliche Kosten, die dadurch entstehen, dass ich nicht weitervermieten kann.

Mit freundlichen Grüßen

Das Beweissicherungsverfahren

Wenn Ihr Mieter auf dieses Anschreiben nicht reagiert, sollten Sie beim Amtsgericht ein Beweissicherungsverfahren beantragen. Dabei beauftragt das Gericht einen Sachverständigen mit der Erstellung eines Gutachtens, für das Sie zunächst die Kosten vorstrecken müssen.

Unmittelbar nach dem Gutachtertermin sollten Sie die Schäden in Ordnung bringen lassen. Die Kosten müssen Sie ebenfalls zunächst vorstrecken. Bis Sie an Ihr Geld kommen, müssen Sie sich leider ein wenig in Geduld üben.

Falle 100: Der Nachmieter kann noch nicht einziehen

Da waren Sie aber froh, dass Sie einen neuen Mieter gefunden haben, der gleich im Folgemonat einzieht, wenn der alte Mieter ausgezogen ist. Doch dann taucht ein Problem auf: Der alten Mieter zieht gar nicht aus. Er muss noch renovieren, seine Einbauschränke noch ausbauen. Oder er hat es sich anders überlegt und bleibt einfach in der Wohnung.

Vorenthaltung der Mietsache

Wir haben es bereits angesprochen: Der Mieter ist verpflichtet, nach Beendigung des Mietverhältnisses die Wohnung zurückzugeben. Tut er das nicht, liegt darin eine „Vorenthaltung der Mietsache" und Sie können von ihm eine Nutzungsentschädigung (→ Falle 95) verlangen. Darüber hinaus ist er schadenersatzpflichtig, zumindest wenn er „schuldhaft" handelt. Ganz anders liegt der Fall natürlich, wenn er beispielsweise am ersten Werktag auszieht, was manche Gerichte durchaus als rechtzeitig anerkennen, und Sie dem neuen Mieter zugesichert haben, er könnte am 1. des Monats in aller Frühe die Wohnung beziehen.

Doch auch wenn Sie Anspruch auf Nutzungsentschädigung und Schadenersatz haben, hilft Ihnen das im konkreten Fall wenig. Ihre Ansprüche müssen Sie erst einmal durchsetzen, und wenn der neue Mieter abspringt, haben Sie noch ein zusätzliches Problem: Zwar ist er durch den Mietvertrag gebunden, aber wenn Sie nicht dafür sorgen, dass die Wohnung zum vereinbarten Zeitpunkt bezugsfertig ist, haben Sie erst einmal gegen den Mietvertrag verstoßen.

Gemeinsam eine Lösung suchen

Es hilft nichts, Sie müssen sich mit beiden Mietern in Verbindung setzen und sich ganz pragmatisch auf eine Lösung verständigen: Ist der neue Mieter bereit, zu einem späteren Termin einzuziehen? Sichert der alte Mieter verbindlich zu, bis dahin alle Arbeiten erledigt zu haben? Kommen die Mieter überein, die Miete für den betreffenden Monat zu teilen? Oder soll der alte Mieter allein dafür aufkommen, wozu er wegen der Vorenthaltung der Mietsache eigentlich verpflichtet wäre?

Wenn der alte Mieter nicht auszieht

Besonders unangenehm wird es, wenn sich der alte Mieter einfach dagegen sperrt auszuziehen. Dann müssen Sie eine Räumungsklage anstrengen und können zusehen, wie Sie das neue Mietverhältnis erst einmal auflösen. Im Allgemeinen lassen sich solche Mieter auch nicht mehr durch Entschädigungsklagen beeindrucken.

 MIETERWECHSEL NICHT ZU KNAPP KALKULIEREN

Allgemein liegt eine gewisse Gefahr darin, die Mieterwechsel sehr knapp, quasi übergangslos zu kalkulieren – zumal wenn Sie nicht sicher sein können, in welchem Zustand sich die Mieträume befinden. Es ist ja nun nicht so selten, dass es noch etwas nachzubessern gibt. Und denken Sie daran: Hat Ihr Mieter nicht angemessen renoviert, müssen Sie ihm eine Nachfrist setzen und können erst dann die Handwerker beauftragen.

Falle 101: Die Rückgabe der Kaution

Nach der Rückgabe der Mietsache interessiert die meisten Mieter vor allem eines: Wann bekomme ich meine Kaution zurück? Die Vermieter haben mit der Abrechnung oftmals keine Eile – auch und gerade wenn eigentlich nichts mehr strittig ist. Sie meinen, der Mieter soll sich ein wenig in Geduld üben. Doch eigentlich sind Sie gehalten, zügig abzurechnen.

Die Überlegensfrist

Wann müssen Sie die Kaution zurückzahlen? Nun, wenn das Mietverhältnis beendet ist, Sie die Wohnung zurückbekommen haben und Ihnen der Mieter nichts mehr schuldet, dann ist der Betrag eigentlich fällig. Allerdings wird Ihnen eine „Überlegensfrist" zugestanden, damit Sie sich erst einmal einen Überblick verschaffen können, ob noch Zahlungsansprüche gegen den Mieter bestehen.

Diese Frist wird von den Gerichten unterschiedlich lang bemessen, zwischen zwei und sechs Monaten. Sie hängt aber davon ab, wie kompliziert oder einfach Ihr Fall liegt. Daher in aller Deutlichkeit: Liegen die Verhältnisse völlig klar, müssen Sie die Kaution sofort zurückzahlen. Doch Achtung: Manche Gerichte vertreten die Ansicht, dass der Vermieter auf eine Nachzahlung aus der Nebenkostenabrechnung verzichtet, wenn er die Kaution „vorbehaltlos" an den Mieter zurückzahlt (AG Berlin-Charlottenburg, GE 2000, S. 987):

RECHNEN SIE GLEICH AUCH ÜBER DIE NEBENKOSTEN AB!

Am zweckmäßigsten ist es, wenn Sie die Abrechnung der Nebenkosten mit der Abrechnung über die Kaution verbinden. Muss Ihr Mieter eine Nachzahlung leisten, können Sie die gleich mit der Kaution verrechnen.

Dauert die Abrechnung der Nebenkosten zu lange, sollten Sie die Kaution unter dem Vorbehalt der Nachforderung bestehender Ansprüche ausbezahlen. Oder Sie behalten einen Teil der Kaution vorsorglich zurück, der jedoch nicht höher sein darf als drei bis vier monatliche Vorauszahlungen der Nebenkosten.

Die Abrechnung über die Kaution

Über die Kaution müssen Sie abrechnen. Das gilt natürlich insbesondere, wenn Sie etwas einbehalten haben. Alle Kosten, die Sie geltend machen, müssen Sie aufführen und im Einzelnen belegen. Dabei können Sie nur echte Schäden und Mängel (→ Falle 96, 97, 98) geltend machen, die Sie auch belegen können (Rechnung in Kopie beilegen). Vermieter, die sich darüber hinaus noch irgendwelche Auslagen erstatten lassen oder eine

„Auszugsgebühr" erheben (wegen vermeintlicher Abnutzung des Treppenhauses), riskieren, dass der Mieter die Abrechnung erfolgreich anficht.

Die Kaution müssen Sie verzinsen (→ Falle 29), und zwar sobald Sie den Betrag vom Mieter erhalten haben. Die Verzinsungspflicht endet erst, wenn Sie die Kaution zurückzahlen oder darüber abrechnen (und Nachforderungen stellen).

 IHR MIETER MUSS SEINE ANSCHRIFT MITTEILEN

Damit Sie die Ansprüche geltend machen können, ist Ihr Mieter verpflichtet, Ihnen seine neue Anschrift mitzuteilen. Tut er das nicht, muss er sich Nachteile, die daraus entstehen, zurechnen lassen (OLG Hamburg, ZMR 1980, S. 84). Nach der Schuldrechtsreform endet der Anspruch auf Rückzahlung der Kaution gemäß § 195 BGB bereits nach drei Jahren. Allerdings beginnt nach § 199 BGB die Verjährung erst am Ende des Jahres, in dem das Mietverhältnis abgelaufen ist.

Stichwortverzeichnis

Der Autor

Dr. Matthias Nöllke arbeitet als Journalist und Referent. Er ist für den Bayerischen Rundfunk sowie für zahlreiche Unternehmen und Verlage tätig. Dr. Nöllke ist Autor verschiedener Fachbücher und Ratgeber zum Thema Immobilien und Vermietung.